JISHU CHUANGXIN CEPING MOXING JIQI
ZAI ZHONGXIAO GONGYE QIYE DE YINGYONG

技术创新测评模型及其
在中小工业企业的应用

胡瑞卿 著

·广州·

版权所有　翻印必究

图书在版编目（CIP）数据

技术创新测评模型及其在中小工业企业的应用/胡瑞卿著. —广州：中山大学出版社，2014.11

ISBN 978 - 7 - 306 - 05042 - 7

Ⅰ. ①技⋯　Ⅱ. ①胡⋯　Ⅲ. ①中小企业—工业企业—技术革新—研究—中国　Ⅳ. ①F424.3

中国版本图书馆 CIP 数据核字（2014）第 226633 号

出 版 人：	徐　劲
策划编辑：	金继伟
责任编辑：	曹丽云
封面设计：	曾　斌
责任校对：	杨文泉
责任技编：	何雅涛
出版发行：	中山大学出版社
电　　话：	编辑部 020 - 84111996，84113349，84111997，84110779
	发行部 020 - 84111998，84111981，84111160
地　　址：	广州市新港西路 135 号
邮　　编：	510275　传真：020 - 84036565
网　　址：	http://www.zsup.com.cn　E-mail：zdcbs@mail.sysu.edu.cn
印 刷 者：	虎彩印艺股份有限公司
规　　格：	787mm×1092mm　1/16　11.5 印张　240 千字
版次印次：	2014 年 11 月第 1 版　2014 年 11 月第 1 次印刷
定　　价：	35.00 元

如发现本书因印装质量影响阅读，请与出版社发行部联系调换

前　言

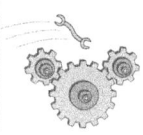

自1912年熊彼特研究技术创新以来，国内外学者在技术创新的内涵、特征、过程、类型、模型、动力、扩散等方面进行了开拓性、深入性的研究，并取得了丰硕的成果，而技术创新测评则是一个新兴研究领域。从中小工业企业在国民经济中的重要地位、技术创新在中小工业企业中的重要作用，以及目前技术创新测评研究仍处在一个探索阶段来看，对技术创新测评模型的研究、完善、构造及其在中小工业企业的应用，具有重要的理论价值和现实意义。本书旨在基于前人研究的基础上，力求构造企业技术创新测评的优良模型，并将其应用于中小工业企业技术创新测评中。这些优良的技术创新测评模型在目标设计上必须达到：能使测评出来的企业技术创新能力与其真实能力逼近；能使测评出来的不同的企业技术创新能力便于比较和分析；模型操作过程简便易行。

本书主要采用了继承与发展相结合法，来学习和吸收前人技术创新研究成果，探索和补充前人未有的或不完善的技术创新测评模型和方法；采用了理论模型与应用验证相结合法，对本书所创建的并通过比较研究认为"最优秀"的两种测评模型（即模糊层次线性加权综合测评模型和模糊层次主成分分析测评模型）进行了实证检验；采用了系统分析与比较分析相结合法，对测评模型、原始数据预处理方法、测评变量权重值的确定方法、技术创新测定结果等进行研究、分析和比较。

本书开展了一些针对性较强的相关研究，并得出了以下主要结论：一是现有的技术创新测评模型存在较多缺陷与不足。如，模糊综合测评的常用模型中，以最大隶属原则判定被评对象的评价等级不太科学，使本来"模糊"的评价等级变得更加模糊；以模糊评价等级排序来评判测评对象技术创新能力的强弱，排序性较差，且同一评价等级内被评对象技术创新能力的高低无法排序；对测评变量间的相关性未作独立化处理，使测评结果存在信息重叠性问题，不能较好地反映测评对象的实际技术创新水平；等等。对存在诸多缺陷与不足的现有技术创新测评模型，需要补充、修正、完善和创新。二是依据层次分析理论、模糊综合测评理论及技术创新测评原则等，构造了弥补模糊综合测评常用模型致命缺陷的百分制赋值模糊层次加权综合测评模型。从数理的角度来看，它适用于测评变量间相对独立的、不带数值型测评变量的、单层次的或多层次的测评对象。三是依据百分制赋值模糊层次加权综合测评模型理论和线性加权综合测评常用模型理论，构造了集前两者优点于一体的模糊层次线性加权综合测评模型。从数理的角度来看，它适用于测评变量间相对独立的、单层次的或多层次的测评对象。四是依据百分制赋值模糊层次加权综合测评模型理论和主成分分析测评常用模型理论，构造了集前两者优点于一体的模糊层次主成分分析测评模型。从数理的角度来看，它适用于测评变量间具有相关关系的、单层次的或多层次的测评对象。五是从测评模型对测评变量的要求、测评能力、测评结果状况，以及测评模型的优缺点、适用场合等出发，比较和分析了线性加权综合测评常用模型、模糊综合测评常用模型、主成分分析测评常用模型、数据包络分析测评原始模型、百分制赋值模糊层次加权综合测评模型、模糊层次线性加权综合测评模型、模糊层次主成分分析测评模型、模糊层次数据包络分析测评模型等8种技术创新测评模型，选择了优点最多的模糊层次线性加权综合测评模型和模糊层次主成分分析测评模型，作为本书中小工业企业技术创新测评的应用模型。六是利用根据系统随机抽样的广东省惠州市17家中小电子设备制造企业的抽样调查和文献调查数据，对技术创新模糊层次线性加权综合测评模型和模糊层次主成分分析测评模型进行了实证性的检验。应用及实证表明：两模型测定结果十分接近，且与测评企业的实际技术创新能力相一致。由此，两模型的优良性和实用性得到了验证。

本书通过对企业技术创新测评一些相关理论的研究，较成功地构造了较为优良的技术创新测评模型，且所构造的模糊层次线性加权综合测评模型和模糊层次主成分分析测评模型，有效地应用于测评被抽样出来的惠州市17家中小电子设备制造企业的技术创新综合能力。尽管如此，本书仍有许多相关问题，值得进一步讨论（注意）和深入研究：一是对于本书所构建的模糊层次数据包络分析测评模型，其测评结果排序性很弱的问题，本书没有深入开展一些拓展性的研究来增强该模型测定结果的排序性和应用价值。这个问题值得以后深入研究。二是对于具有处理复杂系统信息含糊的以及具有自我学习和自我纠正功能的技术创新测评非线性模型——BP神经网络分析测评模型，本书未能作研究。这需要以后进一步研究，使其适用于企业技术创新综合能力的测评。三是属性测评变量的初始定值带有一定的主观性，在一定程度上会影响测评结果的准确性。这个问题目前在统计学界、经济学界等尚无良好办法来解决。这也需要以后进一步讨论和研究。四是对于模糊层次线性加权综合测评模型和模糊层次主成分分析测评模型测定结果十分接近的现象，本书未从数理上加以探讨和论证。这也值得以后继续探讨和研究。五是尽管不同的模型所用的测评变量数据一样，但是，不同的模型对测评变量数据的要求不同，对测评变量权重的定值方法不同，测评过程及测评机理不同，所以，其测评结果也可能有所不同。因此，同时测评多个企业技术创新综合能力，最好应用同一种模型。六是要根据具体情况来选择和应用技术创新测评模型。从本书研究和应用情况来看，模糊层次线性加权综合测评模型和模糊层次主成分分析测评模型都是优良的技术创新测评模型。只不过模糊层次线性加权综合测评方法更符合实际操作者的习惯和思维，且其测定结果更多地保留了原始测评变量的信息，但其测评变量权重值确定方

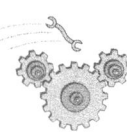

目 录

1 引言 ··· 1
  1.1 中小工业企业技术创新的重要性及作用 ····················· 1
  1.2 本书研究的思路及方法 ·· 4
  1.3 本书的主要内容及创新之处 ······································ 6

2 技术创新研究文献综述 ·· 8
  2.1 熊彼特的创新理论 ··· 8
  2.2 熊彼特以后的技术创新研究简要回顾与评价 ··············· 11
  2.3 技术创新过程的模型理论 ·· 16
  2.4 技术创新过程的阶段性理论 ····································· 23
  2.5 小结 ··· 25

3 技术创新测评的理论基础 ·· 27
  3.1 技术创新概述 ·· 27
  3.2 技术创新测评概述 ··· 31
  3.3 小结 ··· 37

4 技术创新测评模型及其比较和选择 ··································· 39
  4.1 层次分析理论 ·· 40
  4.2 模糊综合测评模型 ··· 41
  4.3 线性加权综合测评模型 ··· 47
  4.4 主成分分析测评模型 ·· 50
  4.5 数据包络分析测评模型 ··· 55
  4.6 技术创新综合测评模型的比较与选择 ······················· 61
  4.7 小结 ··· 65

5 技术创新模糊层次线性加权综合测评模型在中小工业企业的应用 ······ 67
  5.1 中小工业企业的界定 ·· 67

5.2　中小工业企业技术创新测评变量体系的构建 …………………………… 72
　　5.3　测评变量值的预处理 …………………………………………………… 78
　　5.4　测评变量赋权法的确定 ………………………………………………… 83
　　5.5　测评企业的选取及测评变量值的来源 ………………………………… 88
　　5.6　测评变量权重值的确定 ………………………………………………… 90
　　5.7　技术创新综合能力的测定 ……………………………………………… 97
　　5.8　小结 ……………………………………………………………………… 107

6　技术创新模糊层次主成分分析测评模型在中小工业企业的应用 ………… 109
　　6.1　第3层测评变量间相关系数的计算 …………………………………… 109
　　6.2　第3层主测评分量的提取 ……………………………………………… 109
　　6.3　第3层主测评分量值的计算 …………………………………………… 115
　　6.4　第3层主测评分量权重值的计算 ……………………………………… 118
　　6.5　第2层各测评变量综合能力的测定 …………………………………… 118
　　6.6　第2层测评变量间相关系数的计算 …………………………………… 123
　　6.7　第2层主测评分量的提取 ……………………………………………… 123
　　6.8　第2层主测评分量值及权重值的计算 ………………………………… 124
　　6.9　技术创新综合能力的测定 ……………………………………………… 125
　　6.10　小结 …………………………………………………………………… 126

7　测定结果分析 ………………………………………………………………… 127
　　7.1　两种测评模型测定结果的比较分析 …………………………………… 127
　　7.2　2006年与2011年企业技术创新能力测定结果横向比较分析 ……… 130
　　7.3　2006年与2011年企业技术创新能力测定结果纵向比较分析 ……… 134

8　结论与讨论 …………………………………………………………………… 138
　　8.1　主要结论 ………………………………………………………………… 138
　　8.2　有关问题讨论 …………………………………………………………… 140

参考文献 …………………………………………………………………………… 142

附录A　惠州市中小电子设备制造企业技术创新实地调查问卷 ……………… 149
附录B　中小工业企业技术创新测评指标权重专家调查问卷 ………………… 154
附录C　2006年惠州市17家中小电子设备制造企业技术创新测评变量
　　　　原始值 ………………………………………………………………… 156
附录D　2006年惠州市17家中小电子设备制造企业技术创新测评变量

　　　　标准化值……………………………………………………………… 158
附录E　2011年惠州市17家中小电子设备制造企业技术创新测评变量
　　　　原始值………………………………………………………………… 160
附录F　2011年惠州市17家中小电子设备制造企业技术创新测评变量
　　　　标准化值……………………………………………………………… 162
附录G　2006年惠州市17家中小电子设备制造企业技术创新测评变量
　　　　相关系数矩阵表……………………………………………………… 164
附录H　2006年与2011年惠州市17家中小电子设备制造企业技术创新
　　　　能力初始测定值……………………………………………………… 170

后记……………………………………………………………………………… 174

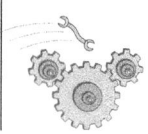

1 引　言

1.1 中小工业企业技术创新的重要性及作用

1.1.1 技术创新测评研究具有重大的理论价值和现实指导意义

从1912年熊彼特研究技术创新开始，国内外学者在技术创新的内涵、特征、过程、类型、模式、动力、能力、扩散等方面进行了开拓性的、深入性的研究，并取得了丰硕的成果，而技术创新测评则是一个新兴研究领域。企业技术创新能力的高低已成为国内外研究者十分关注的问题。因此，借鉴已有的研究成果，结合企业技术创新的实际、特点等，研究一套简明、科学、合理、应用性强的测评方法和模型，对某一行业、某一地区的企业或企业本身的技术创新能力进行测评，具有重大的理论价值和现实的指导意义。具体表现在以下几个方面。

（1）使测评方法和模型更加规范、科学和易于操作

技术创新活动过程内部机理和外部环境的复杂性，以及技术创新的阶段性、区域性、行业性等特点，使得技术创新测评模型和测评指标体系的构建以及测评数据的搜集变得十分棘手。尽管国内外有关学者在这些方面进行了探索和研究，但仍未取得实质性的成果。尤其是，作为技术创新测评的一种方法论，现有的研究成果只是初步的探索性的，要形成一套较为成熟的、操作性强的技术创新测评理论和方法，还需继续努力地深入研究。本书试图从技术创新的过程理论、技术创新的特点、技术创新能力的含义、技术创新测评的原则等方面入手，借鉴、改进和创新现有的技术创新测评方法和模型，建立可操作性强的、测评结果更为精确的技术创新综合测评模型，力求使技术创新测评方法和模型更加规范、科学，并易于实践。

（2）为政府和相关部门制定技术创新政策提供依据

由于技术创新具有潜在收益高、成本风险大等特点，很多企业无法抵抗或消化技术创新失败所带来的风险。因此，企业较大规模的技术创新少不了政府和相关部门的引导和支持。为它们提供准确、可靠、及时的研究报告，尤其是定量化研究报告，以把握某区域、某行业、某企业的技术创新总体情况和动态发展，制定正确的技术创新政策和战略，具有极其重要的参考价值。

(3) 使企业准确把握自身技术创新状况和动态

企业通过对自身技术创新的投入、产出、管理、营销等方面的能力以及内外部条件和环境状况的测评，能够较为全面、系统、准确地了解自身技术创新状况和动态，深入分析和研究自身技术创新的优、劣势，找出其优势和劣势的根本原因，并与其他企业比较，扬长避短，充分利用内部和外部资源，使自身的技术创新效果达到最佳。

1.1.2 中小工业企业是推动国民经济可持续发展的重要力量

随着社会经济的发展，无论发达国家还是发展中国家，中小工业企业在国民经济发展中的重要性和基础性日益显著。

(1) 中小工业企业是国民经济增长的重要力量

据美国中小企业管理局 2002 年统计，美国小企业[①]约占美国企业总数的 99%，其增加总值占全国国内生产总值的 51%，占全国商品销售额的 47%；欧盟中小企业占企业总数的 99.6%，产值占欧盟总产值的 55%；韩国中小企业单位数占企业总数的 99.5%，中小工业企业单位数占工业企业总数的 99.1%，附加值占工业企业总附加值的 47.2%（张俊喜，马钧，张玉利，2005）。中国国内生产总值的 1/3、工业增加值的 2/3、出口创汇的 38%、财政收入的 1/4 是由中小企业创造和完成的（陈德铭，周三多，2003）。表 1.1 列出了 2006—2011 年中国中小工业企业主要经济指标。从表 1.1 可知，2011 年中国规模以上中小工业企业对工业主营业务收入、工业利润总额的贡献率分别为 57.37%、56.95%。

(2) 中小工业企业是劳动力就业的重要载体

大部分国家中小企业就业人数占全国的一半以上。如，美国新增就业中有 80% 左右在中小企业；韩国中小工业企业就业人数占韩国总就业人数的 69.2%，占企业就业人数的 78.5%（张俊喜，马钧，张玉利，2005）。据中国国家发展和改革委员会中小企业司统计，2005 年，中国中小企业就业人数占全部在职人数的 75%；从表 1.1 中数据得知，2011 年，中国规模以上中小工业企业劳动就业人数为 5 936 万人，占全部规模以上工业企业就业人数的 64.75%。

(3) 中小工业企业是大工业集团的发展基础

任何大工业集团都是从中小工业企业发展起来的，而发展起来的大工业集团又需要众多的相关的中小工业企业支持。中小工业企业既减轻了大工业企业的就业压力，又直接增加了对生产资料和生活资料的有效需求，有力地拉动了大工业企业的发展。同时，由于中小工业企业积极与大工业企业合作，参与大工业企业的生产和工艺流程，使大工业企业更能突出主业，把精力放在关键的生产环节上，为其进一

---

① 按美国中小企业管理局（Medium & Small Business Administration）定义，在一般行业中，小企业是指雇员在 500 人以下或企业资金在 500 万美元以下的企业。

步发展奠定坚实的基础(刘乃全,李能辉,王琴,2003;G. Jian Cheng, N. Ma,2003)。

表 1.1　2006—2011 年中国中小工业企业主要经济指标

主要经济指标	2006 年		2008 年		2011 年	
	总量	占全部工业企业比重/%	总量	占全部工业企业比重/%	总量	占全部工业企业比重/%
企业单位数/个	299276	99.11	422925	99.25	316498	97.20
年平均就业人数/万人	5636	76.60	8838	77.70	5936	64.75
资产总计/亿元	177438	60.93	267019	61.91	332798	49.25
工业总产值/亿元	204250	64.52	338144	66.64	492762	58.37
主营业务收入/亿元	197291	62.91	327282	65.45	482937	57.37
利税总额/亿元	10900	55.89	20044	65.58	34963	56.95

注:①表中数据根据《中国统计年鉴》(2006、2007、2009、2012 年)整理、计算而得。②2006 年,中小工业企业各主要经济指标为政府统计部门年末常规统计数据,统计口径为规模以上的工业企业。③1998—2006 年规模以上工业企业统计范围为全部国有及年主营业务收入在 500 万元及以上非国有工业企业,2007—2010 年为年主营业务收入在 500 万元及以上的工业企业,2011 年为年主营业务收入在 2 000 万元及以上的工业企业。

(4) 中小工业企业是工业企业技术创新的动力源泉

信息和技术革命给中小工业企业的生存与发展带来了巨大的压力,但大部分企业凭借其强大的生命力生存下来了,并得到了发展和壮大,其重要的原因是:中小工业企业具有很强的技术创新能力。例如,德国有 2/3 以上的专利技术是由中小企业开发研制并注册的。同时,中小企业在高新技术的产业化、市场化方面也比大企业做得出色,它们的产业化、市场化平均周期仅为 1～2 年,而大企业则需要 4～5 年。美国从 20 世纪初期到 70 年代,中小企业完成的科技发展项目占全国总数的 55%,进入 80 年代后,大约 70% 的技术创新是由中小企业完成的,中小企业的人均发明是大企业的 2 倍以上,中小企业在产品创新、服务创新、工艺创新和管理创新中的贡献率分别为 32%、38%、17%、12%。中国约有 65% 的专利技术是中小企业研制而成的(毕克新,2006)。阿科斯(Z. J. Acs)等人研究了企业创新频率分布情况,结果显示,中小企业创新频率比较高(1990);清华大学经济学研究所通过抽样调查,研究了中国企业技术创新类型分布情况,结果显示,中国中小企业率先创新和模仿创新均较高(清华大学经济学研究所,1994);罗斯维尔(Roy Rothwell)和沃特(Walter Zegveld)认为 20 世纪的许多重大发明不是大企业创造的,而是来自于小企业和发明家(袁红林,2004)。

综上所述,中小工业企业已成为推动各国国民经济持续稳定发展的基础力量,在经济增长、社会就业、技术创新等方面的作用越来越大。

1.1.3 中小工业企业技术创新具有重要性和比较优势

(1) 中小工业企业技术创新具有重要性

"创新是一个民族进步的灵魂,是一个国家兴旺发达的不竭动力。"进入21世纪,企业面临的国际、国内形势已不同于以前,世界一体化、技术变迁速度越来越快,产品生命周期日渐缩短。中小工业企业要在竞争激烈的市场经济中保持旺盛的生命力,才能立于不败之地,而是否能始终保持旺盛生命力则取决于技术创新。技术创新不仅是中小工业企业获利的手段,更是企业生存和发展的基础和动力。正如美籍奥地利经济学家约瑟夫·阿罗斯·熊彼特(1883—1950)(Joseph Alois Schumpeter)所指出的,资本主义发展的根本原因不是资本和劳动力,而是创新(1990)。

(2) 中小工业企业技术创新具有比较优势

与大工业企业比,中小工业企业技术创新面临经济实力较弱,市场信息获取能力较差,研发的人力资源有限,抗风险能力较弱等弱势。但是,在技术创新中,中小工业企业拥有大工业企业无法相比的优势,如高度的灵活性、迅速的信息反馈能力、较高的技术创新投入产出比、较有效的内部创新激励机制等。

1.2 本书的研究思路及方法

1.2.1 研究思路

本书旨在借助相关理论,构造技术创新测评的"优质"模型,然后将所创建并选用的"优质"模型应用于中小工业企业技术创新测评中,再对其测定结果进行简要的分析和评述;同时,利用中小工业企业的抽样调查和文献调查数据,对所选用的应用模型的"优良性"和"实用性"进行检验。本书的研究思路可用图1.1较清晰地表述。

1.2.2 研究方法

本书主要采用了以下三种研究方法。

(1) 继承与发展相结合法

在学习和吸收前人技术创新研究成果的基础上,探索和补充研究前人未有的或不完善的且本书需要的相关理论。如技术创新测评的原则、步骤,技术创新测定结果的影响因素,技术创新能力的含义等;在技术创新测评常用模型和其他技术创新理论的基础上,力求发展和创建更为"优秀"的测评模型,如百分制赋值模糊层次加权综合测评模型、模糊层次线性加权综合测评模型、模糊层次主成分分析测评模型等。

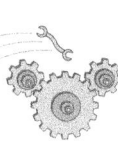

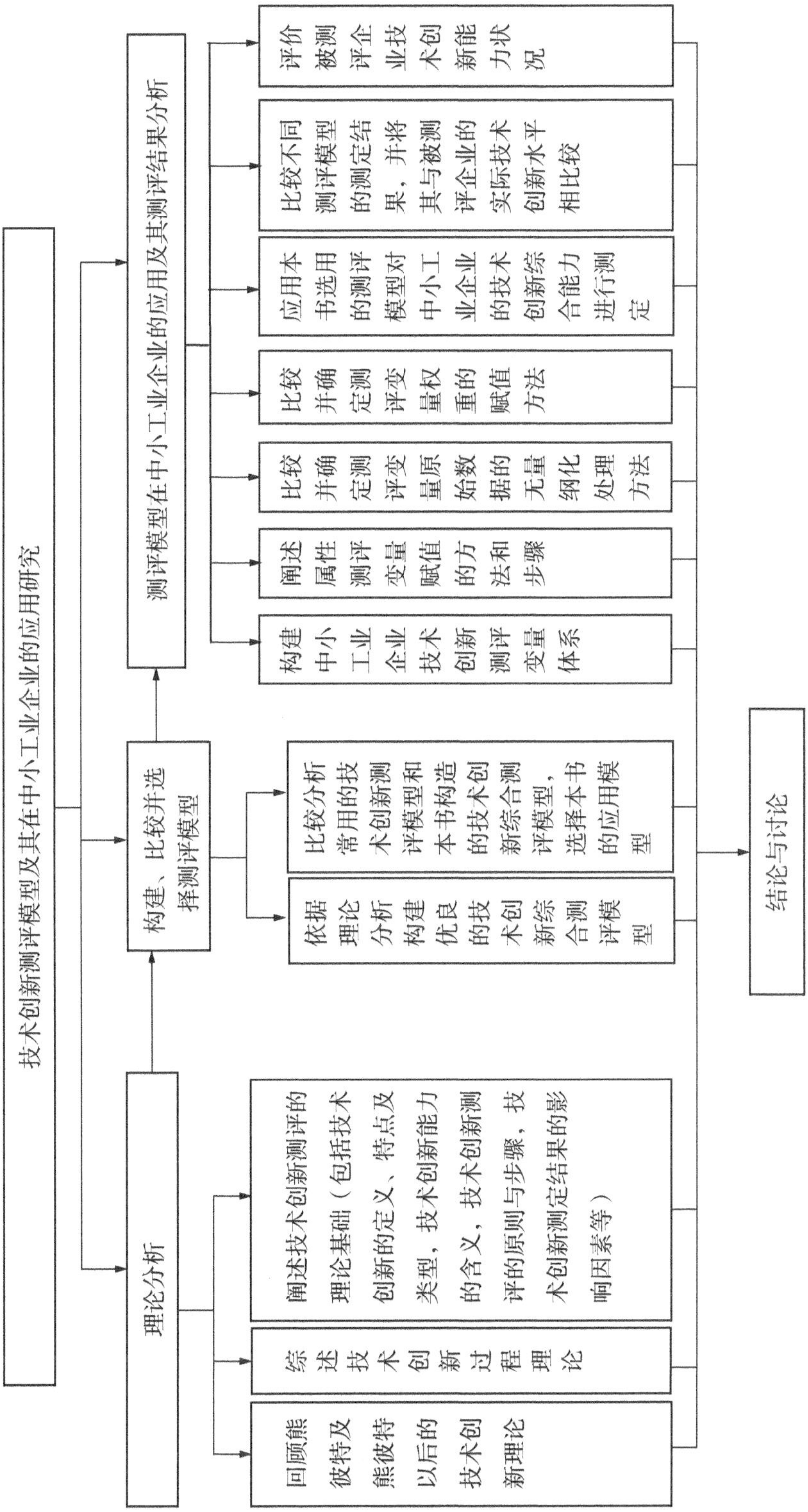

图 1.1 本书的研究思路

(2) 理论模型与应用验证相结合法

对于本书创建的并通过比较研究认为"最优秀"的两种测评模型（即模糊层次线性加权综合测评模型和模糊层次主成分分析测评模型），本书采用实地抽样调查数据和文献调查数据对其优良性进行检验。应用检验结果表明，以上两种模型企业技术创新测定结果十分接近，且与被评企业的实际技术创新水平相一致。

(3) 系统分析与比较分析相结合法

在全文大系统的框架下（即理论综述及理论研究→测评模型的构造、比较与选择→测评变量的构建及其初始值的预处理→测评变量权重值的确定→测评模型的应用），每章都是其中的一个小系统（即每章都有系统分析），而在每个小系统里几乎都有比较研究。如在第4章里，对8种技术创新测评模型做了较为深入细致的比较研究，选择了最为优良的两种测评模型作为本书的应用模型；在第5章里，对测评变量值的5种线性预处理方法进行了比较分析，选择了标准化处理法作为模糊层次线性加权综合测评模型中测评变量原始数据的预处理方法；对可用于模糊层次线性加权综合测评模型中测评变量权重值确定的3种方法进行了比较分析，选择了主客观相结合的层次分析赋权法作为该模型确定权重值的方法；等等。

1.3 本书的主要内容及创新之处

1.3.1 本书的主要内容

本书由8章构成。第1章为"引言"，其主要内容有：本书研究的背景、意义、思路、方法及研究内容简介等。第2章为"技术创新研究文献综述"，其主要内容有：熊彼特创新理论的概述与评价，熊彼特以后的国内外技术创新研究的简要回顾与评价，技术创新过程理论的综述与评价。第3章为"技术创新测评的理论基础"，其主要内容有：技术创新的含义、特点、类型，技术创新能力的含义，技术创新测评的原则、步骤，技术创新测评结果的影响因素。第4章为"技术创新测评模型及其比较和选择"，其主要内容有：层次分析理论、模糊综合测评常用模型、线性加权综合测评常用模型、主成分分析测评常用模型、数据包络测评原始模型的概述，百分制赋值模糊层次加权综合测评模型、模糊层次线性加权综合测评模型、模糊层次主成分分析测评模型、模糊层次数据包络分析测评模型等的构造及其运行的基本逻辑框架、基本方法和基本步骤的阐述，技术创新综合测评模型的比较与选择。第5章为"技术创新模糊层次线性加权综合测评模型在中小工业企业的应用"，其主要内容有：中小工业企业的界定、中小工业企业技术创新测评变量体系的构建、属性测评变量值的确定、测评变量值无量纲化处理方法的比较与选择、测评变量权重赋值方法的比较与选择、层次分析赋权法运用的基本方法与步骤、测评企业的选取、测评变量初始值的来源、测评变量标准化值的计算、测评变量权重初始值的来源、测评变量权重目标值的确定与检验、被评企业技术创新综合能力的测定。第 6 章为"技术创新模糊层次主成分分析测评模型在中小工业企业的应用",其主要内容有:原始测评变量间相关系数的计算、主测评分量的提取、主测评分量值及其权重值的计算、被评企业技术创新综合能力的测定。第 7 章为"测定结果分析"。第 8 章为"结论与讨论"。

1.3.2 本书的可能创新之处

1)依据层次分析理论、模糊综合测评理论及技术创新测评原则等,构造了百分制赋值模糊层次加权综合测评模型。它是对模糊综合测评常用模型的修正和创新,并在很大程度上弥补了模糊综合测评常用模型致命的缺陷。即,以百分制赋值加权确定评价等级,纠正了后者"定级"的不合理性,缩小了测定结果与实际水平的误差,并增强了综合评价结果的排序能力;对研究或考评对象的各层测评变量,以百分制赋值进行加权综合测评,有利于对技术创新复杂系统进行分析。从数理的角度来看,它适用于测评变量间相互独立的、不带数值型测评变量的、单层次的或多层次的测评对象。

2)依据百分制赋值模糊层次加权综合测评模型理论和线性加权综合测评常用模型理论(主成分分析测评常用模型理论),构造了模糊层次线性加权综合测评模型(模糊层次主成分分析测评模型),它们是集多种技术创新测评模型优点于一体的集成的综合测评模型。从数理的角度来看,模糊层次线性加权综合测评模型适用于测评变量间相对独立的、单层次的或多层次的测评对象;模糊层次主成分分析测评模型适用于测评变量间具有相关关系的、单层次的或多层次的测评对象。

3)从测评模型对测评变量的要求、测评能力、测评结果状况,以及测评模型的优缺点、适用场合等出发,研究和比较了线性加权综合测评常用模型、模糊综合测评常用模型、主成分分析测评常用模型、数据包络分析测评原始模型、百分制赋值模糊层次加权综合测评模型、模糊层次线性加权综合测评模型、模糊层次主成分分析测评模型、模糊层次数据包络分析测评模型等 8 种技术创新测评模型,选择了优点最多的模糊层次线性加权综合测评模型和模糊层次主成分分析测评模型,作为本书中小工业企业技术创新测评的应用模型。

2 技术创新研究文献综述

2.1 熊彼特的创新理论

尽管亚当·斯密（Adam Smith）、卡尔·马克思（Karl Marx）等古典经济学家最早强调了技术变化对经济增长具有重要作用，但他们把技术进步看成是经济增长的不变的既定前提，并把它排除在经济学分析框架之外。而熊彼特则首次将创新视为现代经济增长的核心，在1912年出版的《经济发展理论》一书中，他明确指出技术创新是资本主义发展的根本动力和源泉。他以动态的方法分析经济系统不断变化的存在方式，论证技术变革对经济非均衡增长及社会发展非稳定性所产生的重大影响和作用，并相继在《经济周刊》、《资本主义、社会主义和民主主义》两书中发表了相关的系列研究成果，首次形成了以创新论为基础的理论体系。熊彼特创新理论的主要内容体现在"创新与企业家"和"创新与经济发展"两个方面。

2.1.1 创新与企业家

在熊彼特的创新理论中，企业家具有非常重要的地位和作用。在他看来，技术是外生经济变量，创新是由企业家通过生产要素的新组合来完成的，而不是由资本家、股东或发明家来完成的。企业家不同于拥有财富或借出资本的资本家或股东，也不同于创造某种新的技术或新的生产方法（工艺）的发明家，他们是生产要素的使用人，通过生产要素的新组合和利用，提高生产效率，产生有别于其他企业的东西，获得超额利润。熊彼特认为，企业家是资本主义的"灵魂"，是"创新"、生产要素"新组合"以及"经济发展"的主要组织者和推动者。企业家进行创新活动的目的在于：一是使企业获取高额的或潜在的经济利润，或者争取赢得更多的发展机会；二是创新的成功能凸显企业家出类拔萃的才能，满足自己成功的欲望，体现自己的价值（J. A. Schumpeter，1939）。熊彼特创新理论中的企业家应具备的条件是：有战略眼光，能看到潜在利润的机会；有胆识，敢于冒创新的风险；有组织能力，能动员社会资金来实现生产要素的重新组合（赵玉林，2006）。

2.1.2 创新与经济发展

(1) 技术创新推动经济持续发展

早期熊彼特的创新理论《经济发展理论》(1912) 特别强调技术作为外生经济变量对经济发展的巨大推动作用。而后来根据对现实的观察，他在《资本主义、社会主义和民主主义》(1947) 中又进一步发展和完善了他的创新理论，转而认为技术创新是内生变量，正是获取超额利润的动机使企业高度重视研究开发活动，技术进步与企业发展是一个正相关关系，没有创新，企业就不可能发展（王雪苓，2005）。在他看来，有一个与科学新发展相关但已能确定的基本发明流，一些企业家意识到这些发明的未来潜能，并冒一定的风险进行技术创新，如果一项根本性的创新成功，它将打破现有市场结构的均衡状态，推动资本主义经济向前发展。由于成功的创新会产生巨额利润，因此，创新一旦产生，必然引发企业模仿，众多的技术创新模仿活动会推动技术创新大浪潮的形成，而这种创新的浪潮或创新的集群行为则导致经济走向繁荣，接连不断的创新浪潮保持社会经济持续不断地发展。

(2) 技术创新产生经济周期

熊彼特认为创新会推动经济发展，但这种发展呈周期性，是原有均衡状态的破坏和新的均衡状态的出现。他指出，"新的组合，不是像人们依据一般的概率原理所期望的那样，在时间上是均匀分布的"，而是"新的组合一旦出现，就会成组或成群地不连续地出现"（约瑟夫·熊彼特，1990）。也就是说，技术创新活动所带来的新的技术和新的生产方法并没有一定的规律性，时多时少，时高时低。而且，一项成功的技术创新会引发技术扩散或技术模仿浪潮，整个经济领域将会出现应用这种创新技术的热潮，在热潮中则伴随着投资、金融甚至投机的扩张，将经济拉动，并推至繁荣。当新产品大量推出市场，创新活动的"好处"被社会消化完毕后，"新产品"价格下降，其超额利润也就随之消失，达到平均利润甚至低于平均利润。如果这一时期，新的创新项目尚未出现，经济就会进入危机和萎缩状态。当然，经济的衰退又促使企业家进行新的创新，以寻求新的盈利机会，从而导致下一轮的经济高涨、萧条，形成经济周期的四个阶段：复苏、繁荣、危机、萧条。

熊彼特根据大量的统计资料和前人的研究成果，认为资本主义经济存在长（50～60年）、中（9～10年）、短（约40个月）三种波长不等的经济周期，每一周期的形成及长短，都与特定的创新活动直接相关。

(3) 技术创新制造"创造性的毁灭"

熊彼特认为，资本主义经济是在创新的"创造性毁灭"中发展和更替的。由于技术创新使企业潜在的利益转化成现实的利润和远大的发展前景、良好的发展机会，导致大量企业创新模仿，产生许多新的企业和新的产品，使经济发展达到高峰。在新的企业产生和新的产品推出的同时，一批旧的企业和旧的产品面临"毁灭"或淘汰。熊彼特认为，不淘汰一批企业，经济就无法发展，淘汰的企业对于整个社会经济发展来讲，是无关紧要的，因为被淘汰企业的有效生产要素将获得新的组合，再次参与下一轮的技术创新和经济发展。这样，新的生产要素组合将替代旧的生产要素组合，新的市场结构将替代旧的市场结构，经济就是在这种"不断创新，不断毁灭（淘汰），不断优化"的过程中发展的。

2.1.3 对熊彼特创新理论的评价

（1）熊彼特创新理论的贡献

熊彼特的创新理论不仅在技术创新领域具有开拓性，也是非均衡分析和制度学派的奠基石，在整个西方经济学说史上占有重要的地位（傅家骥，仝允桓，高建等，2006；杨栩，2007）。他的创新理论的主要贡献表现在以下两个方面：

第一，强调产品创新和方法变革在经济发展中的重要作用，揭示了技术创新活动所引起的生产力提高给企业、社会带来的高收益及良好的发展机会；而且，在研究经济发展问题的方法上，熊彼特突破了传统古典经济学仅仅从人口、工资、资本、利息、地租等生产要素在数量上的增长来认知经济发展的局限性，从全新的角度（即技术进步和制度创新）来论证和认知经济发展。他撇开了社会生产关系，从生产力的角度对资本主义的生产进行"纯经济性"的理性分析，认为当代资本主义的先进生产力和高度的物质文明是通过技术创新和制度创新达到的，它调解了资本主义的经济关系，缓解了其阶级矛盾。熊彼特所揭示的技术创新对经济、社会发展的巨大作用，无论是对发达国家，还是发展中国家的"科教兴国"战略，都具有很强的指导意义和现实意义。

第二，强调企业家在创新活动中的推动作用，阐述了企业家的生成机理。在熊彼特的创新理论中，企业家有着至关重要的作用，但他认为，即便是天才也不能"自动"地成为企业家，而是通过刻苦学习和经济市场磨炼出来的（李新春，2000；C. K. Prahalad，Gary Hamel，1990）。熊彼特揭示，利润稀薄或亏损状态下的均衡经济（市场）酝酿潜在的企业家；潜在的企业家通过学习提高其创新素质（能力），寻找打破萧条的机会；企业家充分利用市场机会，重组企业内部各生产要素，推动技术创新活动的开展及相关的制度创新和市场创新，打破萧条的均衡经济（市场），为企业赢得超额利润和更大的发展机会。因此，企业家是通过自身努力学习以及均衡的打破和非均衡经济的产生而陶冶出来的（约瑟夫·熊彼特，1990）。熊彼特的企业家与经济发展理论、企业家生成机理理论和企业家标准，为企业家的培养和企业家的选择提供了可靠的理论指导，为几十年来现代企业和经济的发展作出了巨大贡献。

（2）熊彼特创新理论的不足

熊彼特作为技术创新理论研究的开拓者，自1912年提出创新理论后，30多年一直没有得到理论界的足够重视，似乎被同期的"凯恩斯革命"的理论所掩盖，而且被划入非主流经济理论之列。当然，熊彼特技术创新的创始理论，由于当时历史条件、经济背景及其生理寿命的限制，存在某些缺陷。如，美籍德国经济学家门斯（Mensch）经过反复研究发现，企业技术创新不仅发生在经济的萧条期，而且在繁荣期也会频繁出现；该理论过分强调企业家在创新活动中的作用，没有分析创新所需要的内外部环境和前提条件，没有探索技术创新和经济发展周期性阵发的原因；对技术创新的过程模型只作了较为简单的线性模型分析；完全撇开社会生产关系来研究企业生产力或技术创新；对技术创新体系的研究尚未涉足等。

到了20世纪50年代，随着科学技术的飞速发展，技术创新对经济增长和现代企业的发展产生了巨大影响，其作用日渐增强，人们对技术变革高度重视。技术与创新不仅成为学术界研究的热门课题，被列入主流经济理论，而且引起了企业家及政策研究者的普遍关注。

2.2 熊彼特以后的技术创新研究简要回顾与评价

2.2.1 国外技术创新研究简要回顾与评价

在熊彼特之后，以索罗（R. Solow）、弗里曼（C. Freeman）、曼斯费尔德（E. Mansfield）、斯通曼（P. Stoneman）等为代表的技术创新学派，从技术的变革、创新、扩散等方面入手，对技术创新进行了深入、系统、综合的研究（赵玉林，2006）。

根据有关文献资料分析，从1950年技术创新研究的复兴到现在，国外在技术创新方面的研究过程大体可分为三个阶段（傅家骥，仝允桓，高建等，2006；赵玉林，2006；杨栩，2007；银路，2004；董景荣，1999）。

第一阶段是20世纪50年代初到60年代末，在新技术革命浪潮推动下，技术创新研究迅速复兴，逐步突破新古典经济学的局限与束缚，形成对技术创新的贡献、起源、效应和内部过程与结构等方面的专门研究。这一阶段的研究成果主要由厄特巴克（J. M. Utterback）、兰格里士（J. M. Langrihs）和迈尔斯（S. Myers）等人在70年代初加以总结。这一阶段的主要特征是：

1）处于新研究领域的开发阶段，研究比较分散，尚未形成完整的理论框架，且引起争论的热点专题也不多，研究方法主要是案例分析及总结。

2）在技术创新与经济增长的定量研究上，具有代表性的成果是索罗发表的《对经济增长理论的一个贡献》（1956）和《技术进步与总生产函数》（1957）。在这两篇论文中，索罗利用经济增长模型测定发现，经济增长的根本因素不是资本的积累，也不是劳动力投入的增加，而是技术进步。

3）在管理科学中逐步形成专门的技术创新研究领域。由于技术变化对传统组织管理的冲击和挑战，对创新相关问题多从创新主体（企业、公司和社会团体）的组织结构变动、风险决策行为及管理策略的角度出发进行研究。如卡特（E.

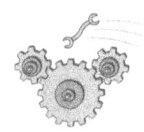

E. Carter）的企业行为理论与高水平团体决策研究、莫斯（E. V. Mores）等人的创造性专利与组织结构理论、欧内克（W. Wolek）等人的技术与信息转移研究以及对工业组织实践的调查等。

4）研究开始涉及创新过程中的信息交流与创新环境等。如艾伦（G. Allen）等人对信息需求与应用的研究，埃德温等人在工业研究与技术创新的关系、技术创新的环境与管理等方面的研究。厄特巴克等人在20世纪70年代初的综合研究中，粗略地提出了技术创新过程及相关因素理论，强调创新主体的内外部交流能力缺乏是技术创新的主要障碍。但总的看来，在这一阶段，创新仍只是作为一个整体变量来研究。

第二阶段是20世纪70年代初至80年代中叶，这是技术创新研究的持续兴旺阶段，其代表性成果主要有：弗里曼的《工业创新经济学》（1974，1982），斯通曼的《技术扩散与计算机革命》（1976）和《技术变革的经济分析》（1989）。这一阶段的主要特征是：

1）技术创新研究从管理科学和经济发展周期研究范畴中相对独立出来，初步形成了技术创新研究的理论体系。弗里曼建立了第一个系统的创新经济学理论体系（1974，1982），斯通曼分析了技术创新扩散的路径依赖（1976，1989），曼斯费尔德研究了新技术对企业利润增加程度的影响因素。

2）研究的具体对象开始逐步分解，出现对创新不同侧面和不同层次内容的比较全面的探讨与争鸣。研究内容主要包括创新研究的理论基础，技术创新的定义、分类、起源（动力与机会）、特征、过程机制与决策、经济与组织效应、R&D（即研究与开发）系统，技术创新的主要影响因素、创新的社会一体化和政府介入机制及相关政策，等等。

3）逐步将多种理论和方法应用到技术创新研究中。如运用组织管理行为理论研究创新主体状态，运用决策理论研究创新初期的风险决策机理，运用市场结构和竞争理论研究创新实现机制和效率，运用宏观经济理论分析政府与市场影响企业创新的机制和作用等。

这一阶段创新研究的方法以样本调查与理论推导相结合为主，克雷恩（K. J. Klein）等在1982年对前十几年有关技术创新专题研究的论文所作的统计分析表明，采用这类研究方法的论文占90%以上。

这一阶段研究主要有三个方面的局限性：一是研究较分散，重复性研究较多，许多具体问题未得到充分深入研究便被搁置。如创新行为特性问题，前后共提出了30多种创新特性，但缺乏对各种特性的内涵及其相互关系的研究，所提出的特性中多有重叠，直接影响了其理论与应用价值。二是研究的重点不够突出，一般创新（包括教育、医疗和社会福利等方面的创新）研究不少，对工业企业技术创新的研究相对不足。三是对创新全过程的研究呈现出明显的前重后轻倾向，不论是信息与决策分析，还是相关影响因素和政策机制分析，都侧重于创新采用环节，而缺乏对创新实现过程的相应研究。斯切勒尔（M. A. Scheirer）1983年的分析表明，虽然1978年已提出创新实现问题，但其迟至1983年仍未得到系统研究。

第三阶段为20世纪80年代中叶至今，是技术创新的综合发展的阶段。这一阶段技术创新研究的特点集中表现在以下三个方面：

1）研究向综合化方向发展。主要有三种形式：一是描述性总结。即就某些专题将已有研究成果分门别类地加以总结描述。如缪尔塞（R. Mueser）在1985年对自熊彼特起至今半个多世纪时间内有关技术创新定义的问题进行了历史性回顾和整理分析，为进一步科学地提出完整准确的创新定义提供了更充分的研究依据。二是折中协调性提高。即将创新研究中有关争论问题重新提出，结合新情况，在对各种观点进行综合分析的基础上推出新理论。如对技术创新动力源泉上长期存在的"需求拉动"与"技术推动"的争论，芒罗（H. Munro）等人结合20世纪80年代的新情况重新进行了评价，提出了推拉综合模式和技术轨道等新观点。三是系统化归纳。即形成系统理论。如格温（D. Gewrin）1988年提出的以创新不确定性为前提的创新过程理论，布朗（W. B. Brown）等人在1989年提出的以创新目标、创新阶段和决策输入变量为中心的相关性系统分析，斯通曼（P. Stnocman）对技术变化所作的经济数理分析及库姆斯（R. Ocoombs）等人对技术创新与厂商行为、经济和社会发展相互关系所作的分析等。

2）在综合已有研究成果的基础上，从已有研究范围中选出或新提出有关重点专题进行深入研究。据美国国家科学基金会20世纪80年代中期的报告，有关的热点问题包括：企业组织结构与创新行为、小企业技术创新、技术创新上的大学-工业界关系、技术创新激励、R&D系统、创新风险决策、企业规模与创新强度的相关性、创新学习扩散和高层竞争策略等。

3）注重研究内容和成果对社会经济技术活动的指导作用。实用性强的研究课题，如技术创新活动的测度评价、创新组织建立的策略和规范、政府创新推动政策的跟踪分析、对某一行业的技术创新或某一项技术创新发生与发展的全过程的分析等，受到普遍关注，并力求将技术创新研究成果直接应用到社会经济技术行动计划中去。美国针对以上创新热点问题提出了大学-工业合作项目与合作研究中心计划、小企业技术创新法和学校的创新式人才教育培养计划等。

2.2.2 国内技术创新研究简要回顾与评价

中国经济与技术较为落后，技术创新研究起步也较晚。从20世纪70年代的技术创新理论介绍至今，中国技术创新研究大致经历了两个阶段。

第一阶段为20世纪70年代初至90年代初期，大量引进、介绍和传播国外技术创新理论。

1973年，北京大学经济系的内部刊物《国外经济学动态》开始介绍熊彼特的创新理论，这是国内最早接触的创新理论。1981年，张培刚、厉以宁在中国社会科学出版社出版的《国外经济学讲座》中，又介绍了熊彼特的创新理论，以及熊彼特以后技术创新理论的发展。

西方国家经济与科技的迅速发展，引起中国高层领导的高度关注，提出"科学技术是第一生产力"的口号，科学技术的经济效益与社会效益功能受到社会各界的广泛重视。学术界也翻译了不少有关技术创新的重要著作，介绍、宣传、评述国外技术创新理论与研究方法，如《经济学与技术进步》（R·库姆斯等，1989），《技术变革的经济分析》（P·斯通曼，1989），《经济发展理论》（J·A·熊彼特，1990），《技术进步与经济理论》（G·多西等，1992），《经济长波与创新》（范·杜因，1993）等。在技术创新理论的引进与传播中，国内对技术创新有了更进一步的了解，人们对技术创新产生了全区域性的或区域内局部地区的研究和调查的热情。

第二阶段为20世纪90年代初期至今，积极开展技术创新理论研究及结合中国实际进行技术创新调查。

一是积极开展技术创新理论研究。在20世纪80年代中期，国内有些学者已着手研究企业技术问题，比较有影响的有熊黑、万君康和蔡希贤合著的《工业技术经济学》（1985）。80年代后期开始，国内技术创新研究逐渐升温，出产了一批批研究成果，有些在国内外都具有开拓性和创新性。最早出版的技术创新专著是许庆瑞的《技术创新管理》（1990）、傅家骥的《技术创新——中国企业发展之路》（1992）、柳卸林的《技术创新经济学》（1993）。以上三位学者在技术创新领域进行了开拓性研究。在他们的带动下，形成了以傅家骥为首的清华大学技术创新研究中心，以许庆瑞为首的浙江大学创新与科技产业研究中心，以柳卸林为首的中国科技促进发展研究中心。这些研究团体对技术创新进行了卓有成效的研究。

在这三位学者之后，大量的技术创新专著涌现，如《技术创新——经济活力之源》（汤世国，1994）、《技术创新——国家系统的改革与重组》（齐建国，1995）、《技术创新扩散》（武春友，1997）、《中国企业技术创新分析》（高建，1997）、《技术创新学》（傅家骥，1998）、《国家创新系统（NIS）理论与中国的实践》（刘洪涛，1999）、《技术创新管理》（吴贵生，2000）、《永续发展——企业技术创新透视》（陈劲，2001）、《论技术创新的起源和动力》（王耀德，2006）、《技术扩散效应论》（殷醒民，2006）、《全面创新管理理论与实践》（许庆瑞，仝允桓，高建等，2007），等等。这些专著为我国系统性、开创性地研究技术创新作出了巨大贡献。《科技进步与对策》、《中国科技论坛》、《中国软科学》、《科研管理》等杂志也大量地登载和传播技术创新有关理论、方法、政策等，为技术创新研究和实践提供了有益的指导。

在有关部门、单位，尤其是各级科技管理部门的支持下，有关学者或部门完成了许多大型的技术创新研究项目，为技术创新的理论研究和实地调查提供了有力的帮助。如 20 世纪 80 年代中期以来，浙江大学管理科学研究所明确以企业为主体的技术创新研究路线，先后完成二次创新的理论与模式、绿色技术创新、信息技术与管理变革、企业核心能力与创新战略、中国企业全球化制造与二次创新战略、企业技术能力理论与实证、中国复杂产品系统创新过程及评价体系、知识密集型服务业创新范式等方面的开创性研究（许庆瑞，仝允桓，高建等，2007）；清华大学自 1989 年以来，陆续完成大中型企业技术创新、技术扩散机制与政策研究，中国企业技术创新、促进技术创新的税收与信贷政策，跨国企业技术创新、技术转移与中国经济发展等研究项目（傅家骥，仝允桓，高建等，2006）。

综合地概括与分析，国内第二阶段技术创新研究内容以技术创新管理为主。国内的技术创新研究大多从技术创新管理的角度出发，其研究对象从最初的企业技术创新管理扩展到区域或国家技术创新管理，如浙江大学的许庆瑞、陈劲、魏江等学者着重研究了企业技术创新管理的创新策略与计划、创新项目的选择与评价、创新的投入产出与风险、创新全面管理与永续发展等。这里值得一提的是，许庆瑞等人首次系统地阐述了全面创新管理（Total Innovation Management，简称 TIM）的理论及其规律，在国内具有开创性，并在国际学术界产生了一定影响。清华大学傅家骥、吴永贵、高建等学者的技术创新管理研究，对推动我国技术创新研究领域的建设和发展，促进我国企业技术创新管理水平的提高，也作出了重大贡献，并产生了一定的社会影响和效益。

二是结合中国的实际进行技术创新调查。在系统、深入地研究和热烈、踊跃地讨论技术创新问题的同时，技术创新调查在全国各地也蓬勃地开展起来。1989 年，原国家科委研究中心组织了针对湖北省宜昌市工业企业的技术创新抽样调查（样本容量 105），1991—1993 年，清华大学先后 6 次就全国范围内的工业企业技术创新进行了抽样调查（样本容量 1 051），1994 年，国务院发展研究中心对福建、甘肃以及福州、兰州的企业技术创新进行了抽样调查（样本容量 1 947），等等。最大型的两次技术创新调查要数 2006 年中共中央、国务院组织的全国性的规模以上工业企业技术创新能力调查，以及 2007 年国家统计局、科学技术部组织的全国工业企业技术创新调查。总之，自 1989 年原国家科委研究中心的技术创新调查以后，针对不同区域、不同行业、不同规模的企业及不同创新主题的技术创新调查层出不穷，不计其数。调查范围和内容不断扩大、延伸、细化，调查的对象和重点各不相同，有的是针对中小企业的，有的是针对大型企业的；有的是针对民营企业的，有的是针对国有企业的；有的是全区域性的，有的是区域内局部地区；有的是某个行业的，有的是某个企业的，有的是某个企业的某种具体产品的；有的是调查技术创新的一般情况，有的是调查技术创新的类型、融资、风险、机理、过程、政策等具体情况；等等。

对中国企业技术创新的广泛调查，获得了大量的一手资料，为中国技术创新理论研究和政策制定奠定了坚实的基础，并在一定程度上明确了中国企业改革的思路和方向。

2.3 技术创新过程的模型理论

在90多年的技术创新研究中,技术创新过程的研究始终贯彻整个技术创新研究史,一直是最重要的研究内容。而且,本书的研究主题——技术创新测评模型及其在中小工业企业的应用,中小工业企业测评变量体系的构建及技术创新测评模型的构造思路、方法等,均以技术创新过程的理论作为指导。因此,本章对技术创新过程理论进行了重点综述。

关于技术创新过程有不同的表达方式,最普遍的一种表达是:技术创新过程是一个将知识、技能和物质转化成顾客满意的产品的过程,它涵盖的主要内容有:创新蓝图的构建、技术的研究与开发、技术管理与组织、工程设计与制造、有关单位或部门的参与及市场营销等一系列活动。

技术创新过程的研究是一个动态的、不断扩展和深化的过程,按照罗斯韦尔(R. Rothwell,1994)对创新过程模型的划分,从20世纪50年代至今,技术创新过程模型经历了5代。在5代过程模型理论基础上和知识经济的背景下,C. Chaminade和H. Roberts(2002)结合基于知识和基于资源的企业理论,提出了第六代创新模型。由此,技术创新过程模型经历了6代的变化。

2.3.1 第一代:技术推动模型

技术推动模型(Technology Push Model,20世纪50年代至60年代中期)是指创新主体拥有并利用新的技术发明进行技术创新活动的模式,它是以研究开发活动为源头的、将技术成果应用转为实际产品的线性过程。因而,其技术创新过程是由技术推动的。熊彼特是这种模型的倡导者,他的技术推动模型有"企业家模型"(C. Freeman,1982)(见图2.1)和"大企业模型"(C. Freeman,1982)(见图2.2)。

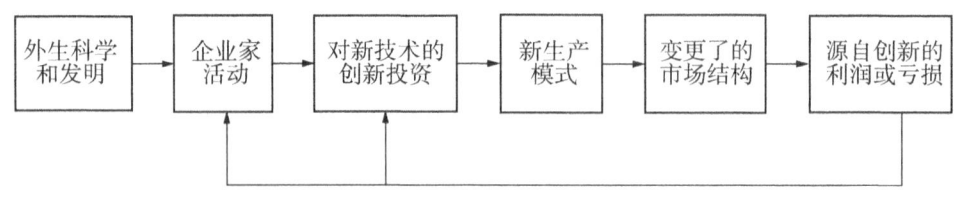

图2.1 熊彼特企业家创新模型

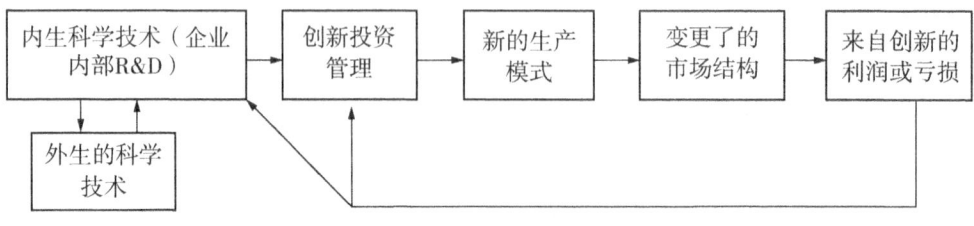

图2.2 熊彼特大企业创新模型

在企业家创新模型中,技术是外生经济变量,是技术创新的发动机;技术创新的关键在于培养大批具有创新意识和创新能力,且善于把新组合引进生产体系以实现技术创新的企业家。在大企业创新模型中,技术创新不再是外生的,而是内生于大企业内部研发部门的活动,成为技术创新的直接推动力;创新活动由大企业内部研发机构承担。

20世纪60年代中期以前,熊彼特技术创新思想和理论得到了许多技术创新研究者的极力推崇,并一直占据主导地位。曼斯费尔德、厄特巴克等对熊彼特的"企业家模型"和"大企业模型"的概括和综合(见图2.3),使技术推动模型理论更具普遍性。

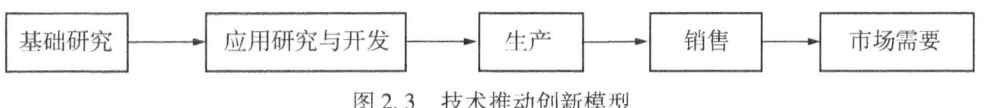

图 2.3 技术推动创新模型

技术推动模型理论认为,技术、专利才是技术创新的推动力,技术创新产品创造或补充市场需求。技术推动模型理论对许多国家,尤其是发展中国家制定科技政策、配置科技资源、促进企业技术创新等起了重大作用。20世纪50—70年代,很多技术创新活动是在技术推动下产生的,特别是新的重大发现和技术发明,如尼龙、核能、激光器、半导体、电视机、计算机等划时代的技术创新,都属于这一模式。这一模型的基本假定是"更多的研究开发投入"等于"更多的创新产出"(R. Rothwell, 1994; See Mark Dodgson and R. Rothwell, 1994)。

2.3.2 第二代:市场拉动模型

市场拉动模型(Demand/Market Pull Model, 20世纪60年代中期至70年代初)是指创新主体源于市场需求而开展新技术研究,并应用它进行技术创新活动的模式。这一模式认为市场需求为产品的创新创造了机会,并引发了产品的研发活动,生产或工艺制造实施了产品研发过程,其创新产品最终通过市场销售而取得创新效益。由此看来,需求推动模型强调技术创新不是一项单纯的科研行为,而是企业顺应市场的需求实现超额利润的一种商业行为。

20世纪60年代中期至70年代初,西方国家经济增长方式从粗放型转向集约型,而且,营销成为企业间的竞争成功的关键因素之一,市场对技术创新的作用力越来越强,需求的拉动效应也明显上升。厄特巴克在1974年的一项工作总结中,认为有60%~80%重要创新来源于市场需求。因此,需求拉动模型理论应势而生。

斯穆克勒(J. Schmookler)对1840—1950年间美国铁路、石油冶炼、农业机械和造纸业四个主要资本货物部门及部分消费品工业部门的专利数与投资额进行了统计分析。其结果显示,投资与专利的时间序列呈现高度的同步效应,投资序列往往领先于专利序列,相反的可能性则更少。因此,他得出市场成长和市场潜力是专利发明的主要决定性因素（1966）。他在1966年发表的《发明与经济增长》一书中，打破了技术推动理论的核心地位。20世纪60年代中期，许多其他的研究者通过对大量创新活动的实际案例的研究，也发现大多数技术创新，特别是渐进性创新，并不是首先由技术推动的。希普尔、迈尔斯（Myers）等通过实例也证明了市场需求对技术创新的拉动作用力强于技术的拉动作用力（E. V. Hippel, 1988; E. Mansfield, 1988）。研究者普遍认为，市场需求推动的技术创新数量多于技术推动的技术创新数量的主要原因有两个：一是企业对产品销售利润感兴趣，对市场需求的形势或趋势比较敏感；二是市场需求拉动的技术创新风险较小，成本较少。

需求拉动模型（见图2.4）是在Schmookler需求拉动发明模型（见图2.5）的基础上简化而得到的。

市场需求 → 应用研究 → 试验性开发研究 → 市场需求

图2.4 市场需求拉动技术创新模型

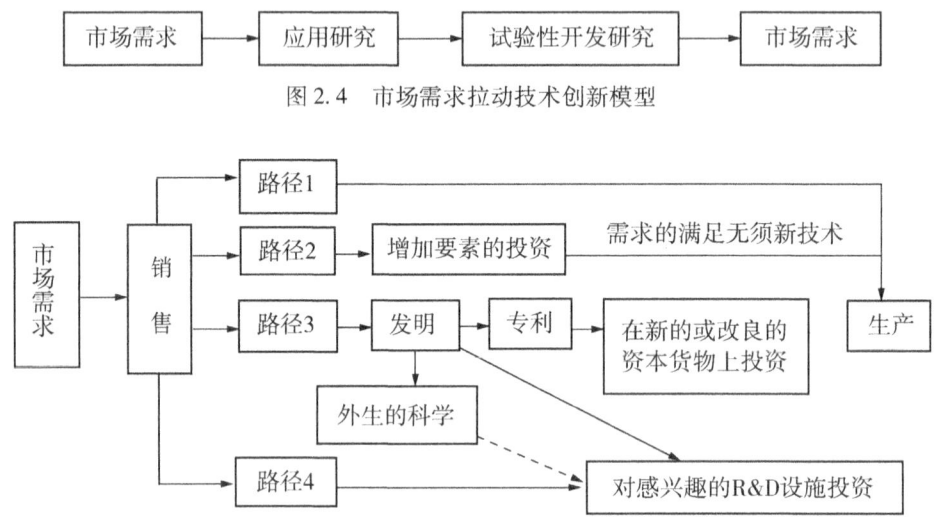

图2.5 Schmookler需求拉动发明模型

2.3.3 第三代：技术与市场交互作用模型

技术与市场的交互作用模型（Interaction Model，20世纪70年代后期至80年代中期）又可称为技术-需求互动模型，是指拥有技术发明的创新主体受到市场需求的诱发而进行技术创新活动的模型。在这一创新过程模型中，创新过程被看作企业内外连接的网络，一方面将企业内部各种不同的职能连接起来，另一方面将企业与广泛的科学技术来源和市场连接起来，技术和市场不再是对立的双方，而是共同推动创新活动的源泉。

在20世纪60年代至70年代末期以前，技术创新过程理论研究主要集中于创新到底起源于"技术推动"还是"需求推动"，这种价值不大的、争论式的理论研究一直没有大的改变。从20世纪70年代末期以后，人们的视野逐渐从特定的个体创新转移到更广泛的技术发展上，创新被看作与多种因素相联系的技术经济现象。加拿大学者摩罗（H. Mumro）和诺雷（H. Noori）对加拿大900多家企业的技术创新进行了调查，调查结果显示，企业 18% 的技术创新由技术推动，26% 由市场需求推动，56% 由技术和市场综合作用而推动，而且，市场和技术共同推动而创新的产品生命周期更长，竞争力更强。Kline 和 Rosenberg（1986）认为，技术创新是由技术和市场需求共同决定的，需求决定了创新的报酬，而技术决定了成功的可能性及成本；冯·希伯尔（E. V. Hippel, 1988）研究了技术创新过程中企业间的相互作用。随着对技术创新研究的深入，学者们逐渐认为技术创新是技术和市场共同作用引发的，技术推动和需求拉动在创新过程的不同阶段起着不同的作用，形成第三代技术创新过程模型（见图 2.6）。第三代交互作用模型又称链环 - 回路模型，主要由 Kline 和 Rosenberg 提出。

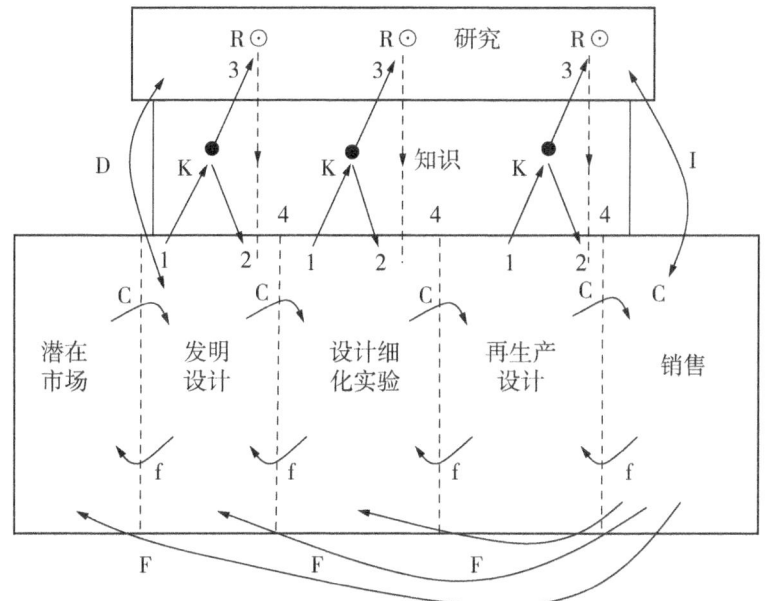

图 2.6　技术与市场交互作用创新模型

在这一模型中，共有 5 条活动路径：第 1 条是以 C 表示的创新活动中心链。第 2 条是用 f 和 F 表示的中心链的反馈环，其中 F 表示主反馈。第 3 条是以 K - R 表示的创新中心活动链与知识和研究之间的联系：在创新各阶段若有问题，先到现有知识库中去寻找，即 1→K→2 的路径；若现有知识库不能解决问题则进行研究，再返回设计，即 1→K→3→4 路径。第 4、第 5 条是用 D、I 表示的科学研究与创新活动之间的关系，其中第 4 条 D 表示科学发现导致创新，第 5 条 I 表示创新推动科学研究。

2.3.4　第四代：一体化模型

一体化模型（Integration Model，20 世纪 80 年代初至 90 年代初）不是将创新过程看作从一个职能到另一个职能的序列性过程，而是将创新过程看成同时涉及创新构思的产生、R&D、设计制造和市场营销的并行的过程（见图 2.7）。它强调 R&D 部门、设计部门、供应商和用户之间的联系、沟通和密切合作，通过加强部门之间的界面管理来提高信息、知识的有效转移，使开发出的新产品与市场需求相吻合，从而缩短创新时间，减少创新成本。如波音公司在新型飞机的开发生产中就采用了一体化创新模式，结果大大缩短了新型飞机的研制生产周期；中国在"两弹一星"的研制过程中也采用了这种方式，提高了研制效率（傅家骥，全允桓，高建等，2006；胡珑瑛，2004）。

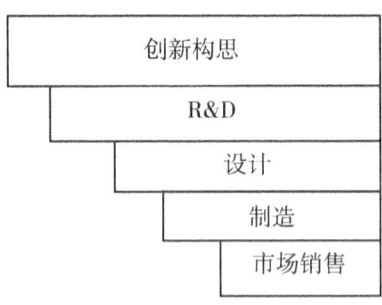

图 2.7　一体化创新模型

一体化创新过程的结构框架见表 2.1。

表 2.1　一体化创新过程的结构框架

职能	创新阶段					
	概念开发	产品计划	详细设计与开发		商业化准备	市场引入
			阶段1	阶段2		
设计	提出开发新技术、新产品的构思,建立模型,实施模拟	选择部件并与供应商沟通,建立早期产品系统原型,确定产品结构	完成产品详细设计,与工艺设计师合作试制产品原型,测试产品原型	细化产品设计,对中间试验产品进行检测,解决技术难题	对工厂试生产的产品进行检测和评价,解决技术难题	对上市产品进行评价,发现新问题并加以改进
营销	提供市场需求信息,提出新产品概念并进行市场调查	确定目标顾客,估计销售收入和毛利,帮助研究开发人员与顾客进行早期沟通	指导顾客测试产品原型,参与评价产品的原型设计	指导顾客对产品进一步测试,评价产品原型,策划新产品首次亮相,制订分销计划	为产品投入市场做准备,培训销售人员和现场服务人员,设计订单接收和处理系统	为分销渠道供货,进行产品促销,与关键顾客联系、沟通,提供售后服务
制造	提出并研究、审查各种工艺概念(构思、方案)	估计制造成本,确定工艺方案,实施工艺模拟,选定供应商	完成详细工艺设计,设计、制造或采购工具和设备产品,做产品中试工艺准备	安装测试设备,建立工艺规程,按规定操作程序,进行产品中试	进行商业目的的工厂试生产,细化工艺设计,培训人员和落实供应渠道	进行商业化生产,达到预期的质量、产量和成本目标

资料来源：傅家骥，全允桓，高建，等．技术创新学．北京：清华大学出版社，2006：39－40．

2.3.5 第五代：系统集成与网络化模型

系统集成与网络化模型（System Integration and Network Model，SIN，20世纪90年代初至90年代末）是一体化模型的进一步发展，它认为创新过程不仅是一体化的职能交叉过程，而且是多机构系统集成网络联结的过程。它强调合作企业之间更密切的战略联系，更多地借助于专家系统进行研究开发，利用仿真模型替代实物原型，并采用创新过程一体化的计算机辅助设计与计算机集成制造系统（傅家骥，仝允桓，高建等，2006）。第五代技术创新过程模型是一种综合网络系统，整个创新过程可看作一个组织内部和组织外部交流路径的复杂的网，其中完善的电子工具提高了整个创新系统产品开发的速度和有效性（包括内部职能、供应商、客户、合作等），创新系统中采用的技术是自身的技术转变（R. Rothwell，1992）。

20世纪90年代以来，技术变化速度越来越快，产品生命周期越来越短，要求企业能够对市场作出快速反应，从设计、制造到销售，整个流程高度集成化、敏捷化、并行化、网络化。如美国政府组织的最新半导体芯片的开发过程就是多机构系统集成网络联结的过程。

系统集成与网络化模型的主要特点可以归纳为表2.2（Mark Dodgson and R. Rothwell，陈劲等译，2000）。

表2.2 系统集成与网络化模型的特点

基础战略因素
●时间战略（更快更有效的产品开发）
●注重质量和其他非价格的因素开发
●重视企业的灵活性和灵敏度
●重视前沿战略的客户
●跟主要供应商的战略合作
●横向技术合作战略
●电子数据处理战略
●全面质量管理战略
主要特点
●整个组织和系统的综合
——并行和综合（职能间）的开发过程
——产品开发中早期供应商的参与
——产品开发中主要客户的参与
——在适当的地方建立横向技术合作
●适合于快速有效决策的灵活平面组织结构
——给予低等管理人员更多的权利
——给予产品拥护者和项目领导者权利

续表 2.2

- ● 发达的内部数据库
  - ——高效的数据系统
  - ——产品开发方法，基于计算机的启发式学习，专家系统
  - ——使用三维 CAD 的系统和模拟技术辅助产品开发
  - ——跟 CAD/CAM 系统连接，加强产品开发的灵活性和产品的可制造性
- ● 有效地和外部数据连接
  - ——使用互连的 CAD 系统与供应商共同发展
  - ——在客户接口上使用 CAD
  - ——跟研究与发展实验室进行有效联系

资料来源：Dodgson M, Rothwell R. 创新聚集——产业创新手册. 陈劲, 等, 译. 清华大学出版社, 2000: 39-54.

2.3.6 第六代：以知识或学习为中心的模型

以知识或学习为中心的模型（Knowledge and Learning at the Forefront Model, 20 世纪 90 年代末期至今）是在第五代模型基础上的进一步深化，它仍将技术创新视为集成和网络化的过程，但更关注创新过程中知识的获取、转移、整合、创造和应用。

2.3.7 对技术创新过程模型的简要评价

从以上过程模型分析及其简图可以看出：

1) 技术推动模型和市场拉动模型是离散的、线性的模式，由一个起点单向流至终点，把技术创新的多种来源简化为一种。它们共同的缺点是模型过于简单，没有反映技术创新过程的复杂性和多样性。

2) 交互作用模式在一定程度上突破了简单线性模型的局限性，增加了一些反馈环节，克服了前两种模型单调简单的缺陷，但其反映还是机械的，未能较好地反映技术创新过程的复杂机理。

3) 一体化模型和系统集成与网络化模型这两种技术创新过程模型的出现，是技术创新管理理论上一次质的飞跃，标志着技术创新过程理论从线性的、离散的简单模型转变为一体化的、集成化的、网络化的、系统化的复杂模型。

4) 第六代创新模型将知识和学习当作技术创新活动的中心要素，强调有效的内外部知识共享等因素的重要性，但其技术创新过程机理与第五代过程模型雷同。

纵观技术创新研究史和社会经济发展史可知，每代技术创新过程模型的提出，都有它们的历史背景和历史作用；前代模型被替代或完善，一般都是由于它不能适应当时社会经济发展和技术创新发展的需要，或前人对技术创新研究不足。

2.4 技术创新过程的阶段性理论

2.4.1 A-U 模型

20 世纪 70 年代，N. Abernathy 和 J. M. Utterback 对产品创新和工艺创新过程的持续性进行了研究，发现企业的创新类型和创新程度取决于相对应的产品和产业的成长阶段，并呈现出一定的阶段性规律。他们把系列创新过程划分为三个阶段：不稳定阶段（流动阶段）、过渡阶段（转移阶段）和稳定阶段（专业化阶段），各个阶段都与其产品的生命周期相联系。由此，他们提出了以产品创新为中心技术创新过程的阶段性理论，可用 A-U 模型描述（见图 2.8）。

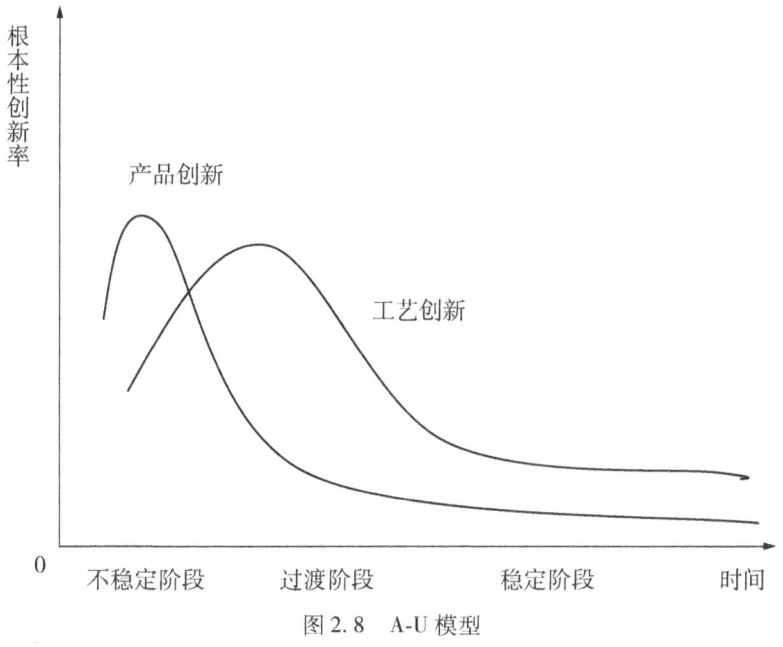

图 2.8　A-U 模型

2.4.2 A-U 模型的三阶段分析

（1）不稳定阶段（流动阶段）

企业为了赢得潜在的市场和利益，必须开展技术创新活动。创新的早期阶段是以性能最大化为主要目标的，因而企业的技术创新率非常高。A-U 技术创新阶段性理论认为，在产品生命周期的早期，产品的原始创新较多且水平较高，但由于产品创新处于初始阶段，同类产品的不同设计不断推出，并陆续打入市场（如早期的电视机和手机），而产品主导设计尚未确定；与此相对应的制造工艺与产业组织也是不稳定的，工艺创新较少，产品的性能和技术有待完善，产品的标准有待统一，产品的潜在市场有待开拓。这一时期实际上是产品创新和市场销售的"不断尝试→不断纠错→不断发展"的过程,产品创新的研究开发费用及市场开发费用较高,而其经济收益又不明显,甚至"入不敷出"。然而,如果在这一阶段企业能够把准技术方向,并不失时机地开拓市场,企业将赢得巨大的商机和潜在的竞争优势。

(2)过渡阶段（转移阶段）

创新的过渡阶段是以主导产品设计的出现和销售最大化为主要目标。经过技术创新过程早期阶段的"不断尝试→不断纠错"的技术变动和技术发展,市场上最终会出现一个将产品技术与产品市场需求相联结的代表优秀产品的主导设计,如Windows XP软件、路虎越野汽车等。主导设计的形成,标志着创新产品有了"标准",产品创新率迅速下降,工艺创新率大大提高,产品技术变动给市场带来的不确定大幅度减弱。创新产品主导设计的稳定,使其大规模生产变为现实,其单位产品的创新成本急剧下降,给掌握主导设计的企业带来了丰厚回报,使其在激烈的市场竞争中处于明显优势地位。然而,这并不意味着掌握主导设计的企业可以垄断该类产品市场,其他一些实力较强和具有独特资源的企业,可以通过增加或增强产品性能来改进或完善主导设计,从而获得巨大的商业利益。

(3)稳定阶段（专业化阶段）

在稳定阶段,成本最小化就成为创新的主要目标。主导设计的相对稳定,使产品设计、生产程序和生产工艺日益标准化,产品市场需求基本确定,大规模生产继续进行,生产过程和企业组织日趋专业化和纵向一体化,技术创新轨迹的主线从产品创新逐步转移到工艺创新,创新成本持续下降,企业由此享受规模经济带来的好处。根据N. Abernathy和J. M. Utterback的观点,在技术创新过程的最后阶段即创新产品价格持续下降的阶段,工艺创新比产品创新更为重要。

在稳定阶段,企业在享受技术创新所带来的高收益的同时,也遭受产业内部对重大创新的抵制。一方面重大创新需要较大的创新成本,影响企业的当前收益;另一方面,许多管理人员担心技术创新会对他们的现有职位产生威胁。企业这一时期的根本性技术创新动力主要来自外部的压力或刺激。

2.4.3 A-U 模型的特点

A-U 创新过程模型中各阶段在竞争重点、创新激励、主要创新类型、生产方式、生产工艺及组织管理等方面的特点见表2.3。

表2.3 A-U 创新过程模型的特点

	不稳定阶段	过渡阶段	稳定阶段
竞争重点	产品功能、性能	产品多样化	降低成本
创新激励	用户需求和技术信息	建立竞争优势的愿望	竞争压力
主要创新类型	频繁的重大产品创新	重大工艺创新	渐进性创新

续表 2.3

	不稳定阶段	过渡阶段	稳定阶段
生产方式	多种方式小规模生产，生产地点接近用户或创新源	产品设计较稳定，有一定的生产规模	标准产品大规模生产，高度专业化
生产工艺	柔性大，效率低，易于进行重大创新	逐渐具有刚性	效率高，资本密集，刚性大，转换成本高
设备	通用设备，需要技术熟练的劳动力	有些过程实现自动化	专用设备，自动化程度高
材料	多采用现有材料	购买专门材料	购买专门材料，或实现垂直一体化生产
组织管理	非正式组织，强调企业家精神	通过项目小组进行控制，强调协调	强调组织结构、目标和程序

资料来源：傅家骥，仝允桓，高建，等．技术创新学．北京：清华大学出版社，2006：46．

2.5 小结

本章主要对技术创新研究进行了简要综述。

1) 对熊彼特的创新理论进行了概述与评价。熊彼特的创新理论不仅在技术创新领域具有开拓性，而且是非均衡分析和制度学派的奠基石，在整个西方经济学说史上占有重要的地位。他的创新理论主要有：①创新是由企业家通过生产要素的新组合来完成的；②技术创新推动经济持续发展；③技术创新产生经济周期；④技术创新制造"创造性毁灭"。

2) 对熊彼特以后的国内外技术创新研究进行了简要回顾与评价。①熊彼特以后的国外技术创新研究大致经历了三个阶段：第一阶段是 20 世纪 50 年代初到 60 年代末，在新技术革命浪潮推动下，技术创新研究迅速复兴，逐步突破新古典经济学的局限与束缚，形成对技术创新的贡献、起源、效应和内部过程与结构等方面的专门研究。第二阶段是 20 世纪 70 年代初至 80 年代中叶，这是技术创新研究的持续兴旺阶段。技术创新研究从管理科学和经济发展周期研究范畴中相对独立出来，初步形成了技术创新研究的理论体系；研究的具体对象开始逐步分解，出现对创新不同侧面和不同层次内容的比较全面的探讨与争鸣；逐步将多种理论和方法应用到技术创新研究中。第三阶段为 20 世纪 80 年代中叶至今，这是技术创新综合发展的阶段。研究向综合化方向发展；在综合已有研究成果的基础上，从已有研究范围中选出或新提出有关重点专题进行深入研究。②熊彼特以后的国内技术创新研究大致经历了两个阶段：第一阶段为 20 世纪 70 年代初至 90 年代初期，大量引进、介绍和传播国外技术创新理论。第二阶段为20世纪90年代初期至今，积极开展技术创新理论研究及结合中国实际进行技术创新调查。

3）对技术创新过程的模型理论和阶段性理论进行了综述与评价。①对技术创新过程模型研究大致经历了6代：第一代——技术推动模型，第二代——市场拉动模型，第三代——技术与市场交互作用模型，第四代——一体化模型，第五代——系统集成与网络化模型，第六代——以知识或学习为中心的模型。②企业的创新类型和创新程度取决于相对应的产品和产业的成长阶段，并呈现出一定的阶段性规律。其创新过程可划分为三个阶段：不稳定阶段（流动阶段）、过渡阶段（转移阶段）和稳定阶段（专业化阶段），各个阶段都与其产品的生命周期相联系。

3 技术创新测评的理论基础

3.1 技术创新概述

3.1.1 技术创新的含义

熊彼特首次提出了创新（Innovation）的概念，他指出："所谓创新就是一种生产函数的转移，或是一种生产要素与生产条件的重新组合，其目的在于获取潜在超额利润。"它包括五个方面的内容：①引入新产品或改进产品质量（产品创新）；②采用新的生产方法（工艺创新）；③开辟新市场（市场创新）；④获得新的资源（资源创新）；⑤建立新的组织形式（组织创新）（J. A. Schumpeter，1939）。

后来的技术创新研究者从熊彼特的创新定义出发，进一步从不同的角度理解和阐述了技术创新这一概念。

伊诺思（J. L. Enos）从行为集合角度，认为"技术创新是几种行为综合的结果。这些行为包括发明的选择、资本投入的保证、组织建立、制订计划、招用工人和开辟市场等"（胡哲一，1992）；林恩（G. Lynn）从创新时序角度研究，认为技术创新是"始于对技术的商业潜力的认识，而终于将其完全转化为商业化产品的整个行为过程"（傅家骥，全允桓，高建等，2006）；迈尔斯（S. Myers）和马奎斯（D. G. Marquis）在20世纪60年代末的研究报告《成功的工业创新》中，将技术创新定义为：技术创新是一个复杂的活动过程，从新思想和新概念开始，通过不断地解决各种问题，最终使一个有经济价值和社会价值的新项目得到实际的成功应用；厄特巴克（J. M. Utterback）在《产业创新与技术扩散》中提出，"创新过程可分为三个阶段：一是新构思的产生，二是技术难点攻关或技术开发，三是商业价值实现或扩散。……许多具有重大商业意义的创新都是成本节约型或价值增殖型，它们是持续开发的结果"（1974）；弗里曼在《工业创新经济学》（*The Economics of Industrial Innovation*）（修订本）中明确指出，技术创新就是指新产品、新过程、新系统和新服务的首次商业性转化（1982）。

经济合作与发展组织（OECD）认为，技术创新是指产品和工艺的创新，包括技术上实现了新突破的产品和工艺以及技术上有重大改进的产品和工艺，并特别强调要被引入市场或应用于生产。因此，技术创新包括了科学、技术、组织、金融和商业的一系列活动（1992）。中国政府在1999年颁布的《关于加强技术创新，发展高科技，实现产业化的决定》中指出："技术创新是指企业应用新的知识和新技术、新工艺，采用新的生产方式和经营管理模式，提高产品质量，开发生产新的产品，提供新的服务，占据市场并实现市场价值。企业是技术创新的主体。"

冯之浚认为，"创新是一个从思想的产生，到产品设计、试制、生产、营销和市场化的一系列的活动，也是知识的创造、转换和应用的过程，其实质是新技术的产生和应用"（1999）；李京文认为，"技术创新是一个以市场为导向，以提高国际竞争力为目标，从新产品或新工艺设想的产生，经过研究与开发、工程化、商业化生产直到市场销售的过程"（1999）；柳卸林强调技术创新的新颖性，认为技术创新是"与新产品的制造、新工艺过程或设备的首次商业应用有关的技术的、设计的、制造及商业的活动，包括产品创新、过程创新和扩散"（1993）；许庆瑞认为，"技术创新泛指一种新的思想的形成到得以利用并生产出满足市场用户需要的产品的整个过程，它不仅包括技术创新成果本身，而且包括成果的推广、扩散和应用过程"（2000）；傅家骥等认为，"技术创新是企业家抓住市场的潜在盈利机会，以获得商业利益为目标，重新组织生产条件和要素，建立起效能更强、效率更高和费用更低的生产经营系统，从而推出新的产品、新的生产（工艺）方法，开辟新的市场，获得新的原料或半成品供给来源或建立企业的新组织，它是包括科技、组织、商业和金融等一系列活动的综合过程"（2006）。

由此可见，从不同视角和层面对技术创新的阐述存在一定的差异。本书认为，对技术创新理解可从以下四个方面来把握：

第一，技术创新是以提高经济效益为目的的活动。企业将研究成果、发明创造应用于实践，其根本动力是为了将科学技术潜在的生产力转化为现实生产力，提高生产效率，获取超额利润和更大的发展机会。再复杂的高新技术，如果不以商业化为目标，其成果不能在市场上实现，没有经济价值或社会价值，也不是成功的技术创新；而看起来很简单的设计或技术，如果其成果能被需求者接受，实现其商业价值，也是成功的技术创新。

第二，技术创新是生产要素和生产条件的新组合。技术创新活动重视以技术为基础，以技术为向导，并不意味着每一项技术创新都应以技术为起点。新的生产要素重新组合，或生产要素与新的生产条件重新组合，生成新的生产函数，从而产生更大的经济效益，便是技术创新。因此，不直接依靠研发成果，而是利用现有技术储备，对引进的技术发明或专利进行改进和组合，或者将成熟的技术转移到新的领域（即技术扩散），或者对产品的生产工艺、生产方法进行改造、变革，都是技术创新。

第三，技术创新是一个动态、系统、完整的过程，一个从某项技术新构思的产生，通过技术研究或直接引进，再经过中间试验、产品试制，到商业化生产和

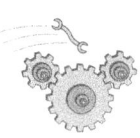

3 技术创新测评的理论基础

销售,并产生经济、社会效益等多环节组成的动态、完整的过程。在这一技术创新过程中,企业组织内部各有关环节相互衔接,企业所处外围环境的各有关方面也相互作用,是个系统的过程或工程。

第四,企业是技术创新的主体,企业家是技术创新的灵魂。在技术创新体系中,涉及很多相关单位和部门,如科研部门、金融部门、政府部门、科技管理部门等,但不管牵涉多少单位或部门,企业本身的主体地位永远不会改变。企业以追求利润、追求发展为目标,控制着技术创新的启动、终止和速度。而企业家则是企业技术创新的灵魂,他们捕捉潜在市场机会,不失时机地重组生产条件和要素,推动企业技术创新,并为其成功实现创造良好条件。

基于上述的理解,本书技术创新的含义与傅家骥教授的一致。

3.1.2 技术创新的特点

从不同的角度"审视"技术创新,可得出不同的特点。本书主要从技术经济出发,把技术创新的特点概括为以下三点:

一是创造性。技术创新是一个创造性的活动,这种创造性贯串于技术创新的全过程。从创造性思维、设计、发明开始,到新产品(新工艺)的研发,再到新产品(新工艺)试产,然后到新产品的批量生产,最后到新产品市场的开发等整个技术创新过程,无不闪烁"创造的光芒"。创造是技术创新最基本的特征,正如熊彼特形容的创新是一种"创造性的破坏"。缺乏了一系列的创造,不能构成技术创新,技术创新应该是前所未有的,或者是现有技术中的改进(完善),是对生产要素的新组合。

二是收益性。在前面技术创新的含义中对技术创新的理解里,一直强调技术经济效益,高收益性也是技术创新的一大特点。技术创新的每一过程或阶段,都体现或潜在体现经济效益目标,企业进行技术创新的压力来自市场竞争,动力却来自企业或企业家追求超额利润。成功的新产品销售和新工艺应用,会给企业带来丰厚的回报和利益。尤其是难以模仿、技术壁垒较高的技术创新,将给企业带来利益更高、时间更长的效益,使企业长时间处在竞争的优势地位。另外,有些企业的技术创新还能为社会经济、社会发展作出较大贡献。据经济合作与发展组织的统计资料,从美国、日本、德国、意大利、英国、奥地利、芬兰、法国、荷兰等9国的R&D的支出与收入情况可以知道,研究与开发的支出和直接收入之差是非常可观的(克里斯托弗·梅耶著,梁淑玲译,1999)。

三是风险性。人们常说:高风险带来高回报,高回报隐藏高风险。技术创新也不例外,其动态的、复杂的、首创的活动过程中的各个阶段与环节都包含不确定性因素,这必然使每一步技术创新的跨越都充满着风险。并非所有的技术创新都是成功的,相反,技术创新的成功率远远低于其失败率。虽说"失败是成功之母",但在技术创新活动过程中,失败是常见之事,即便在发达的工业化国家,也有近90%的技术创新项目在进入市场实现其商业价值之前宣告失败（杨栩，2007）。众所周知，爱迪生在寻找灯泡的材料时，其试验失败了1 600多次，才找到合适的材料。当然，爱迪生发明灯泡，对世界的贡献也是巨大的。

一般来讲，技术创新风险的大小与其投资多少、回报大小、时间长短直接相关。技术创新的风险主要体现在以下三个方面：①技术风险。有技术本身不够成熟或不够完善给创新产品研制所带来的风险，有大规模生产的新产品无法完全实现实验样品功能或形态所带来的风险，有创新产品最终无法达到预期技术指标所带来的风险，等等。②市场风险。有消费者的消费倾向或消费需求发生变化所带来的风险，有竞争对手率先推出类似的性能更强的或价格更低的新产品所带来的风险，有因开拓新产品市场投入太高而导致企业盈利过低甚至亏损所带来的风险，等等。③社会风险。有相关政策变动所带来的风险，有国际、国内形势及环境变化所带来的风险，有自然灾害所带来的风险，等等。

3.1.3 技术创新的类型

从不同的角度出发，可把技术创新分为不同的类型。常见的分类有以下三种。

（1）按技术变化的强度分

按技术变化的强度不同，可把技术创新分为渐进性创新（Incremental Innovation）和根本性创新（Radical Innovation）。

渐进性创新是指以现有的知识存量为基础，通过对现有技术的改进引起的渐进的、连续的创新，是对现有技术进行局部性改进所产生的技术创新。这类创新技术的变化比较小，是渐进的，常常可以由直接从事生产的工程师、工人、用户来完成。它包括的范围很广，如改进产品质量、降低产品成本、改变产品规格和型号等。

根本性创新是指在科学原理新发现的基础上，导致技术突破性变化的技术创新，它一般是研究开发部门精心研究的结果。这类创新技术变化强度大，不是连续的技术变化过程，而是一种技术的突变，它常常伴随一系列较小的产品创新、工艺创新、组织创新等，且有可能引起产业结构的变化，导致新产业的诞生。如以电子理论、物理原理应用为基础的信息产业的产生与发展。

（2）按技术创新的对象分

按技术创新的对象不同，可把技术创新分为产品创新（Product Innovation）和工艺创新（Process Innovation）。

产品创新是指在产品技术变化的基础上进行的技术创新，它包括技术发生较大变化而推出全新型产品的活动，也包括对现有产品进行局部改进而推出改进型产品的活动。产品创新是开拓、创造新市场和带动时代发展的金钥匙，如电视机的问世，给人们带来了无穷无尽的视听享受；一代代计算机的研发和应用，对人们的生活和生产产生了重大的影响。

工艺创新又称过程创新，是指把一种新的生产方式和流程引入生产体系，它包括新工艺的应用、新装备和新的生产管理方式流程的应用。同样，它也有技术变化较大的重大过程创新（如炼钢工艺中的氧气顶吹转炉工艺的采用）和技术变化较小的渐进过程创新（如对产品生产工艺的某些改进而提高生产效益的方法等）。

(3) 按技术创新的来源分

按技术创新的来源不同，可把技术创新分为自主创新（Initiation Innovation）、模仿创新（Imitation Innovation）和合作创新（Cooperation Innovation）。

自主创新是企业通过自身努力和探索产生技术突破，攻克技术难关，使技术商业化的技术创新。

模仿创新是企业通过学习模仿首创者的创新思路和创新行为，引进购买或破译首创者的核心技术和技术秘密，进一步开发或完善产品质量或性能，从而获得商业利润的技术创新。

合作创新是指企业间，或企业、高校、科研机构间的联合技术创新。

3.2 技术创新测评概述

3.2.1 技术创新能力的含义

20世纪80年代以后学术界才明确提出技术创新能力概念，有关学者从不同的角度对技术创新能力进行了界定和研究。

从组织行为的角度来看，E. W. Larry 等（1984）认为技术创新能力是组织能力、适应能力、技术能力与信息获取能力的综合；R. A. Burgelman（1988）认为技术创新能力是可利用的资源、对竞争对手的理解、对环境的了解、公司的组织结构和变化、开拓性战略等能力的组合。

从企业技术成长的角度来看，C. K. Prahalad 和 G. Hamel（1992）认为技术创新能力是企业通过投资和学习行为累积起来的企业专长。陈云、谭淳方、俞立（2012）认为企业技术创新能力是以提高企业素质、增强企业竞争力为出发点和归宿，对所拥有的各种技术创新资源进行有效利用的能力。

从创新主体的角度来看，D. L. Barton（1992）认为技术创新能力是指技术人员和高级技工的技能、技术系统的能力、管理能力、价值观等。Chun-hsien Wang, Iuan-yuan Lu 和 Chie-bein Chen 认为企业技术创新能力评价指标应包含5个基本的方面，即企业研发能力、创新思想能力、市场营销能力、生产管理能力和资金管理能力，并且构建模糊评价模型，以这五个方面对企业技术创新能力的影响进行了分析（2008）。

从企业组织形式的角度来看，柳卸林（1993）将企业的技术创新能力概括为企业的产权形式、创新资金的来源、承受风险的能力以及技术开发能力4个能力的综合。

从技术创新过程的角度来看,魏江、许庆瑞(1995)认为技术创新能力是指创新决策能力、研发能力、生产能力、市场营销能力和组织能力的综合;傅家骥、仝允桓、高建等(1998,2006)认为技术创新能力是指创新资源能力、创新管理能力、创新倾向、研发能力、制造能力和营销能力等的综合;关士续(2002)认为技术创新能力是指R&D能力、生产准备与制造能力、市场营销能力、管理能力等的综合。汪志波(2013)从技术创新流程的视角,提出技术创新是创新需求→创新构思→技术支撑→资源投入→研究开发→成果产出→价值实现七阶段过程体系,并构建了企业技术创新能力要素概念模型。

从与企业竞争力关系的角度来看,Jian Cheng Guan, Richard C. M. Yam等(2006)研究了技术创新能力与企业竞争力之间的关系,认为技术创新输入应包括技术输入、R&D能力、生产能力、市场营销能力、组织能力和资源状况,技术创新结果(即技术创新输出)应以市场占有率、销售额增加、产品出口率、利润增长率、新产品生产率、生产效率为评价指标。Juan Shan, Dominique R. Jolly (2010)分析了基于企业技术创新能力的企业竞争力的影响要素。苗旺、赵炳新(2011)认为企业技术创新能力既包括传统的生产技术能力,同时又包含企业的经营、管理和组织能力,在创新内容上包括产品创新、工艺创新、组织制度创新以及各类创新的组合。

由此可见,不同的学者从不同的角度对技术创新能力概念的表述有所不同,但所阐述问题的实质基本一致。他们都认为技术创新能力是一个能力组合概念,是由若干相互联系的能力所构成的、综合性的能力系统,是技术创新主体能够实施并完成技术创新活动的多项能力要素的有机组合。

本书主要从技术创新过程来定义和把握技术创新能力的概念,其含义与魏江、傅家骥等学者的基本一致。本书技术创新能力的含义是指将新产品、新工艺的设想转化为现实生产力并获得商业价值的技术创新的投入能力、产出能力、管理能力以及新产品的营销能力等能力要素有机组合的、综合性的能力系统。其大小取决于技术创新主体内部各项能力的总和,但受外部相关环境、条件的影响。

在本书中,技术创新测评指的就是技术创新能力测评。

3.2.2 技术创新测评的原则

技术创新测评是利用一系列相关的测评变量数据,运用恰当的测评方法或模型,对企业目前的和潜在的技术创新能力进行的综合测定和评价。其测评目的是为了企业(或有关管理部门)更好地了解和把握本企业(或本部门、本区域)技术创新的状况和动态。因此,本书认为,在技术创新测评的过程中应遵循如下三个原则。

（1）综合性原则

从以上技术创新能力含义可以看出，技术创新能力是各能力要素组成的能力集成，且其大小受企业内外部环境和条件的影响。因此，对技术创新能力的考察应从整体、系统的视角出发，对其组合进行综合测定，既要考虑技术创新的投入能力，又要考虑技术创新的产出能力，还要考虑技术创新的管理能力和营销能力；既要考虑企业自身的技术创新能力，又要考虑企业内外部环境和条件的影响力。

（2）实用性原则

技术创新测定结果是用来了解技术创新状况、把握技术创新未来、指导企业提高技术创新效益的，是"实用的"。通过技术创新测评结果，企业应该能够分析自身技术创新的优、劣势，找出差距及其问题的根源，总结经验与教训，为成功引导下一步技术创新活动打下基础；有关管理部门应该能够了解本区域或本部门企业技术创新状况，为其制定正确的技术创新政策提供决策依据。也就是说，技术创新测评结果是有实用价值的。

（3）可比性原则

可比性原则是保证综合评价过程和结果科学合理的关键。它包括三个方面的内容：一是被评的技术创新主体应该是具有可比性的或同类的主体，根本属性不同的主体是不具有可比性的，不能放在一起评价；二是数据信息是可比的，对于同一评价活动，要求被评的技术创新主体的各测评变量信息必须是可比的，其数据来源、计算方法、计算口径、计算单位、计算时间等必须一致；三是技术创新评价目的、评价指标体系、评价模型等应保持一致。

3.2.3 技术创新测评的步骤

技术创新测评是技术创新测评对象、测评变量、测评变量权重、测评模型的综合集成，要使综合评价结果合理、实用，则测评工作必须按一定的操作程序进行。本书认为，技术创新测评需经过以下七个步骤：

第一，明确技术创新测评的目的，认识技术创新测评系统和测评对象的特征。测评的目的不同，所选的测评变量也不同；对所研究的问题把握程度不同，所采用的测评方法也不同。因此，在进行技术创新测评之前，首先要明确为什么要对研究对象进行测评，测评结果的用途是什么；然后要清楚认识和把握技术创新测评系统的特点、规律和相关知识，充分了解技术创新测评对象的特征、现状和发展趋势，掌握测评的构成要素。这是技术创新测评前的一项基础性工作。

第二，建立技术创新测评变量体系，搜集有关数据并对其进行无量纲化处理。这一步是技术创新测评工作中最关键和最烦琐的一步，尤其是有关数据的搜集耗时、费力、费财，是一项十分艰辛的工作。要完成这关键而又烦琐的一大步，必须稳稳妥妥地走完以下六小步：技术创新测评变量的初步确定→技术创新主要测评变量的筛选→技术创新测评变量体系的建立→技术创新测评变量数据的搜集→

有关数据的审核、汇总→有关数据的无量纲化处理。

第三，确定技术创新测评变量权重系数。技术创新测评变量在评价体系中的作用不同，其权重值也不同；不同的权重系数，技术创新的测评结果也不同。因此，只有真实的权重值才能得出正确的测评结果。确定技术创新测评变量权重值，必须做好以下工作：一是根据技术创新测评变量对测评对象所起作用的大小，对其初步赋权值；二是对初步赋予的技术创新测评变量权数进行一致性或可靠性检验；三是对检验不符合要求的权数进行调整，并最终确定各技术创新测评变量的目标权重系数。

第四，选择或构造技术创新综合测评模型。测评变量数据和测评变量权重系数"产出"评价结果，必须通过一个平台，这个平台就是测评函数或测评模型。选择或构造恰当的技术创新测评模型将技术创新能力各个子系统的测评变量值及其权重系数有机地结合起来，从总体的角度来综合测定技术创新能力的大小，反映企业技术创新综合能力的状况。

第五，综合测定研究对象的技术创新能力。通过综合测评模型这个平台和相关数学转换，无量纲的技术创新测评变量数值和测评目标变量权重系数有机作用，"输出"综合评价指数或综合评价数值，得出综合测定的初步结果。

第六，检验技术创新综合测定的初步结果。技术创新的初步测定结果的可靠度和有效度必须通过实际检验，才能对测评对象作出正确的评价和对比，并用于指导或矫正企业技术创新活动。

第七，对可信度强的技术创新测定结果进行恰当的评价和总结。

技术创新测评步骤可用图3.1简明地表示。

3.2.4 技术创新测定结果的影响因素

对测评对象技术创新能力分析和评价的正确性、有效性，完全依赖于对其技术创新能力的测定结果。研究和把握技术创新测定结果的影响因素，可以使评价者（数据搜集者）在测评工作中（数据调查工作中）消除或尽量避免不良影响，减少测定（调查）误差。本书认为，如果评价者在数据审核、汇总、处理过程中严把质量关的话，那么，技术创新测定结果主要受以下八个方面因素的影响。

（1）技术创新测评模型的洽合性

理论或预测模型是真实模型的仿真或逼近，仿真程度越高，理论模型与真实模型的洽合性越好；反之，则洽合性越差。类型不同或性质不同的测评对象，其测评模型有所不同；而且，即使是类型相同或性质相同的测评对象，测评目的或测评变量不同，其测评模型也会有差异。因此，根据技术创新测评目的及测评对象的具体情况拟合测评模型，是提高理论模型仿真度的前提。

（2）技术创新测评模型中测评变量选择的适当性

测评模型中测评变量的向量组就是已建立的测评变量体系。测评变量体系的

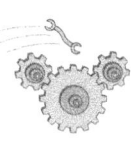

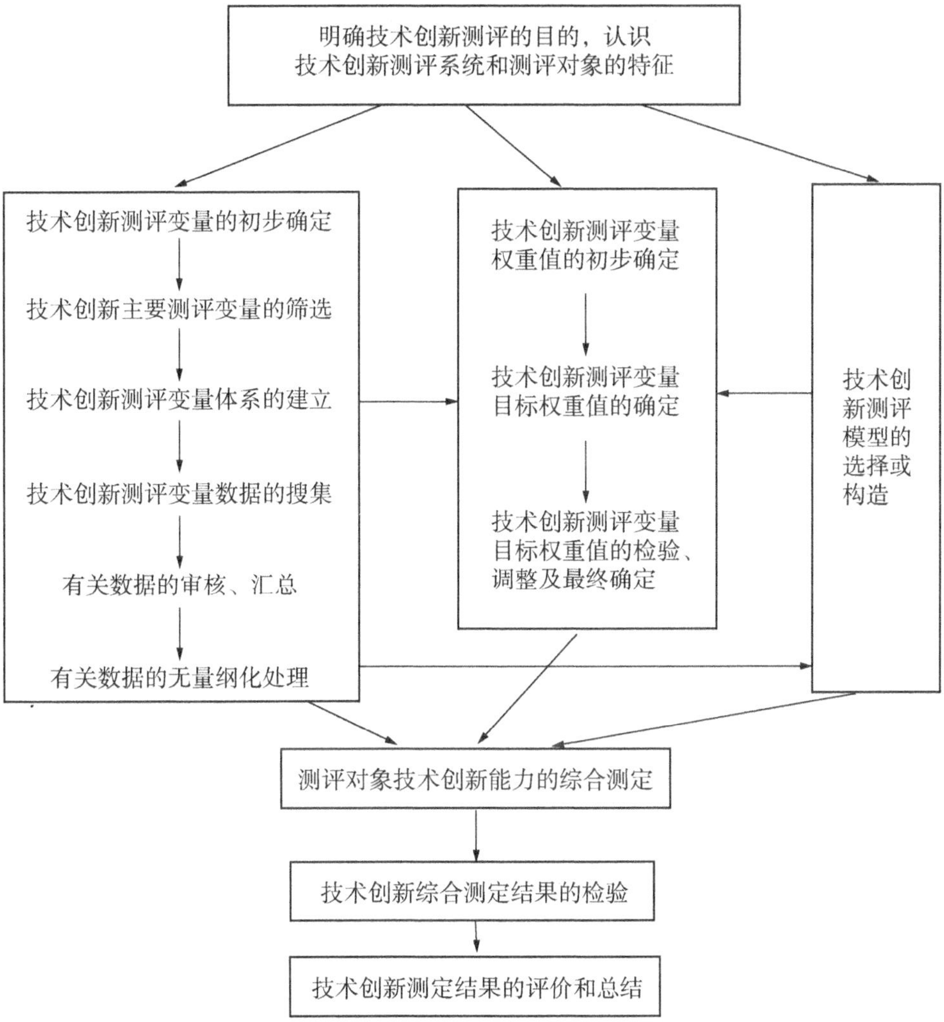

图 3.1 技术创新测评的步骤

建立是综合评价的基础，不同的测评变量有着不同的测评结果。是否选取了真正体现技术创新测评内容和测评目标的主要变量作为测评模型中的测评变量，直接影响技术创新测评结果。因此，技术创新测评模型中变量个数及变量所包含的内容都应该恰如其分。

（3）技术创新测评模型中测评变量原始数据的准确性

优良的测评模型和适当的测评变量组合，加上准确的测评变量值，才有可能"生产"精确的测定结果。初始的测评变量数据来自于文献调查或实地调查，文献数据是否真实、实地调查问卷与方案是否优良、调查经费是否足够、调查程序是否科学等，都会影响源头数据的准确性。要控制数据误差的源头，确保技术创新测评结果的真实性，测评变量数据的搜集工作必须做到细致、踏实、科学。

（4）技术创新测评模型中属性测评变量赋值的一致性

技术创新测评模型中有些测评变量是属性变量，是不能直接用数值来表达的。

要进行定量测评，必须根据属性测评变量的表现程度或表现大小对其赋予具体的数值。这样，属性测评变量赋予的具体数值与其实际表现程度的一致性，也对技术创新测评结果产生影响。因此，在技术创新测评过程中，应尽量使测评模型中属性测评变量所赋予的数值与其实际表现的程度相一致。

（5）技术创新测评模型中测评变量类型的一致性

按变量值大小对被评对象的影响状况，可把测评变量分为四大类，即极大型、极小型、居中型、区间型①。在企业技术创新能力测评变量体系中，可能会同时出现几种不同类型的变量。对不同类型的测评变量值必须进行一致化处理，否则，得出的综合评价值是不可靠的。

（6）技术创新测评模型中测评变量值无量纲化处理的科学性

在技术创新测评的变量群中，许多测评变量的量纲是不同的，是没有可比性的，是不能放入同一测评模型里测算结果的。反过来可以说，不同量纲的技术创新测评变量值，如果直接"作用"于同一测评模型，所"产出"的结果是没有经济或现实意义的，是不可用来分析和评价技术创新能力的大小（高低）的。这样，要使测定结果有价值，就必须对不同量纲的变量值进行无量纲化处理。无量纲化处理的方法有多种，处理得不好，往往会给测评结果带来不良影响。因此，要使技术创新测评结果真实可靠，必须选择恰当的方法对量纲不同的测评变量值进行科学的无量纲化处理。

（7）技术创新测评模型中测评变量权重系数的合理性

测评变量的权重系数在技术创新测评模型中表示测评变量在测评结果中的分量，它权衡测评变量对评价对象的作用程度。不管是主观确定的权数，还是客观确定的权数，都不是测评变量重要程度的真值，而是其真值的逼近值，逼近的程度越高，其权数值越合理，衡量测评变量对测评对象的作用程度就越贴近现实的作用程度。合理的测评变量权重系数通过测评模型运行出来的测评结果更加可信。因此，在技术创新测评过程中应该选择科学的方法确定合理的测评变量权重系数，尽量减少应用的权值与真实的权值之间的误差。

（8）技术创新测评模型中样本总体的代表性

如果技术创新测评模型中运用的测评变量数据是通过抽样调查获取的，技术创新能力的测定结果是用来推断、研究和分析总体的，那么，样本总体的代表性对研究总体评价结果影响较大。事实上，任何样本总体都是研究总体的一个"代表"，样本统计量始终是总体参数的近似值。因为，样本总体毕竟是从总体中抽出来的，它无法涵盖研究总体的所有信息，样本总体结构与研究总体结构是有差异

---

① 极大型变量就是人们期望其取值越大越好的变量，如利润总额；极小型变量就是人们期望其取值越小越好的变量，如单位产品成本；居中型变量就是人们期望其取值越居中越好的变量，如体重、身材；区间型变量就是人们期望其取值落在某个区间内为最佳的变量，如产品合格率为 [0.99, 1.00]。

的。但是，在技术创新测评过程中，可以选择科学、合理的抽样方法和抽样程序，以增强样本总体的代表性，使样本统计量与总体真值的误差最小或在研究者控制的范围内。

技术创新测评结果的影响因素是评价结果的科学性、客观性和合理性及评价过程透明性、再现性的思想基础。熟悉和把握它们，可以防止评价者或决策者在评价过程中有意识或无意识地使用那些表面上看起来科学合理，而实际上却是伪科学的数据或结论，导致决策失误而又全然不知。

3.3 小结

本章主要阐述了技术创新测评的相关理论。

（1）技术创新的含义

本书技术创新是指企业家抓住市场的潜在盈利机会，以获得商业利益为目标，重新组织生产条件和要素，建立起效能更强、效率更高和费用更低的生产经营系统，从而推出新的产品、新的生产（工艺）方法，开辟新的市场，获得新的原料或半成品供给来源或建立企业的新组织，它是包括科技、组织、商业和金融等一系列活动的综合过程。

（2）技术创新的特点

从技术经济的角度来看，技术创新主要有以下三个特点：一是创造性；二是收益性；三是风险性。

（3）技术创新的类型

从不同的角度出发，可把技术创新分为不同的类型。按技术变化的强弱不同，可把技术创新分为渐进性创新和根本性创新；按技术创新的对象不同，可把技术创新分为产品创新和工艺创新；按技术创新的来源不同，可把技术创新分为自主创新、模仿创新和合作创新。

（4）技术创新能力的含义、技术创新能力测评的原则及步骤

本书技术创新能力的含义是指将新产品、新工艺的设想转化为现实生产力，并获得商业价值的技术创新的投入能力、产出能力、管理能力以及新产品的营销能力等能力要素有机组合的、综合性的能力系统。其大小取决于技术创新主体内部各项能力的总和，但受外部相关环境、条件的影响。

（5）技术创新测评的原则

在技术创新测评的过程中应遵循如下三个原则：一是综合性原则；二是实用性原则；三是可比性原则。

（6）技术创新测评的步骤

技术创新测评一般需经过以下七个步骤：第一，明确技术创新测评的目的，认识技术创新测评系统和测评对象的特征；第二，建立技术创新测评变量体系，

搜集有关数据并对其进行无量纲化处理；第三，确定技术创新测评变量权重系数；第四，选择或构造技术创新综合测评模型；第五，综合测定研究对象的技术创新能力；第六，检验技术创新综合测定的初步结果；第七，对可信度强的技术创新测定结果进行恰当的评价和总结。

（7）影响技术创新测评结果的主要因素

技术创新测定结果主要受以下八个方面因素的影响：一是技术创新测评模型的洽合性；二是技术创新测评模型中测评变量选择的适当性；三是技术创新测评模型中测评变量原始数据的准确性；四是技术创新测评模型中属性测评变量赋值的一致性；五是技术创新测评模型中测评变量类型的一致性；六是技术创新测评模型中测评变量值无量纲化处理的科学性；七是技术创新测评模型中测评变量权重系数的合理性；八是技术创新测评模型中样本总体的代表性。

4 技术创新测评模型及其比较和选择

从技术创新的过程理论及技术创新能力的含义等方面来看，技术创新能力是一个复杂的合成能力系统，是由多个方面能力集成的。因此，对其整体能力的评价必须考虑各方面能力状况来综合进行。"综合评价的过程是各组成要素之间信息流动、组合的过程，是一个主客观信息集成的复杂过程。"（郭亚军，2007）综合评价是指对测评对象所进行的客观、合理、公正的总体评价。综合评价依据的是综合测定结果，而综合测定结果是通过恰当的测评模型将多个测评变量值"合成"出来的一个综合性评价值。

从 1912 年熊彼特研究技术创新开始，国内外学者在技术创新的内涵、特征、过程、类型、模式、动力、能力、扩散等方面进行了开拓性的、深入性的研究，并取得了丰硕的成果，而技术创新测评则是一个新兴研究领域。1979 年，德国首次进行企业技术创新调查，此后，欧美国家相继开展企业技术创新调查。中国自 1989 年以来也开展了许许多多、大大小小的技术创新调查，这些技术创新调查为技术创新测评研究积累了丰富的一手资料。技术创新测评是技术创新调查的深入与发展。随着技术创新测评理论研究的深入，技术创新测评方法也越来越多，国内学者先后运用了多种模型，来测评企业技术创新能力，如模糊综合测评模型（许志晋，林奕杰，宋凤珍，1997；薛岩松，卢福强，2012）、线性加权综合测评模型（朱新轩，赵克，张添勇等，1998；王晖，赵正，2011）、灰色综合测评模型（唐炎钊，邹珊刚，1999；张宝生，王晓红，冯慧敏，2011）、数据包络分析测评模型（王建华，赖明勇，1999；李友俊，高旋，2012）、BP 神经网络分析测评模型（周毓萍，2000；朱霞，朱永跃，2012）、熵值综合测评模型（任翔，2000）、聚类分析测评模型（康凯，邢静，张会云等，2001；唐娟莉，朱玉春，2012）、主成分分析测评模型（范柏乃，2002；Mohammad Rahmanidoust，杨克磊，2012）、因子分析测评模型（宁连举，李萌，2011）、密切值法（陈良兴，赵晓庆，郑林英，2012）、TOPSIS 法（杨章伟，汪和平，朱春生，2012）、SVM 模型（王小黎，2011）、Malmquist 指数法（邹鲜红，罗承友，2010）、突变级数法（金余泉，韩东林，2011）、Promethee 法（陆建芳，戴炳鑫，2010）、VIKOR 法（孔峰，贾宇，贾杰，2008），等等。截至 2013 年 8 月底，从"中国期刊全文数据库"、"中国博士学位论文全文数据库"、"中国优秀硕士学位论文全文数据库"及不完全的专著教材中检索出982篇有关技术创新测评方法（模型）方面的文章，对其使用的测评模型进行了分类统计，见表4.1。

表4.1 国内使用的技术创新测评模型（方法）统计

模型类型	采用次数/次
线性加权综合测评模型	75
多元统计分析测评模型	313
其中：主成分分析测评模型	72
因子分析测评模型	211
聚类分析测评模型	30
模糊综合测评模型	328
灰色综合分析测评模型	27
数据包络分析测评模型	165
BP神经网络分析测评模型	45
其他测评模型	14
几种测评模型的综合应用	15
合 计	982

资料来源：截至2013年8月底，从"中国期刊全文数据库"、"中国博士学位论文全文数据库"、"中国优秀硕士学位论文全文数据库"及不完全的专著教材整理统计。

4.1 层次分析理论

层次分析法（Analytic Hierarchy Process，AHP）是由美国运筹学家T. L. Saaty于20世纪70年代提出的一种多目标决策分析方法。他将复杂决策问题的有关因素分解成若干层，一般分解成目标层、准则层、方案层。处于最上层的只有一个因素，是分析对象的目标层；处于中间层次的有若干个因素，是分析对象的准则层，它受上一层"目标层"的支配，同时又支配着下一层的"方案层"；处于最低层次的也有若干个因素，是分析对象的方案层，它受上一层"准则层"的支配。这样，层次分析法首先构建了一个梯阶层次结构模型，然后在此基础上对决策问题进行层次化、数量化的深入系统的分析，使人们的思维逻辑层次化、数学化，为定量分析复杂的决策问题提供了一种系统、灵活、简洁的方法。在综合测评中，大量学者利用其来确定指标权重，把各种因素划分成相互联系的有序层，根据主观判断，对每层次的相对重要性给予定量表示，然后利用数学方法确定每一层次指标的权重，再综合各层次指标的权重。国内对AHP的研究和应用始于20世纪80年代。

目标层、准则层、方案层构建的多层次结构模型如图4.1所示。

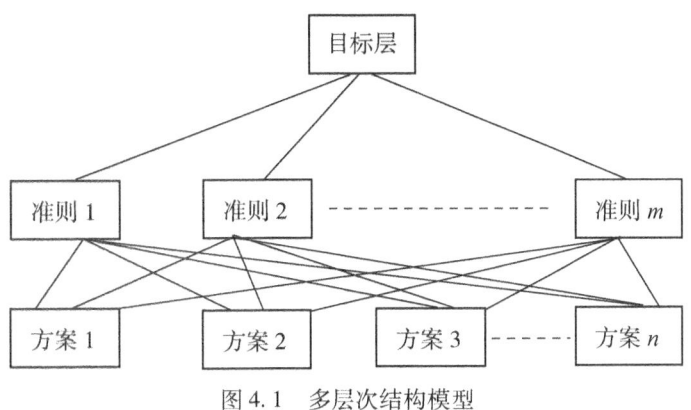

图 4.1 多层次结构模型

4.2 模糊综合测评模型

4.2.1 模糊综合测评常用模型

1965 年，美国控制论专家 L. A. Zelah 在他的论文《模糊集合》中第一次提出"模糊集合隶属函数概念"后，模糊综合评价被许多学科和领域广泛应用。模糊综合评价法是借助模糊数学原理和方法，应用模糊关系合成原理，将一些边界不清、不易定量的因素定量化，从多个因素对被评价对象隶属等级状况进行综合性评价的一种方法（杜栋，庞庆华，2006）。它在自然科学领域和社会科学领域得到了广泛应用。

在现实社会和经济生活中，存在许多除随机性以外的不确定现象，它们的某些属性或性质分类不是很明确，类与类之间的差异有一个中间过渡的过程，评价变量很难用精确的数据量化。模型数学为人们认识和把握难以定量的模糊现象提供了有力的工具。它给技术创新测评工作带来了很大的方便，并受到众多测评者的"追捧"，在上文统计的 982 篇技术创新测评论文中，有 328 篇运用了模糊综合测评模型，占 33.4%。

技术创新模糊综合测评常用模型的表达形式如下：

$$Y_i = \sum_{j,k,i=1}^{p,m,n} w_j d_{jk}^{(i)} \text{ 或 } (W)_{1\times p} \otimes (\widetilde{D}^{(i)})_{p\times m} \quad (4.1)^{①}$$
$$(j=1,2,\cdots,p,\quad k=1,2,\cdots,m,\quad i=1,2,\cdots,n)$$

---

① 在其他文献中，模糊综合测评模型的表达形式通常为 $y = \sum_{i=1}^{n} w_i x_i$。全文对一些"常用"测评模型的表达形式进行了不同程度的修正；并且，全文对相同性质的测评变量，尽量用相同的字母表示，力求使全文思路清晰、逻辑严谨、上下协调一致，以使构造的或修正后的测评模型更具有操作性、实用性、广泛性。

其约束条件为各测评变量间的相关系数 $r = 0$ 或 $r \approx 0$，但在实际应用中其约束条件会适当放宽，即 $0 \leq |r| < 0.3$。

其中：

$$(W)_{1 \times p} \otimes (\widetilde{D}^{(i)})_{p \times m} = \begin{bmatrix} w_1 \\ w_2 \\ \vdots \\ w_p \end{bmatrix}^T \begin{bmatrix} d_{11}^{(i)} & d_{12}^{(i)} & \cdots & d_{1m}^{(i)} \\ d_{21}^{(i)} & d_{22}^{(i)} & \cdots & d_{2m}^{(i)} \\ \vdots & \vdots & \cdots & \vdots \\ d_{p1}^{(i)} & d_{p2}^{(i)} & \cdots & d_{pm}^{(i)} \end{bmatrix} = (b_1^{(i)}, b_2^{(i)}, \cdots, b_m^{(i)})$$

$$r = r_{j(j+t)} = \frac{1}{n-1} \sum_{i,j,k=1}^{n,p,m} \frac{(d_{jk}^{(i)} - \bar{d}_j)}{S_j} \times \frac{(d_{(j+t)k}^{(i)} - \bar{d}_{(j+t)})}{S_{(j+t)}}$$

（t 为非负整数，且 $j + t \leq p$）

式中：Y_i 表示第 i 个测评对象的模糊评价等级值向量；$d_{jk}^{(i)}$ 表示第 i 个测评对象第 j 个测评变量在第 k 个评价等级上的模糊比重值；$d_{(j+t)k}^{(i)}$ 表示第 i 个测评对象第 $(j+t)$ 个测评变量在第 k 个评价等级上的模糊比重值；$\bar{d}_j$ 表示测评对象第 j 个测评变量的模糊比重均值；$\bar{d}_{(j+t)}$ 表示测评对象第 $(j+t)$ 个测评变量的模糊比重均值；S_j 表示测评对象第 j 个测评变量的模糊比重标准差；$S_{(j+t)}$ 表示测评对象第 $(j+t)$ 个测评变量的模糊比重标准差；w_j 表示第 j 个测评变量的权重；m 表示评价等级个数；p 表示测评变量个数；n 表示测评对象个数。

在模糊综合测评常用模型中，被评对象的评价等级是按"最大值隶属"原则确定的，即被评对象模糊评价等级（或综合评价值）y_i 为：

$$y_i = \max(Y_i) = \max(b_1^{(i)}, b_2^{(i)}, \cdots, b_m^{(i)}) = b_k^{(i)} = v_k。$$

本书认为，这种"最大值隶属"原则，实际上不能良好地反映被评对象技术创新能力的综合评价等级状况。例如，若把技术创新能力的评价语句设为（极好、非常好、很好、较好、一般、较差、很差、非常差、极差），某企业技术创新能力综合评价等级比重向量为（0.0801, 0.1370, 0.1609, 0.1782, 0.1817, 0.1151, 0.1032, 0.0432, 0.0006），依"最大值隶属"原则，该企业对应的技术创新模糊综合能力为一般。这种评价结果显然不太合理，没有真实地反映被评对象的实际技术创新能力。而且，如果研究的或被考评的样本容量（测评对象个数）太大，或设计的评价语句较少，这种最大比重值隶属法无法拉开档次地对被评对象进行评价分析和对比分析。

假如对各评价等级以百分制赋值，并运用加权算术平均法，综合测定被评对象技术创新能力在各级因素上的评价等级情况，则可达到两个目的：一是能够较为客观、全面地评价被评对象技术创新能力在各方面的表现情况；二是能够较好地对被评对象的技术创新能力评价等级进行排序，从而能够更为具体地分析和比较各测评对象的技术创新能力及其在各测评变量上的表现。

4.2.2 百分制赋值模糊层次加权综合测评模型的构造

本书依据层次分析理论、模糊综合测评理论及技术创新测评原则等，以百分制对评价等级赋予具体数值，并以加权算术平均法计算被评对象的综合技术创新能力，重构技术创新模糊综合测评模型，即技术创新百分制赋值模糊层次加权综合测评模型，见（4.2）式。它是层次分析模型、模糊综合测评模型、百分制赋值方法的有机集成，集三者优点于一体；同时，又对传统的模糊综合测评模型中的以"最大值隶属"原则确定综合评价等级进行了修正。它是传统技术创新模糊综合测评模型的创新。

$$\begin{cases} y_i = \sum_{j,k,i=1}^{p,m,n} e_k^{(2)} b_k^{(i,2)} \text{ 或 } (\boldsymbol{E}^{(i,2)})_{1\times k} \otimes (\boldsymbol{B}^{(i,2)})_{k\times 1} \\ y_i^{(s-1)} = \sum_{j,k,i,s=1}^{p,m,n,q} e_{jk}^{(s)} \{w_j^{(s)} d_{jk}^{(i,s)}\}_{\text{归一化}} \\ \text{或}(\boldsymbol{E}^{(s)})_{1\times k} \otimes \{(\boldsymbol{W}^{(s)})_{1\times p} \otimes (\boldsymbol{D}^{(i,s)})_{pk}\}_{\text{归一化}}^{\text{T}} \\ \text{s.t. } 0 \leq |r| < 0.3 \end{cases} \quad (4.2)$$

$(j=1,2,\cdots,p, \quad k=1,2,\cdots,m, \quad i=1,2,\cdots,n, \quad s=1,2,\cdots,q)$

其中：$\boldsymbol{E}^{(s)} = (e_1^{(s)}, e_2^{(s)}, \cdots, e_m^{(s)})$，$\boldsymbol{B}^{(i,2)} = [b_1^{(i,2)}, b_2^{(i,2)}, \cdots, b_m^{(i,2)}]$

$$\{(\boldsymbol{W}^{(s)})_{1\times p} \otimes (\boldsymbol{D}^{(i,s)})_{pk}\}_{\text{归一化}} = \left\{ \begin{bmatrix} w_1^{(s)} \\ w_2^{(s)} \\ \vdots \\ w_p^{(s)} \end{bmatrix}^{\text{T}} \begin{bmatrix} d_{11}^{(i,s)} & d_{12}^{(i,s)} & \cdots & d_{1m}^{(i,s)} \\ d_{21}^{(i,s)} & d_{22}^{(i,s)} & \cdots & d_{2m}^{(i,s)} \\ \vdots & \vdots & \cdots & \vdots \\ d_{p1}^{(i,s)} & d_{p2}^{(i,s)} & \cdots & d_{pm}^{(i,s)} \end{bmatrix} \right\}_{\text{归一化}}$$

$$= \begin{bmatrix} a_1^{(i,s)} \\ a_2^{(i,s)} \\ \vdots \\ a_m^{(i,s)} \end{bmatrix}^{\text{T}}_{\text{归一化}} = \begin{bmatrix} b_1^{(i,s)} \\ b_2^{(i,s)} \\ \vdots \\ b_m^{(i,s)} \end{bmatrix}^{\text{T}} \quad (4.3)$$

$$y_i^{(s-1)} = \sum_{j,k,i,s=1}^{p,m,n,q} e_{jk}^{(s)} \{w_j^{(s)} d_{jk}^{(i,s)}\}_{\text{归一化}}$$

$$\text{或}(\boldsymbol{E}^{(s)})_{1\times k} \otimes \{(\boldsymbol{W}^{(s)})_{1\times p} \otimes (\boldsymbol{D}^{(i,s)})_{pk}\}_{\text{归一化}}^{\text{T}}$$

$$= (e_1^{(s)}, e_2^{(s)}, \cdots, e_m^{(s)})[b_1^{(i,s)}, b_2^{(i,s)}, \cdots, b_m^{(i,s)}]^{\text{T}} = c_i^{(s)} \quad (4.4)$$

式中：y_i 表示第 i 个被评对象的百分制模糊综合评价等级值；$y_i^{(s-1)}$ 表示第 i 个被评对象第 $(s-1)$ 层的百分制模糊综合评价等级值；$e_{jk}^{(s)}$ 表示第 s 层第 j 个测评变量第 k 个评价等级的百分制赋值；$c_i^{(s)}$ 表示第 i 个被评对象第 s 层各测评变量的百分制加权模糊综合评价值，即为对应的上层 $y_i^{(s-1)}$ 的百分制模糊综合评价等级值；$d_{jk}^{(i,s)}$ 表示第 i 个被评对象第 s 层的第 j 个测评变量在第 k 个评价等级上的模糊比重值；$\boldsymbol{D}^{(i,s)}$ 表示

第 i 个被评对象第 s 层测评变量的模糊评价等级比重值矩阵；$w_j^{(s)}$ 表示第 s 层第 j 个测评变量的权重系数；$\boldsymbol{W}^{(s)}$ 表示第 s 层测评变量的权重系数向量；$a_k^{(i,s)}$ 表示第 i 个被评对象第 s 层测评变量在第 k 个评价等级上的初始模糊评价比重；$b_k^{(i,s)}$ 表示第 i 个被评对象第 s 层测评变量在第 k 个评价等级上的归一化模糊评价比重；$b_k^{(i,2)}$ 表示第 i 个被评对象第 2 层测评变量在第 k 个评价等级上的归一化模糊评价比重；q 表示测评变量体系的层数；m，p，n 表示的含义与（4.1）式的一致。

4.2.3 百分制赋值模糊层次加权综合测评模型运用的基本逻辑框架

技术创新百分制赋值模糊层次加权综合测评模型运用的基本逻辑框架可用图 4.2 表示。

4.2.4 百分制赋值模糊层次加权综合测评模型运用的基本方法和步骤

在技术创新测评变量间相互独立的条件下，第 i 个测评对象的技术创新能力百分制评价等级求解的基本方法和步骤如下。

（1）构建测评变量体系

对不同规模、不同行业的企业技术创新测评，其测评变量体系中某些具体的测评变量可能有所不同。

中小工业企业技术创新测评变量体系构建的具体内容将在第 5 章阐述。

若以 x 表示企业技术创新测评变量，则其向量为 $\boldsymbol{X}^{(s)}(x_1^{(s)}, x_2^{(s)}, \cdots, x_p^{(s)})$（其他测评方法同）。

（2）确定模糊评价语句（或模糊评价等级）

评价语句实际上是对被评对象技术创新能力的评价等级在某种状态变化区域的一个划分。评价语句的确定是其他综合测评法所没有的。正因为给被评对象在因素的变化上赋予了评价等级，才使得边界不清的模糊现象"明朗"起来，使被评对象在某种状态的信息在其对应的评价等级上有了"归宿"，使难以定量分析的模糊现象可以评价了。这也是技术创新模糊综合测评模型受到评价者"追捧"的最重要的原因。

评价语句是研究者或管理决策者根据自身的经验，并结合研究或考核对象的内在特质及研究或考核的目标来确定的。因此，在评价语句确定的过程中，研究者或管理决策者的相关知识和经验就显得十分重要。不同的测评对象及不同的评价目的有着不同的评价语句，如，评价学生的学习成绩，可把评价语句设为（优秀、良好、中等、及格、不及格）；研究顾客对某产品的满意程度，可把评价语句设为（非常满意、很满意、满意、一般、不满意、很不满意、非常不满意）；研究政府对企业技术创新活动的影响程度，可把评价语句设为（极大、非常大、很大、较大、一般、较小、很小、非常小、极小）；等等。

那么，评价语句的个数是多好还是少好呢？当然是适中好，多了有可能超出人们对语义的快速、准确的理解，使问卷的回收率及数据质量大打折扣；少了又

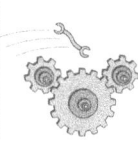

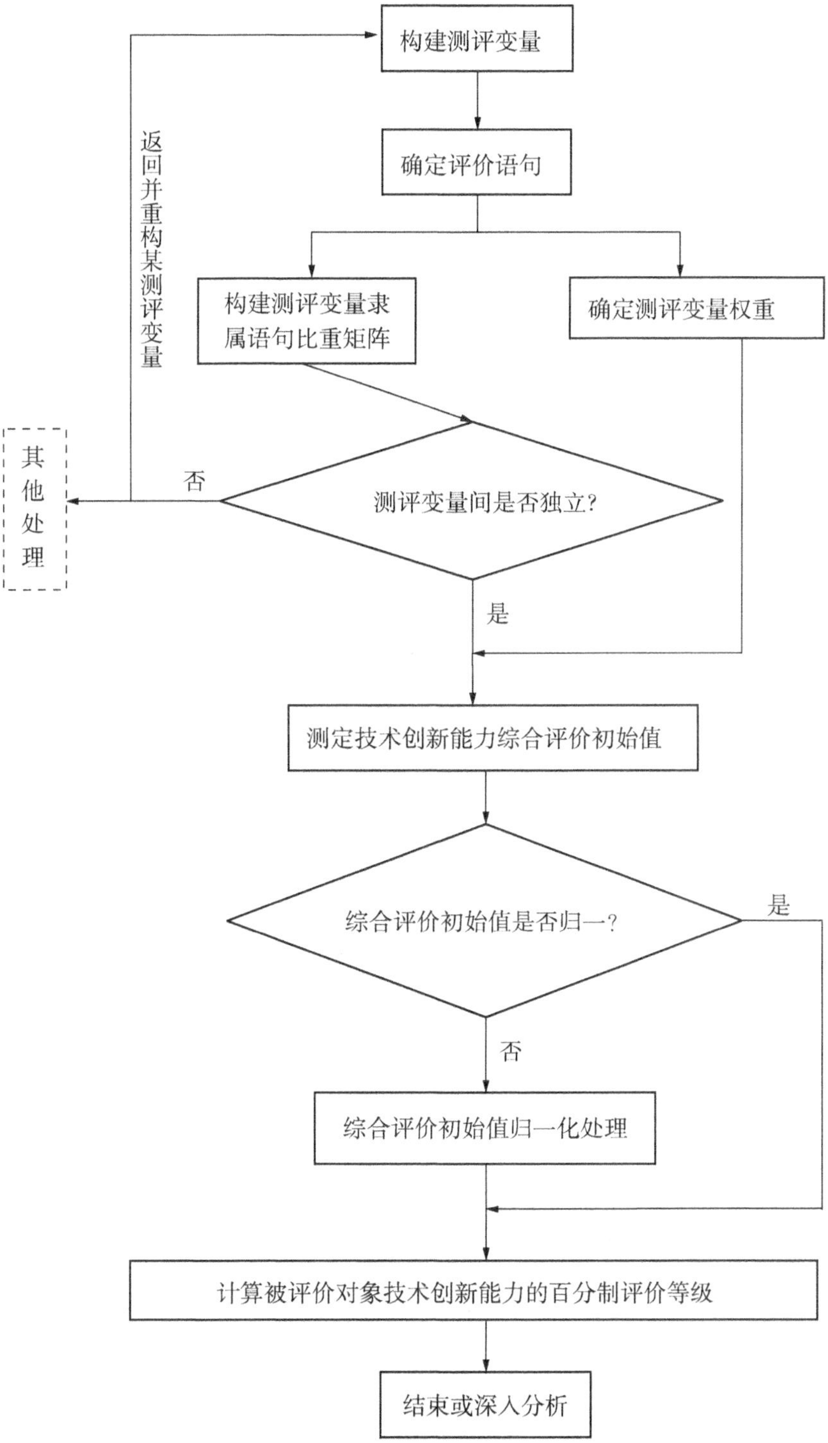

图 4.2 百分制赋值层次模糊综合测评模型运用的基本逻辑框架

无法达到评价事物的质量要求，显得过于模糊、粗略，且数据等级过少，不利于数据处理和细化分析。一般认为，评价语句在4～9个之间适中，而且奇数为佳，如果评价语句个数为奇数，那么评价等级除中间项以外，其余均有对称关系，有利于对被评对象进行对比分析和数据处理。当然，评价语句的个数多少及是否对称，需依据具体情况而定。

设 v 表示评价语句，则评价语句向量为 $\boldsymbol{V}^{(s)}(v_1^{(s)}, v_2^{(s)}, \cdots, v_m^{(s)})$。

（3）确定测评变量模糊比重矩阵

模糊综合测评模型中评判矩阵是由测评变量隶属语句的比重值构成的，这些比重值一般是根据问卷调查数据，并通过计算而得的。假如参与问卷调查的单位或个人总数为 $\sum\limits_{i,j,k,s=1}^{n,p,m,q} f_{jk}^{(i,s)}$，则：

$$d_{jk}^{(i,s)} = f_{jk}^{(i,s)} \Big/ \sum\limits_{i,j,k,s=1}^{n,p,m,q} f_{jk}^{(i,s)} \tag{4.5}$$

式中：$f_{jk}^{(i,s)}$ 为第 i 个被评对象第 s 层第 j 个测评变量在第 k 个评价等级上所对应的参评单位或个人的评选个数；$d_{jk}^{(i,s)}$ 为第 i 个被评对象第 s 层第 j 个测评变量在第 k 个评价等级上所对应的参评单位或个人评选个数的比重；n，m，p，q 表示的含义与（4.2）式的一致。

依据（4.5）式，编制第 i 个被评对象第 s 层测评变量的模糊比重矩阵 $\widetilde{D}_i^{(s)}$ 为：

$$\widetilde{D}_i^{(s)} = \begin{bmatrix} d_{11}^{(i,s)} & d_{12}^{(i,s)} & \cdots & d_{1m}^{(i,s)} \\ d_{21}^{(i,s)} & d_{22}^{(i,s)} & \cdots & d_{2m}^{(i,s)} \\ \vdots & \vdots & \cdots & \vdots \\ d_{p1}^{(i,s)} & d_{p2}^{(i,s)} & \cdots & d_{pm}^{(i,s)} \end{bmatrix} \quad (0 \leq d_{jk}^{(i,s)} \leq 1) \tag{4.6}$$

（4）确定测评变量的权重值

在实际测评工作中，技术创新测评变量权重的赋值方法应根据其测评目的、测评对象的实际情况、测评数据的搜集情况等来选择。

若以 w 表示企业技术创新测评变量的权重，则其向量为 $\boldsymbol{W}^{(s)}(w_1^{(s)}, w_2^{(s)}, \cdots, w_p^{(s)})$。

（5）计算模糊综合评价初始值

技术创新能力综合评价的初始值可由（4.7）式计算而得，即：

$$\widetilde{y}_i^{(s-1)} = \sum\limits_{j,k,i,s=1}^{p,m,n,q} w_j^{(s)} d_{jk}^{(i,s)} \tag{4.7}$$

$$\widetilde{y}_i^{(s-1)} = \begin{bmatrix} w_1^{(s)} \\ w_2^{(s)} \\ \vdots \\ w_p^{(s)} \end{bmatrix}^{\mathrm{T}} \begin{bmatrix} d_{11}^{(i,s)} & d_{12}^{(i,s)} & \cdots & d_{1m}^{(i,s)} \\ d_{21}^{(i,s)} & d_{22}^{(i,s)} & \cdots & d_{2m}^{(i,s)} \\ \vdots & \vdots & \cdots & \vdots \\ d_{p1}^{(i,s)} & d_{p2}^{(i,s)} & \cdots & d_{pm}^{(i,s)} \end{bmatrix} = (a_1^{(i,s)}, a_2^{(i,s)}, \cdots, a_m^{(i,s)})$$

(6) 将模糊综合评价初始值归一化

若综合评价初始值等级比重之和 $\sum\limits_{k,s=1}^{m,q} a_k^{(i,s)} \neq 1$，则须对其进行归一化处理，即：

$$b_k^{(i,s)} = a_k^{(i,s)} \Big/ \sum\limits_{k,s=1}^{m,s} a_k^{(i,s)} \tag{4.8}$$

归一化后，第 i 个被评对象第 s 层测评变量的模糊综合评价等级比重之和 $\sum\limits_{k,s=1}^{m,q} b_k^{(i,s)} = 1$，其评价等级比重向量由 $(a_1^{(i,s)}, a_2^{(i,s)}, \cdots, a_m^{(i,s)})$ 转换为 $(b_1^{(i,s)}, b_2^{(i,s)}, \cdots, b_m^{(i,s)})$。

(7) 确定评价等级

从归一化的比重向量 $(b_1^{(i,s)}, b_2^{(i,s)}, \cdots, b_m^{(i,s)})$ 可以看出，被评对象的技术创新能力综合评价等级还未确定。在传统的技术创新模糊测评中，被评对象的评价等级是按"最大值隶属"原则确定的。前面已分析，这种以"最大值隶属"原则来确定被评对象的技术创新能力评价等级是不科学的。在百分制赋值模糊层次加权综合测评模型中，被评对象的技术创新能力评价等级是以百分制赋值的加权算术平均而确定的，即：

$$y_i^{(s-1)} = (e_1^{(s)}, e_2^{(s)}, \cdots, e_m^{(s)}) \left[b_1^{(i,s)}, b_2^{(i,s)}, \cdots, b_m^{(i,s)} \right]^{\mathrm{T}} = c_i^{(s)}$$

同理，可以求解目标层 y_i 的百分制综合评价等级。

4.3 线性加权综合测评模型

4.3.1 线性加权综合测评常用模型

技术创新线性加权综合测评模型实际上是从统计学中的综合指数模型引用过来的。线性加权综合测评是指在测评变量相互独立的条件下，将各变量的权重系数与各测评变量数值合成，产生一个综合评价值的方法。其常用模型如下：

$$\boldsymbol{Y} = \sum_{i,j=1}^{n,p} w_j x_{ij} \text{ 或 } (\boldsymbol{W})_{1 \times p} \otimes (\boldsymbol{X})_{p \times n} \quad (i=1,2,\cdots,n, \; j=1,2,\cdots,p) \tag{4.9}①$$

同样，其约束条件为各变量间的相关系数 $r = 0$ 或 $r \approx 0$，而在实际应用中其约束条件会适当放宽，即 $0 \leqslant |r| < 0.3$。其中：

$$\boldsymbol{Y} = (y_1, y_2, \cdots, y_n)$$

$$(\boldsymbol{W})_{1 \times p} \otimes (\boldsymbol{X})_{p \times n} = (w_1, w_2, \cdots, w_p) \begin{bmatrix} x_{11} & x_{12} & \cdots & x_{1n} \\ x_{21} & x_{22} & \cdots & x_{2n} \\ \vdots & \vdots & \cdots & \vdots \\ x_{p1} & x_{p2} & \cdots & x_{pn} \end{bmatrix}$$

---

① 在其他文献中，线性加权综合测评模型的表达形式通常为 $y = \sum\limits_{i=1}^{n} w_i x_i$。

式中：Y 表示各被评对象技术创新能力综合评价值向量；x_{ij} 表示第 i 个被评对象第 j 个测评变量的数值；y_i，w_j，n，p 表示的含义与（4.1）式一致。

4.3.2 模糊层次线性加权综合测评模型的构造

对于复杂的技术创新主体来讲，其技术创新能力的测评变量不但是多层的，而且是混合的，既有能直接用数值来表达的数值型测评变量（如 R&D 投入比重、专业技术人员比重等），又有不能直接用数值来表达的属性测评变量（如政府政策扶持力度、技术创新的信息搜集能力等）。因此，不管是采用线性加权综合测评模型，还是采用模糊综合测评模型来测评技术创新主体的技术创新能力，都是不适合的、不科学的。如果采用线性加权综合测评模型，则有些属性测评变量值无法量化，导致测评工作不能顺利进行；如果采用模糊综合测评模型，则必须把数值型测评变量值等级化，导致本来明确（精确）的测评变量值变得模糊起来，使技术创新能力的综合评价结果的精确度大打折扣。针对这种情况，本书结合百分制赋值模糊层次加权综合测评理论和线性加权综合测评理论，构造了集两种测评模型的优点于一体的模糊层次线性加权综合测评模型。其表达式为：

$$\begin{cases} Y = \sum_{i,j=1}^{n,p} w_j^{(2)} x_{ji}^{(2)} \text{ 或}(W^{(2)})_{1\times p} \otimes (X^{(2)})_{p\times i} \\ Y^{(s-1)} = \sum_{i,j,s=1}^{n,p,q} w_j^{(s)} x_{ji}^{(s)} \text{ 或}(W^{(s)})_{1\times p} \otimes (X^{(s)})_{p\times i} \\ \text{s.t. } 0 \leq |r| < 0.3 \end{cases} \quad (4.10)$$

$$(j=1,2,\cdots,p, \quad i=1,2,\cdots,n, \quad s=1,2,\cdots,q)$$

其中：$Y = (y_1, y_2, \cdots, y_n)$，$Y^{(s-1)} = (y_1^{(s-1)}, y_2^{(s-1)}, \cdots, y_n^{(s-1)})$，

$$Y^{(s-1)} = W_j^{(s)} X_{ji}^{(s)} = \begin{bmatrix} w_1^{(s)} \\ w_2^{(s)} \\ \vdots \\ w_p^{(s)} \end{bmatrix}^T \begin{bmatrix} x_{11}^{(s)} & x_{12}^{(s)} & \cdots & x_{1n}^{(s)} \\ x_{21}^{(s)} & x_{22}^{(s)} & \cdots & x_{2n}^{(s)} \\ \vdots & \vdots & \cdots & \vdots \\ x_{p1}^{(s)} & x_{p2}^{(s)} & \cdots & x_{pn}^{(s)} \end{bmatrix} = \begin{bmatrix} a_1^{(s)} \\ a_2^{(s)} \\ \vdots \\ a_n^{(s)} \end{bmatrix}^T \quad (4.11)$$

式中：$Y^{(s-1)}$ 表示各被评对象第 $(s-1)$ 层测评变量的综合评价值向量；$y_i^{(s-1)}$ 表示第 i 个被评对象第 $(s-1)$ 层测评变量的综合评价值；$w_j^{(2)}$ 表示第 2 层第 j 个测评变量的权重系数；$W^{(2)}$ 表示第 2 层测评变量的权重系数向量；$W^{(s)}$ 表示第 s 层测评变量的权重系数向量；$x_{ij}^{(2)}$ 表示第 i 个被评对象第 2 层第 j 个测评变量值；$x_{ij}^{(s)}$ 表示第 i 个被评对象第 s 层第 j 个测评变量值；$X_i^{(2)}$ 表示第 i 个被评对象第 2 层测评变量值的矩阵；$X_i^{(s)}$ 表示第 i 个被评对象第 s 层测评变量值的矩阵；$a_i^{(s)}$ 表示第 i 个被评对象第 s 层测评变量的综合评价值；Y，y_i 表示的含义与（4.9）式一致；$w_j^{(s)}$，p，q，n 表示的含义与（4.2）式一致。

4.3.3 模糊层次线性加权综合测评模型运用的基本逻辑框架

技术创新模糊层次线性加权综合测评模型运用的基本逻辑框架可用图 4.3 表示。

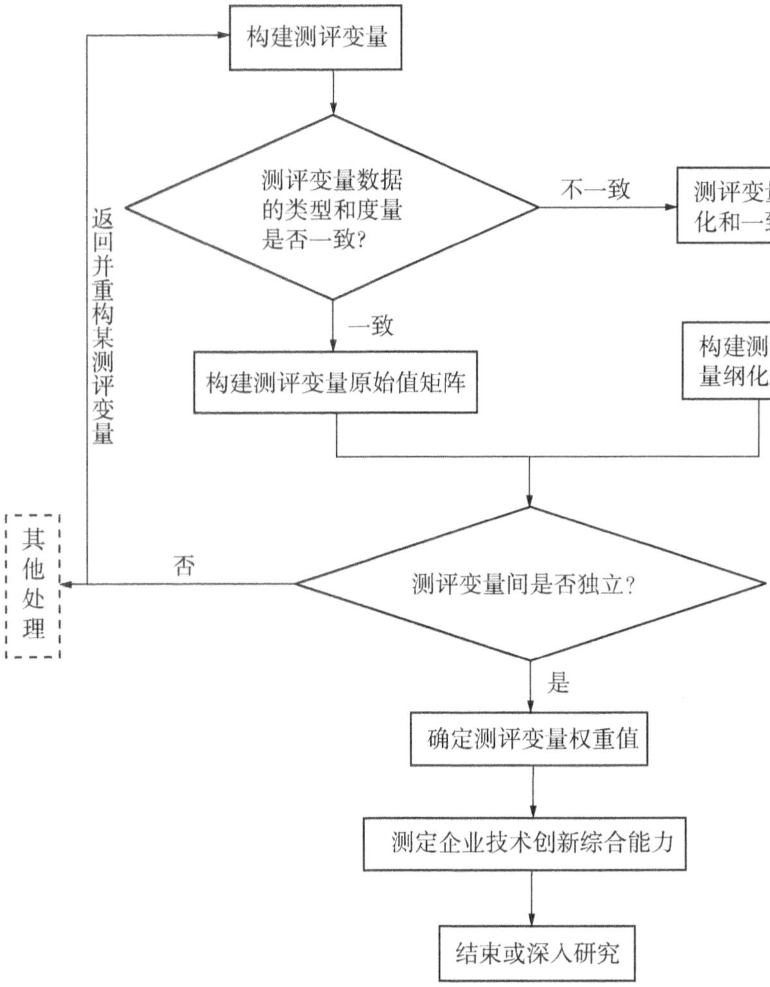

图 4.3　模糊层次线性加权综合测评模型运用的基本逻辑框架

4.3.4 模糊层次线性加权综合测评模型运用的基本方法和步骤

在技术创新测评变量间相互独立的条件下，(4.10) 式中的企业技术创新能力综合评价值向量 Y 求解的基本方法和步骤如下。

(1) 构建测评变量体系

(2) 构造测评变量值矩阵

在构造测评变量值矩阵之前，必须审核原始数据（或实际数据）的类型和计量单位是否一致。如果数据类型不同，则要对原始数据作一致化处理；如果计量单位不一致，则要对原始数据作无量纲化处理。关于模糊层次线性加权综合测评模型中测评变量原始数据的无量纲化处理的方法，将在第 5 章阐述。

根据测评变量的数据可构造矩阵：

$$\boldsymbol{X}^{(s)} = \begin{bmatrix} x_{11}^{(s)} & x_{12}^{(s)} & \cdots & x_{1n}^{(s)} \\ x_{21}^{(s)} & x_{22}^{(s)} & \cdots & x_{2n}^{(s)} \\ \vdots & \vdots & \cdots & \vdots \\ x_{p1}^{(s)} & x_{p2}^{(s)} & \cdots & x_{pn}^{(s)} \end{bmatrix} \text{ 或 } \boldsymbol{X}^{(s)} = \begin{bmatrix} (x_{11}^{(s)})^* & (x_{12}^{(s)})^* & \cdots & (x_{1n}^{(s)})^* \\ (x_{21}^{(s)})^* & (x_{22}^{(s)})^* & \cdots & (x_{2n}^{(s)})^* \\ \vdots & \vdots & \cdots & \vdots \\ (x_{p1}^{(s)})^* & (x_{p2}^{(s)})^* & \cdots & (x_{pn}^{(s)})^* \end{bmatrix} \quad (4.12)$$

（4.12）式中 $(x_{ij}^{(s)})^*$ 表示第 i 个样本点第 s 层第 j 个测评变量的无量纲化数值。

值得注意的是，如果测评变量 $x_j^{(s)}$ 为数值型变量，则 $x_j^{(s)}$ 的数据可直接采用文献调查或实地调查数据，不用换算或作其他处理；如果测评变量 $x_j^{(s)}$ 为属性（模糊）变量，则 $x_{ij}^{(s)}$ 的数据无法直接采用文献调查或实地调查数据，要通过百分制评价等级换算处理。即：

$$x_{ij}^{(s)} = \sum_{j,k,i,s=1}^{p,m,n,q} e_{kj}^{(s)} d_{kj}^{(i,s)} = (e_{1j}^{(s)}, e_{2j}^{(s)}, \cdots, e_{mj}^{(s)}) \begin{bmatrix} d_{1j}^{(i,s)} \\ d_{2j}^{(i,s)} \\ \vdots \\ d_{mj}^{(i,s)} \end{bmatrix} = a_{ij}^{(s)} \quad (4.13)$$

其中：$e_{kj}^{(s)}$ 表示第 s 层第 j 个测评变量第 k 个评价等级的百分制赋值；$a_{ij}^{(s)}$ 表示第 i 个测评对象第 s 层第 j 个测评变量的百分制评价等级值；$d_{kj}^{(i,s)}$，m，p，q，n 表示的含义与（4.2）式一致。

（3）确定测评变量权重值

若以 w 表示测评变量的权重，则其测评变量的权重向量为 $\boldsymbol{W}^{(s)}(w_1^{(s)}, w_2^{(s)}, \cdots, w_p^{(s)})$。

关于模糊层次线性加权综合测评模型中测评变量权重值确定的方法，将在第 5 章阐述。

（4）测定技术创新综合能力

将目标权重值与测评变量标准化值运用于模糊层次线性加权综合测评模型，即（4.10）式，则可测定企业各个层次的技术创新能力综合评价值。

4.4 主成分分析测评模型

4.4.1 主成分分析测评常用模型

主成分分析（Principal Components Analysis）也称主分量分析，是由霍特林（Hotelling）于 1933 年首先提出的。主成分分析是通过适当的数学变换，对原变量进行降维处理，在保留尽量多的信息的前提下，使新变量（或主分量，或主成分）

成为原变量的线性组合,且各主成分之间互不相关,由此,寻求以主成分来分析事物性质的一种多元统计方法。可见,主成分分析具有三大功能:一是消除原变量信息的重叠性,使新变量间互不相关;二是在损失尽量少的信息的条件下,对多个变量筛选,用少量的主分量对被评对象进行综合评价,减少工作量,但又不影响对研究对象的正确分析和决策;三是进行相关数据处理,求解各测评变量的权重值。

主成分分析测评常用模型如下:

$$F_i = \sum_{l=1}^{g} w_l F_{il} \quad (i = 1, 2, \cdots, n) \tag{4.14}$$

式中:F_i 表示第 i 个样本点(或被评对象)的综合评价数值;F_{il} 表示第 i 个样本点第 l 个主测评分量的数值;w_l 表示第 l 个主测评分量的权数值;g 表示主测评分量个数;n 表示样本容量,或被评对象个数。

4.4.2 模糊层次主成分分析测评模型的构造

依据百分制赋值模糊层次加权综合测评理论和主成分分析理论,现构造技术创新模糊层次主成分分析测评模型,见(4.15)式。它是百分制赋值模糊层次加权综合测评模型和主成分分析测评模型的有机集成,集二者优点于一体。

$$\begin{cases} \boldsymbol{F}^{(s)} = \sum_{i,l,s=1}^{n,g,q} L_{il}^{(s)} Z_{il}^{(s)} \text{ 或} (\boldsymbol{L}^{(s)})_{g \times g} \otimes (\boldsymbol{Z}^{(s)})_{g \times n} \\ \boldsymbol{Y}^{(s-1)} = \sum_{i,l,s=1}^{n,g,q} w_l^{(s)} F_{il}^{(s)} \text{ 或} (\boldsymbol{W}^{(s)})_{1 \times g} \otimes (\boldsymbol{F}^{(s)})_{g \times n} \\ \boldsymbol{Y} = \sum_{i,l=1}^{n,g} w_l^{(2)} F_{il}^{(2)} \text{ 或} (\boldsymbol{W}^{(2)})_{1 \times g} \otimes (\boldsymbol{F}^{(2)})_{g \times n} \\ \text{s.t. } 0.3 \leq |r| < 1 \end{cases} \tag{4.15}$$

$$(l = 1, 2, \cdots, g, \quad i = 1, 2, \cdots, n, \quad s = 1, 2, \cdots, q, \quad g \leq p)$$

其中:$\boldsymbol{Y} = (y_1, y_2, \cdots, y_n)$,$\boldsymbol{Y}^{(s-1)} = (y_1^{(s-1)}, y_2^{(s-1)}, \cdots, y_n^{(s-1)})$,

$$\boldsymbol{F}^{(s)} = (\boldsymbol{L}^{(s)})_{g \times g} \otimes (\boldsymbol{Z}^{(s)})_{g \times n} = \begin{bmatrix} L_{11}^{(s)} & L_{12}^{(s)} & \cdots & L_{1g}^{(s)} \\ L_{21}^{(s)} & L_{22}^{(s)} & \cdots & L_{2g}^{(s)} \\ \vdots & \vdots & \cdots & \vdots \\ L_{g1}^{(s)} & L_{g2}^{(s)} & \cdots & L_{gg}^{(s)} \end{bmatrix} \otimes \begin{bmatrix} Z_{11}^{(s)} & Z_{12}^{(s)} & \cdots & Z_{1n}^{(s)} \\ Z_{21}^{(s)} & Z_{22}^{(s)} & \cdots & Z_{2n}^{(s)} \\ \vdots & \vdots & \cdots & \vdots \\ Z_{g1}^{(s)} & Z_{g2}^{(s)} & \cdots & Z_{gn}^{(s)} \end{bmatrix}$$

$$= \begin{bmatrix} F_{11}^{(s)} & F_{12}^{(s)} & \cdots & F_{1n}^{(s)} \\ F_{21}^{(s)} & F_{22}^{(s)} & \cdots & F_{2n}^{(s)} \\ \vdots & \vdots & \cdots & \vdots \\ F_{g1}^{(s)} & F_{g2}^{(s)} & \cdots & F_{gn}^{(s)} \end{bmatrix}$$

$$(\boldsymbol{W}^{(s)})_{1\times g} \otimes (\boldsymbol{F}^{(s)})_{g\times n} = \begin{bmatrix} w_1^{(s)} \\ w_2^{(s)} \\ \vdots \\ w_p^{(s)} \end{bmatrix}^T \otimes \begin{bmatrix} F_{11}^{(s)} & F_{12}^{(s)} & \cdots & F_{1n}^{(s)} \\ F_{21}^{(s)} & F_{22}^{(s)} & \cdots & F_{2n}^{(s)} \\ \vdots & \vdots & \cdots & \vdots \\ F_{g1}^{(s)} & F_{g2}^{(s)} & \cdots & F_{gn}^{(s)} \end{bmatrix} = \begin{bmatrix} a_1^{(s)} \\ a_2^{(s)} \\ \vdots \\ a_n^{(s)} \end{bmatrix}^T$$

式中：$L_{il}^{(s)}$ 表示第 i 个样本点第 s 层第 l 个主测评分量的系数值；$Z_{il}^{(s)}$ 表示第 i 个样本点第 s 层第 l 个主测评分量的标准化数值；$w_l^{(s)}$ 表示第 s 层第 l 个主测评分量的权数值；$w_l^{(2)}$ 表示第 2 层第 l 个主测评分量的权数值；$F_{il}^{(s)}$ 表示第 i 个样本点第 s 层第 l 个主测评分量的标准化数值；$F_{il}^{(2)}$ 表示第 i 个样本点第 2 层第 l 个主测评分量的标准化数值；$a_i^{(s)}$ 表示第 i 个样本点第 s 层主测评分量的综合评价数值；g 表示主测评分量（或新测评变量）个数；Y，$Y^{(s-1)}$，n，p，q 表示的含义与（4.10）式一致。

4.4.3 模糊层次主成分分析测评模型运用的基本逻辑框架

技术创新模糊层次主成分分析测评模型运用的基本逻辑框架可用图 4.4 表示。

4.4.4 模糊层次主成分分析测评模型运用的基本方法和步骤

运用模糊层次主成分分析测评模型求解企业技术创新能力综合评价数值向量 Y 的基本方法和步骤如下。

（1）构建测评变量体系

（2）测评变量原始数据标准化

把原始数据标准化的目的是消除测评变量间不同计量尺度对方差大小的影响，因为在选择主测评分量时，通常优先考虑方差较大的测评变量，而方差的大小受测评变量不同计量尺度的影响。

模糊层次主成分分析测评模型中测评变量原始数据标准化的一般公式为：

$$Z_{ij}^{(s)} = \frac{x_{ij}^{(s)} - \bar{x}_j^{(s)}}{S_j^{(s)}} \tag{4.16}$$

这也是 SPSS、SAS 等统计软件默认的原始数据标准化公式。式中：$Z_{ij}^{(s)}$ 表示第 i 个样本点第 s 层第 j 个测评变量的标准化数值；$x_{ij}^{(s)}$ 表示第 i 个样本点第 s 层第 j 个测评变量的原始数值（实际数据）；$\bar{x}_j^{(s)}$ 表示所有样本点第 s 层第 j 个测评变量的均值，即 $\bar{x}_j^{(s)} = \frac{1}{n}\sum_{i=1}^{n} x_{ij}^{(s)}$；$S_j^{(s)}$ 表示所有样本点第 s 层第 j 个测评变量的标准差，即：

$$S_j^{(s)} = \sqrt{\frac{1}{n-1}\sum_{i=1}^{n}(x_{ij}^{(s)} - \bar{x}_j^{(s)})^2}$$

同样，值得注意的是，如果测评变量 $x_j^{(s)}$ 为数值型变量，则（4.16）式中的 $x_{ij}^{(s)}$ 的数据可直接采用文献调查或实地调查数据；如果测评变量 $x_j^{(s)}$ 为属性（模糊）变量，则 $x_{ij}^{(s)}$ 的数据无法直接采用文献调查或实地调查数据，要进行百分制赋

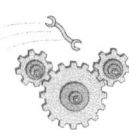

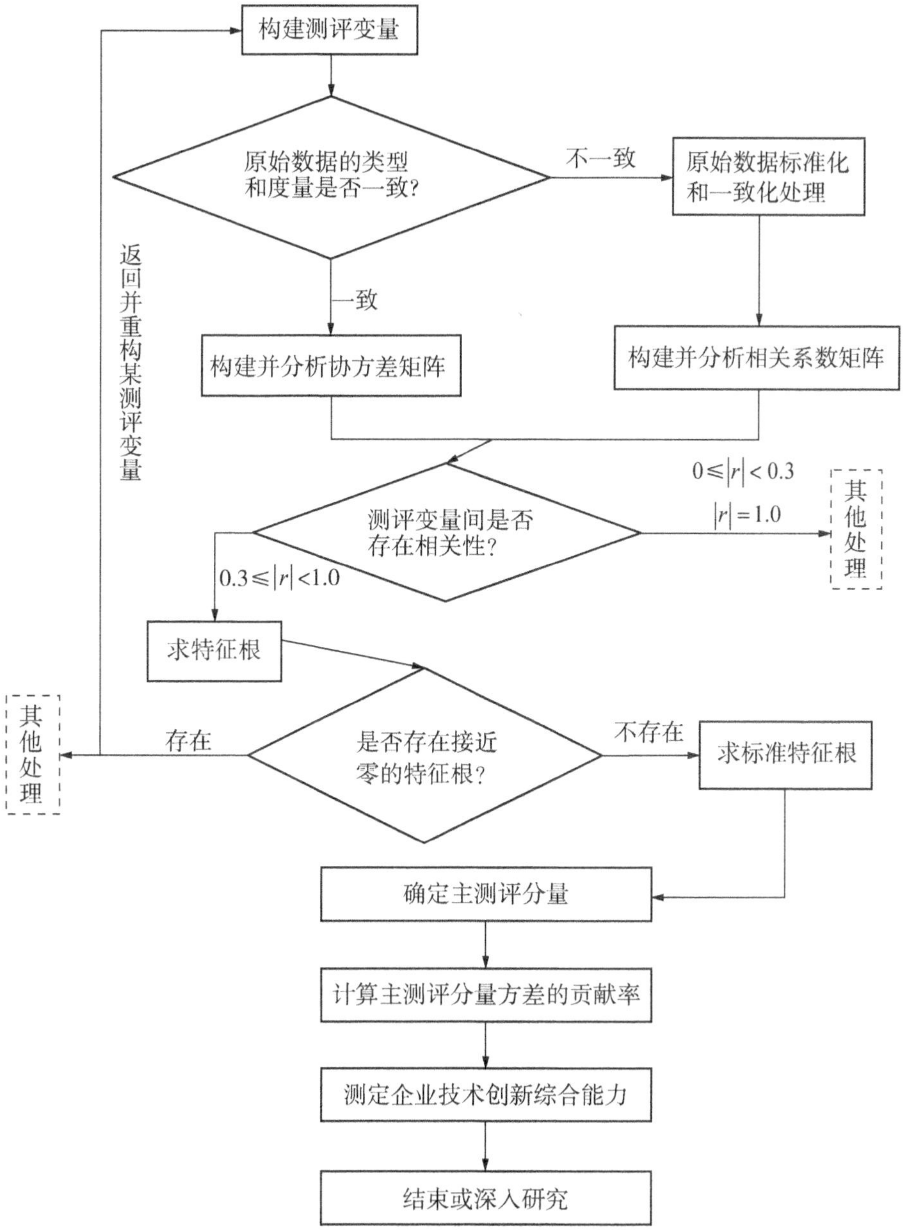

图 4.4 模糊层次主成分分析测评模型运用的基本逻辑框架

值处理,其计算公式为(4.13)式。

(3) 确定测评变量间的相关系数矩阵 $R^{(s)}$

在建立相关矩阵之前,先测算测评变量间是否相关及其相关程度。一般来讲,变量间相关系数的绝对值在 0.3～1.0 之间,主成分分析才能取得良好的效果,且相关系数越大,其测评效果越好(相对于其他测评模型)。如果 $0 \leqslant |r| < 0.3$,在实际应用中,被评对象的综合测评值可直接采用线性加权综合测评模型计算;如果两个测评变量的相关系数 $|r| = 1.0$,则说明这两个测评变量完全相关,在测评模

型中这两个测评变量取任一变量即可。

对于随机测评变量 $x_1^{(s)}$, $x_2^{(s)}$, ..., $x_p^{(s)}$ 而言,其协方差矩阵或相关系数矩阵是对各测评变量离散程度及测评变量之间相关程度的信息的反映,因此,测评变量间的相关系数矩阵(协方差矩阵)正是主成分分析的出发点。测评变量间的相关系数矩阵 $R^{(s)}$ 为:

$$R^{(s)} = \begin{bmatrix} r_{11}^{(s)} & r_{12}^{(s)} & \cdots & r_{1p}^{(s)} \\ r_{21}^{(s)} & r_{22}^{(s)} & \cdots & r_{2p}^{(s)} \\ \vdots & \vdots & \cdots & \vdots \\ r_{p1}^{(s)} & r_{p2}^{(s)} & \cdots & r_{pp}^{(s)} \\ \vdots & \vdots & \cdots & \vdots \\ r_{n1}^{(s)} & r_{n2}^{(s)} & \cdots & r_{np}^{(s)} \end{bmatrix} \quad (4.17)$$

其中: $r_{j(j+t)}^{(s)} = \frac{1}{n-1} \sum_{i,j,s=1}^{n,p,q} \frac{(x_{ij}^{(s)} - \bar{x}_j^{(s)})}{S_j^{(s)}} \times \frac{(x_{i(j+t)}^{(s)} - \bar{x}_{(j+t)}^{(s)})}{S_{(j+t)}^{(s)}}$ 或 $\frac{1}{n-1} \sum_{i,j,s=1}^{n,p,q} Z_{ij}^{(s)} \times Z_{i(j+t)}^{(s)}$,

$r_{jj}^{(s)} = 1$,$r_{(j+t)j}^{(s)} = r_{j(j+t)}^{(s)}$;$t$ 为非负整数,且 $j+t \leq p$。

(4) 求相关矩阵 $R^{(s)}$ 特征根

求解矩阵 $R^{(s)}$ 的特征根,只需 p 个线性方程即可,因此,取矩阵 $R^{(s)}$ 前 $1 \sim p$ 个线性方程组成新的相关系数矩阵 $(R^{(s)})'$。

$$(R^{(s)})' = \begin{bmatrix} r_{11}^{(s)} & r_{12}^{(s)} & \cdots & r_{1p}^{(s)} \\ r_{21}^{(s)} & r_{22}^{(s)} & \cdots & r_{2p}^{(s)} \\ \vdots & \vdots & \cdots & \vdots \\ r_{p1}^{(s)} & r_{p2}^{(s)} & \cdots & r_{pp}^{(s)} \end{bmatrix} \quad (4.18)$$

$(R^{(s)})'$ 的特征方程式为 $|\lambda_j^{(s)} I^{(s)} - (R^{(s)})'| = 0$,$\lambda_j^{(s)}$ 为该方程求解得到的特征根,它是标准化新评变量 $F_{ij}^{(s)}$ 的方差,即新测评向量 $F^{(s)}$($F_{1j}^{(s)}$, $F_{2j}^{(s)}$, ..., $F_{nj}^{(s)}$)的系数。$\lambda_j^{(s)}$ 的大小描述了各新评变量对被评对象所起的作用(权重或所作的贡献)。其贡献率 $w_j^{(s)}$ 为:

$$w_j^{(s)} = \lambda_j^{(s)} \bigg/ \sum_{j,s=1}^{p,q} \lambda_j^{(s)} \quad (4.19)$$

(5) 确定主测评分量

对测评变量原始数据(实际数据)X 标准化所得到的测评变量 Z 的个数与原始测评变量的个数是相等的,而且标准化后的测评变量间信息的重叠性并未得到改善。因此,对原测评变量进行标准化后,并未达到降维及消除测评变量间信息重复的目的。利用方差最大法进行正交处理可得到相互独立的新测评变量 F,它是标准化测评变量 Z(同时也是原测评变量 X)的线性组合。从数学上可以证明,新测评变量 $F_{ij}^{(s)}$ 的方差为 $\lambda_j^{(s)}$。对新测评变量方差的大小进行排序,则可在信息损失尽可能少的原则下,选择新测评变量(或主测评成分,或主测评分量)。

通常就选中的前 g 个主测评分量进行分析,而忽略后 ($p-g$) 个次测评分量。所选择的 g 个主测评分量保留原测评变量信息的比重为:

$$w^{(s)}(g) = \sum_{j,s=1}^{g,q} \lambda_j^{(s)} \bigg/ \sum_{j,s=1}^{p,q} \lambda_j^{(s)} \qquad (4.20)$$

确定主测评分量个数的原则主要有 $w(g) \geq 85\%$ 准则、$\lambda_j > \overline{\lambda}$ 准则、斯格里准则、巴特莱特检验准则等。从国内应用情况来看,大多采用 $w(g) \geq 85\%$ 准则。经验表明,在 $w(g) \geq 85\%$ 的条件下,一般可保证样本点排序的稳定性。

主测评分量确定以后,技术创新测评变量就转变为 $F_{il}^{(s)}$,第 g 个主测评分量以后的次测评分量被舍弃。

(6) 计算主测评分量的方差贡献率

主测评分量确定后,模糊层次主成分分析测评模型中的测评变量则完全由主测评分量构成,主测评分量的系数或权重应随之调整。调整后主测评分量系数向量为 $\boldsymbol{\lambda}^{(s)}$ ($\lambda_1^{(s)}, \lambda_2^{(s)}, \cdots, \lambda_g^{(s)}$),各主测评分量对被评对象的方差贡献率(权重)为:

$$w_l^{(s)} = \lambda_l^{(s)} \bigg/ \sum_{l,s=1}^{g,q} \lambda_l^{(s)} \qquad (4.21)$$

(7) 测定技术创新综合能力

将权重值及主测评分量值运用于模糊层次主成分分析测评模型,即 (4.15) 式,求解企业技术创新综合评价值向量 $\boldsymbol{Y}$。

4.5 数据包络分析测评模型

4.5.1 数据包络分析测评原始模型

数据包络分析(Data Envelopment Analysis,DEA)是著名的运筹学家 A. Charnes,W. W. Cooper,E. R. Rodes 在"相对效率评价"概念上发展起来的一种新的系统分析方法。他们认为,一个经济系统或一个生产过程可以看成一个决策单元(Decision Making Units,DMU),这个决策单元在一定可能范围内,通过一系列决策,投入一定数量的生产要素,并产出一定数量的产品。虽然不同的经济系统或生产过程活动的内容各不相同,但其目的都是尽可能以最小的投入取得最大的效益。数据包络分析的基本思想是:以"相对效率"概念为基础,利用凸分析和线性规划理论,根据多指标投入和多指标产出对相同类型的决策单元进行相对有效性或效益评价。

决策单元 DMU 的概念很广,可以是一个企业,也可以是一个行业;可以是一个大学,也可以是一个行政机关;可以是一个行政区域,也可以是一个国家;等等。但是,用于比较或评价的同类 DMU 应具备以下三个特征:一是具有同质性和目标、任务的一致性;二是具有相同的外部环境;三是具有相同的投入(输入)指标和产出(输出)指标。

1978 年，A. Charnes、W. W. Cooper、E. R. Rodes 建立了第一个 DEA 模型（C^2R 原始模型）(1978)，即（4.22）式，这也是技术创新测评数据包络分析中常用的模型。

$$\begin{cases} \max h_{i_0} = \sum_{\tilde{j}=1}^{\tilde{p}} \tilde{w}_{i_0\tilde{j}} \tilde{x}_{\tilde{j}i_0} \Big/ \sum_{j=1}^{p} w_{i_0j} x_{ji_0} \\ \text{s.t.} \sum_{i,\tilde{j}=1}^{n,\tilde{p}} \tilde{w}_{i\tilde{j}} \tilde{x}_{\tilde{j}i} \Big/ \sum_{i,j=1}^{n,p} w_{ij} x_{ji} \leqslant 1 \end{cases} \quad (4.22)^{\text{①}}$$

$(\tilde{w}_{i_0\tilde{j}} \geqslant 0, w_{i_0j} \geqslant 0, \tilde{w}_{i\tilde{j}} \geqslant 0, w_{ij} \geqslant 0, x_{ji} \geqslant 0, \tilde{x}_{\tilde{j}i} \geqslant 0)$

$(i = 1, 2, \cdots, n, \quad j = 1, 2, \cdots, p, \quad \tilde{j} = 1, 2, \cdots, \tilde{p}, \quad 1 \leqslant i_0 \leqslant n)$

式中：h_{i_0} 表示第 i_0 个决策单元的效率评价指数；w_{i_0j} 表示第 i_0 个决策单元第 j 种类型输入的一种度量（权）；$\tilde{w}_{i_0\tilde{j}}$ 表示第 i_0 个决策单元第 $\tilde{j}$ 种类型输出的一种度量（权）；w_{ij} 表示第 i 个决策单元第 j 种类型输入的一种度量（权）；$\tilde{w}_{i\tilde{j}}$ 表示第 i 个决策单元第 $\tilde{j}$ 种类型输出的一种度量（权）；x_{ji_0} 表示第 j 种类型输入第 i_0 个决策单元的变量值；x_{ji} 表示第 j 种类型输入第 i 个决策单元的变量值；$\tilde{x}_{\tilde{j}i_0}$ 表示第 $\tilde{j}$ 种类型输出第 i_0 个决策单元的变量值；$\tilde{x}_{\tilde{j}i}$ 表示第 $\tilde{j}$ 种类型输出第 i 个决策单元的变量值；n 表示决策单元个数；p 表示决策单元输入种类个数；$\tilde{p}$ 表示决策单元输出种类个数。

4.5.2 模糊层次数据包络分析测评模型的构建

依据百分制赋值模糊层次加权综合测评理论和数据包络分析理论，在数据包络分析原始模型的基础上，构建集百分制赋值模糊层次加权综合测评模型和数据包络分析测评模型优点于一体的模糊层次数据包络分析测评模型，其表达式为：

$$\begin{cases} \max h_{i_0} = \sum_{\tilde{j}=1}^{\tilde{p}} \tilde{w}_{i_0\tilde{j}}^{(2)} \tilde{x}_{\tilde{j}i_0}^{(2)} \Big/ \sum_{j=1}^{p} w_{i_0j}^{(2)} x_{ji_0}^{(2)} \\ \max h_{i_0}^{(s-1)} = \sum_{\tilde{j},s=1}^{\tilde{p},q} \tilde{w}_{i_0\tilde{j}}^{(s)} \tilde{x}_{\tilde{j}i_0}^{(s)} \Big/ \sum_{j,s=1}^{p,q} w_{i_0j}^{(s)} x_{ji_0}^{(s)} \\ \text{s.t.} \sum_{i,\tilde{j},s=1}^{n,\tilde{p},q} \tilde{w}_{i\tilde{j}}^{(s)} \tilde{x}_{\tilde{j}i}^{(s)} \Big/ \sum_{i,j,s=1}^{n,p,q} w_{ij}^{(s)} x_{ji}^{(s)} \leqslant 1 \end{cases} \quad (4.23)$$

$(\tilde{w}_{i_0\tilde{j}}^{(s)} \geqslant 0, w_{i_0j}^{(s)} \geqslant 0, \tilde{w}_{i\tilde{j}}^{(s)} \geqslant 0, w_{ij}^{(s)} \geqslant 0, x_{ji}^{(s)} \geqslant 0, \tilde{x}_{\tilde{j}i}^{(s)} \geqslant 0)$

---

① 在其他文献中，数据包络分析测评模型的表达形式通常为 $\begin{cases} \max h_{j_0} = \sum_{r=1}^{s} u_r y_{rj_0} \Big/ \sum_{i=1}^{m} v_i x_{ij_0} \\ \text{s.t.} \sum_{r=1}^{s} u_r y_{rj} \Big/ \sum_{i=1}^{m} v_i x_{ij} \leqslant 1 \end{cases}$。

$(i=1,2,\cdots,n, \quad j=1,2,\cdots,p, \quad \tilde{j}=1,2,\cdots,\tilde{p}, \quad 1\leq i_0\leq n)$

式中：h_{i_0} 表示第 i_0 个决策单元的综合效率评价指数；$w_{i_0 j}^{(2)}$ 表示第 i_0 个决策单元第 2 层测评变量第 j 种类型输入的一种度量（权）；$\tilde{x}_{\tilde{j}i_0}^{(2)}$ 表示第 i_0 个决策单元第 2 层第 $\tilde{j}$ 种类型输出的测评变量值；$\tilde{w}_{i_0 \tilde{j}}^{(2)}$ 表示第 i_0 个决策单元第 2 层测评变量第 $\tilde{j}$ 种类型输出的一种度量（权）；$x_{ji_0}^{(2)}$ 表示第 i_0 个决策单元第 2 层测评变量第 j 种类型输入的变量值；$h_{i_0}^{(s-1)}$ 表示第 i_0 个决策单元第 $(s-1)$ 层测评变量的效率评价指数；$w_{i_0 j}^{(s)}$ 表示第 i_0 个决策单元第 s 层测评变量第 j 种类型输入的一种度量（权）；$\tilde{w}_{i_0 \tilde{j}}^{(s)}$ 表示第 i_0 个决策单元第 s 层测评变量第 $\tilde{j}$ 种类型输出的一种度量（权）；$w_{ij}^{(s)}$ 表示第 i 个决策单元第 s 层测评变量第 j 种类型输入的一种度量（权）；$\tilde{w}_{i\tilde{j}}^{(s)}$ 表示第 i 个决策单元第 s 层测评变量第 $\tilde{j}$ 种类型输出的一种度量（权）；$x_{ji_0}^{(s)}$ 表示第 i_0 个决策单元第 s 层第 j 种类型输入的测评变量值；$x_{ji}^{(s)}$ 表示第 i 个决策单元第 s 层第 j 种类型输入的测评变量值；$\tilde{x}_{\tilde{j}i_0}^{(s)}$ 表示第 i_0 个决策单元第 s 层第 $\tilde{j}$ 种类型输出的测评变量值；$\tilde{x}_{\tilde{j}i}^{(s)}$ 表示第 i 个决策单元第 s 层第 $\tilde{j}$ 种类型输出的测评变量值；q 表示测评变量体系的层数；n，p，$\tilde{p}$ 表示的含义与（4.22）式一致。

4.5.3 模糊层次数据包络分析测评模型运用的基本逻辑框架

技术创新模糊层次数据包络分析测评模型运用的基本逻辑框架可用图 4.5 表示。

4.5.4 模糊层次数据包络分析测评模型运用的基本方法和步骤

应用模糊层次数据包络分析测评模型对企业技术创新能力进行综合测评的基本方法和步骤如下。

(1) 构建输入（投入）与输出（产出）测评变量向量

数据包络分析中测评变量的设计，需在多测评变量中区分输入变量和输出变量，把它们划分为两个不同的大类。设决策单元在一个经济系统中的输入测评变量为 x，输出测评变量为 $\tilde{x}$，则其输入测评向量为 $\mathbf{X}^{(s)}$（$x_1^{(s)}$，$x_2^{(s)}$，$\cdots$，$x_p^{(s)}$），输出测评向量为 $\tilde{\mathbf{X}}^{(s)}$（$\tilde{x}_1^{(s)}$，$\tilde{x}_2^{(s)}$，$\cdots$，$\tilde{x}_{\tilde{p}}^{(s)}$）。

(2) 设定输入与输出测评变量度量（权）向量

设输入、输出测评变量度量（权）为 w、$\tilde{w}$，则其输入测评向量权为 $\mathbf{W}_j^{(s)}$（$w_1^{(s)}$，$w_2^{(s)}$，$\cdots$，$w_p^{(s)}$），输出测评向量权为 $\tilde{\mathbf{W}}_{\tilde{j}}^{(s)}$（$\tilde{w}_1^{(s)}$，$\tilde{w}_2^{(s)}$，$\cdots$，$\tilde{w}_{\tilde{p}}^{(s)}$）。

在数据包络分析测评中，测评变量权重的具体值可以不事先给定，而是先把它们视为变向量，然后在分析过程中，根据全部所考察的企业技术创新能力的 DEA 效率指数在 $h_j \leq 1$ 的条件下，使理想的企业效率指数最大，以寻找一组输入、输出测评变量权重值。

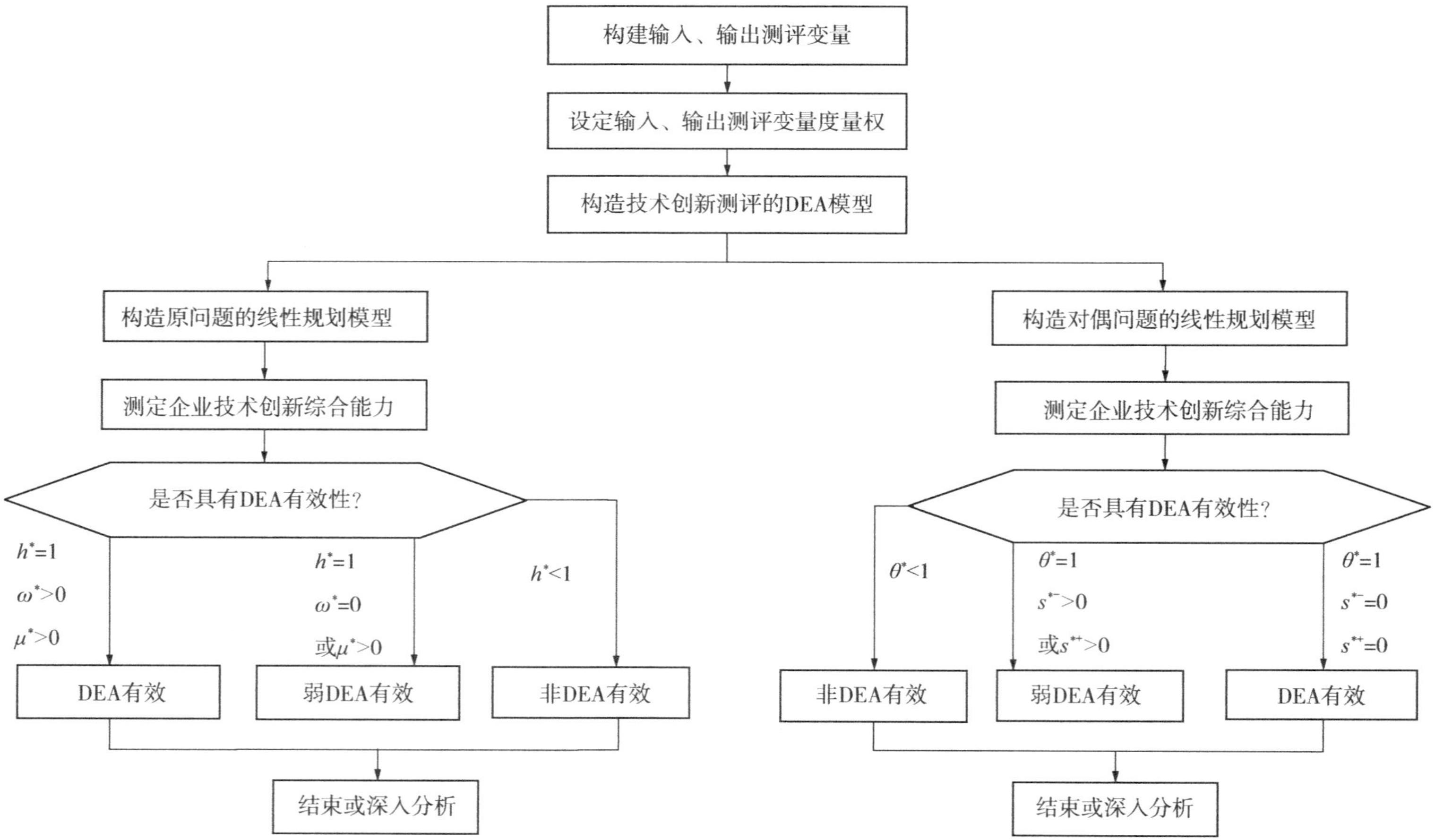

图4.5 模糊层次数据包络分析测评模型运用的基本逻辑框架

(3) 构造线性规划模型

(4.23) 式是一个分式问题，使用 Charnes-Cooper 变化，即设：

$$t = \frac{1}{(w_j^{(s)})^T x_{ji_0}^{(s)}}, \qquad \omega = tw_j^{(s)}, \qquad \mu = t\widetilde{w}_j^{(s)}$$

则变换后的 (4.22) 式具有如下原问题线性规划模型 (P)：

$$(P)\begin{cases} \max h_{i_0}^{(s-1)} = \max \mu^T \widetilde{x}_{ji_0}^{(s)} = V_P \\ \text{s.t. } \omega^T x_{ji}^{(s)} - \mu^T \widetilde{x}_{ji}^{(s)} \geq 0 \\ \omega^T x_{ji_0}^{(s)} = 1 \\ \omega \geq 0, \mu \geq 0 \end{cases} \quad (4.24)$$

利用原问题线性规划模型 (P) 的最优解来评判企业的有效性。

对偶理论是线性规划的一个重要理论，利用对偶线性规划模型可以更为细致深入地分析许多现实问题。(4.23) 式的对偶线性规划模型 (D') 为 (4.25) 式：

$$(D')\begin{cases} \min \theta = V_D \\ \text{s.t. } \sum_{i,j,s=1}^{n,p,q} \lambda_i^{(s)} x_{ji}^{(s)} \leq \theta x_{ji_0}^{(s)} \\ \sum_{i,\widetilde{j},s=1}^{n,\widetilde{p},q} \lambda_i^{(s)} \widetilde{x}_{\widetilde{j}i}^{(s)} \geq \widetilde{x}_{\widetilde{j}i_0}^{(s)} \\ \lambda_i^{(s)} \geq 0 \\ \theta \text{ 无符号约束} \end{cases} \quad (4.25)$$

式中：$\lambda_i^{(s)}$ 是对偶线性模型中引入的特殊变量。

为了使对偶线性规划模型 (D') 运算更方便，参照 C^2GS^2 模型①，在 (4.25) 式中进一步引进非阿基米德无穷小量 ε 及松弛变量 s^+ 和剩余变量 s^-，将不等式的线性规划模型转变成方程式的线性规划模型 (D)：

$$(D)\begin{cases} \min[\theta - \varepsilon(s_1^- + s_2^- + \cdots + s_j^- + s_1^+ + s_2^+ + \cdots + s_{\widetilde{j}}^+)] = V_D \\ \text{s.t. } \sum_{i,j,s=1}^{n,p,q} \lambda_i^{(s)} x_{ji}^{(s)} + s_j^- = \theta x_{ji_0}^{(s)} \\ \sum_{i,\widetilde{j},s=1}^{n,\widetilde{p},q} \lambda_i^{(s)} \widetilde{x}_{\widetilde{j}i}^{(s)} - s_{\widetilde{j}}^+ = \widetilde{x}_{\widetilde{j}i_0}^{(s)} \\ \lambda_i^{(s)} \geq 0 \\ \theta \text{ 无符号约束} \\ s_{\widetilde{j}}^+ \geq 0, s_j^- \geq 0 \end{cases} \quad (4.26)$$

---

① 为了使运算方便，20 世纪 80 年代，A. Charnes, W. W. Cooper, B. Golany 和 J. Stutz 等在数据包络分析的原模型中引进了非阿基米德无穷小量及松弛变量和剩余变量，利用这些辅助变量可以一次性地判断出决策单元的有效性。而其修正后的数据包络分析模型简称为 C^2GS^2 模型。

利用对偶问题线性规划（D）的最优解来评判企业技术创新综合能力的有效性。

同样，值得注意的是，如果测评变量 $\boldsymbol{X}^{(s)}$ 或 $\widetilde{\boldsymbol{X}}^{(s)}$ 为数值型变量，则（4.23）～（4.26）式中的 $x_{ji}^{(s)}$ 或 $\tilde{x}_{ji}^{(s)}$ 的数据可直接采用文献调查或实地调查数据；如果测评变量 $\boldsymbol{X}^{(s)}$ 或 $\widetilde{\boldsymbol{X}}^{(s)}$ 为属性（模糊）变量，则 $x_{ji}^{(s)}$ 或 $\tilde{x}_{ji}^{(s)}$ 的数据必须通过百分制赋值换算处理，计算方法同（4.13）式。

（4）评判决策单元的有效性

依据 C^2R 模型理论和 C^2GS^2 模型理论，原问题线性规划模型（P）与对偶线性规划模型（D）都存在最优解。对评判决策单元有效性的判断，A. Charnes，W. W. Cooper，B. Golany 和 J. Stutz 等人得出以下结论。假设它们的最优解分别为 $h_{i_0}^*$ 与 θ^*，则 $h_{i_0}^* = \theta^* \leq 1$。

1）依据原问题线性规划模型（P）最优解来评判。①若 $h_{i_0}^* = 1$，$\omega^* > 0$，$\mu^* > 0$，则决策单元 DMU_{i_0} 具有 DEA 有效性；②若 $h_{i_0}^* = 1$，$\omega^* = 0$ 或 $\mu^* > 0$，则决策单元 DMU_{i_0} 具有弱 DEA 有效性；③若 $h_{i_0}^* < 1$，则决策单元 DMU_{i_0} 不具有 DEA 有效性。

2）依据对偶问题线性规划模型（D）最优解 θ^* 来评判。①若 $\theta^* = 1$，$s^{*+} = 0$，$s^{*-} = 0$，则决策单元 DMU_{i_0} 具有 DEA 有效性；②若 $\theta^* = 1$，$s^{*+} = 0$，$s^{*-} > 0$，则决策单元 DMU_{i_0} 具有弱 DEA 有效性，即具有技术有效性，但不具有规模有效性；③若 $\theta^* = 1$，$s^{*+} > 0$，$s^{*-} = 0$，则决策单元 DMU_{i_0} 具有弱 DEA 有效性，即具有规模有效性，但不具有技术有效性；④若 $\theta^* < 1$，则决策单元 DMU_{i_0} 不具有 DEA 有效性。

3）依据对偶问题线性规划模型（D）最优解 λ_i^* 来评判。①若 $\sum_{i=1}^{n} \lambda_i^* = 1$，则决策单元 DMU_i 具有规模效益不变的性质；②若 $\sum_{i=1}^{n} \lambda_i^* < 1$，则决策单元 DMU_i 具有规模效益递增的性质；③若 $\sum_{i=1}^{n} \lambda_i^* > 1$，则决策单元 DMU_i 具有规模效益递减的性质。

数据包络分析应用范围日益扩大，目前，DEA 已成为管理领域、系统工程领域、社会经济领域的重要分析工具。并且，随着对数据包络分析理论研究的不断深入和拓展，DEA 理论和模型不断深化、完善。

模糊层次线性加权综合测评模型是线性加权综合评价模型与百分制赋值模糊层次加权综合测评模型的集成，模糊层次主成分分析测评模型是主成分分析测评模型与百分制赋值模糊层次加权综合测评模型的集成，模糊层次数据包络分析测评模型是数据包络分析测评模型与百分制赋值模糊层次加权综合测评模型的集成。这些综合多种模型（方法）优点的集成模型（方法），在综合评价理论及其应用方面值得深入研究和大力推广。

4.6 技术创新综合测评模型的比较与选择

4.6.1 综合测评模型的比较

在搜索相关文献的过程中,笔者发现,有很多技术创新测评的实际工作者,抓到测评方法就上,不管此测评方法是否适用其考评对象和考评内容。不适用的测评方法必定带来不合理的测评结果,这样,就难免导致不科学甚至错误的决策。同时,也有不少技术创新测评方法的应用研究者,针对某类研究主题,选用或构造某一测评模型,然后用个别案例来证实或验证该测评方法的有效性和科学性,而对该测评方法特性(如精确性、实用性、广泛性等)却"讳莫如深",使广大的实际工作者束手无策。这样,一方面,难免导致其研究成果"高高挂起"或"自我欣赏";另一方面,其选用或构造的测评模型的有效性和科学性也值得怀疑。要恰如其分地、有效地应用或构造技术创新测评模型,使测评结果有效地指导技术创新活动,则不仅必须熟悉被测评对象特性及测评的目的、任务等,还要深入研究不同测评模型(方法)的逻辑思路、形式特征、适用范围等。本书针对相关文献中应用次数较多的4种常用的技术创新综合测评模型和本书构造的4种技术创新集成综合测评模型,就其对测评变量的要求、测评能力、综合测评结果的状况等,进行了较为深入细致的研究、分析和比较,见表4.2。

从表4.2可以看出,8种技术创新测评模型都有自己的适用场合和优缺点。

(1) 线性加权综合测评常用模型

主要优点:操作简单,能同时测评多个被评对象的综合评价值,容易被实际应用者接受并广泛推广;排序性强,能达到对不同技术创新主体综合能力对比分析的目的。主要缺点:对属性测评变量未作定量化处理,不利于对带属性测评变量的测评对象进行分析;对复杂评价系统未测评其各层次的技术创新能力,不利于对技术创新复杂系统进行分析;对变量间的相关性未作独立化处理,使测评结果存在信息重叠性问题,不能较好地反映测评对象的实际技术创新水平。因此,线性加权综合测评常用模型只能适用于测评变量间相互独立的、不带属性测评变量的、单层次的测评对象。

(2) 模糊综合测评常用模型

主要优点:对边界不清的、不确定的属性测评变量定量化,使带有属性测评变量的技术创新主体的测评工作能顺利开展,这也是模糊综合测评方法最大的优点;操作简单,容易被实际应用者理解和采纳。主要缺点:必须对数值型测评变量值等级化处理,使本来清晰、精确的数据变得"模糊"起来,人为地加大了测评结果与实际结果的误差;以最大隶属原则判定被评对象的评价等级不太科学,使本来"模糊"的评价等级变得更加模糊;以等级排序来评判被测评对象技术创新

表 4.2 各技术创新综合测评模型特点的分析和比较

模型类型	模型对测评变量的要求							多模型的集成化	操作的难易性	测评复杂系统的能力	同时测评多个单元的能力	多层综合评价值	排序性	综合评价结果
	属性测评变量值定量化处理	数值型测评变量值等级化处理	一致性处理	标准化处理	独立性要求	是否赋权重	独立性处理							
线性加权综合测评常用模型	无	无	必须	必须	独立	必须	未处理	无	容易	较弱	有	无	很强	一定程度上反映,但存在信息重叠问题
模糊综合测评常用模型	有	有	必须	必须	独立	必须	未处理	无	较易	较弱	无	无	较弱	一定程度上模糊反映,但存在信息重叠问题
百分制赋值模糊层次加权综合测评模型	有	有	必须	必须	独立	必须	未处理	有	较易	较强	无	有	较强	比常用的模糊综合测评值更精确,但也存在信息重叠问题
模糊层次线性加权综合测评模型	有	无	必须	必须	独立	必须	未处理	有	一般	较强	有	有	较强	基本上反映,但存在信息重叠问题
主成分分析测评常用模型	无	无	必须	必须	相关	不必	处理	无	一般	较弱	有	无	很强	一定程度上反映,但存在信息折损问题
模糊层次主成分分析测评模型	有	无	必须	必须	相关	不必	处理	有	一般	较强	有	有	较强	基本上反映,但存在信息折损问题
数据包络分析测评原始模型	无	无	不必	不必	—	—	不必	无	较易	很强	有	无	很弱	反映相对有效性,但不反映实际水平
模糊层次数据包络分析测评模型	有	无	不必	不必	—	—	不必	有	一般	很强	有	有	很弱	反映相对有效性,但不反映实际水平

注:表中"—"表示对测评变量间的"独立性"及对测评变量的作用程度"是否赋权重"不作要求。

能力的强弱，排序性较差，且同一评价等级内被评对象技术创新能力的高低无法排序；对复杂评价系统未测评其各层次的技术创新能力，不利于对技术创新复杂系统进行分析；对测评变量间的相关性未作独立化处理，使测评结果存在信息重叠性问题，不能较好地反映测评对象的实际技术创新水平。因此，模糊综合测评常用模型只能适用于测评变量间相互独立的、不带数值型评价变量的、测评对象的各评价等级比重悬殊的、单层次的测评对象。

（3）**百分制赋值模糊层次加权综合测评模型**

它与模糊综合测评常用模型的优缺点大部分相同，但它应用层次分析理论和百分制赋值方法，对模糊综合测评常用模型进行了修正和完善，很好地弥补了常用模型致命的缺陷。即，以百分制赋值加权确定评价等级，纠正了模糊综合测评常用模型"定级"的不合理性，缩小了测定结果与实际水平的误差，并增强了综合评价结果的排序能力；对研究或考评对象的各层测评变量值以百分制赋值进行加权综合测定，有利于对技术创新复杂系统进行分析；对测评变量间的相关性未作独立化处理，使测评结果存在信息重叠性问题，不能较好地反映测评对象的实际技术创新水平。因此，从数理的角度来看，百分制赋值模糊层次加权综合测评模型适用于测评变量间相互独立的、不带数值型测评变量的、单层次的或多层次的测评对象。

（4）**主成分分析测评常用模型**

主要优点：对测评变量间的相关关系进行独立化处理，使其变成两两独立的变量，既消除了综合评价结果信息重叠问题，又降低了测评变量维数，在一定程度上减少了测评问题的复杂性和工作量，这是主成分分析测评的最大优点；能同时测评多个单元的技术创新能力，且排序性很强，有利于对不同测评单元进行比较分析；在测评变量的独立性处理过程中，测评变量权数也随之确定，从而避免了人为赋权的主观偏差。主要缺点：对属性测评变量未作定量化处理或过于粗略，不利于对带属性测评变量的测评对象进行分析；对复杂评价系统未测评其各层次的技术创新能力，不利于对技术创新复杂系统进行分析；在对测评变量间的相关性作独立化处理及对原始测评变量降维处理的同时，测评变量原始信息也有所损耗，其综合评价结果也不能较好地反映测评对象的实际水平。因此，主成分分析测评常用模型只适用于测评变量间具有相关关系的、不带属性测评变量的、单层次的测评对象。

（5）**数据包络分析测评原始模型**

主要优点：对测评变量的独立性及测评变量数据的类型、度量没有要求，不必对数据进行一致化、标准化及独立化处理，不必事先对测评变量权重赋值，使测评工作变得简便易行；能同时测评多个单元的技术创新能力的有效性。主要缺点：对属性测评变量未作定量化处理或过于粗略，不利于对带属性测评变量的测评对象进行分析；未对复杂评价系统各层次测评变量的技术创新能力进行测定，不利于对技术创新复杂系统进行分析；在对测评变量数据"通融、放行"的同时，其综合测定结果只是个相对值，而并不反映被评对象的实际水平，且综合测评结果排序性很差。因此，数据包络分析测评原始模型只适用于对评价结果排序要求不高的、不带属性测评变量的、单层次的测评对象。

（6）模糊层次线性加权综合测评模型

它是百分制赋值模糊层次加权综合测评模型与线性加权综合测评常用模型的集成和创新，既拥有这两种模型所有的优点，又在很大程度上弥补了这两种模型的缺陷和不足。但是，对测评变量间的相关性未作独立化处理，测评变量间存在信息重叠性的问题得不到解决，其测定结果只是实际水平的接近。因此，从数理的角度来看，它适用于测评变量间相对独立的、单层次的或多层次的测评对象。

（7）模糊层次主成分分析测评模型

它是百分制赋值模糊层次加权综合测评模型与主成分分析测评常用模型的集成和创新，既具备这两种模型所拥有的优点，又大大地弥补了这两种模型的缺陷和不足。但是，在它对测评变量间的相关性作独立化处理及对变量降维处理的同时，测评变量的原始信息有所损耗，其测定结果也只是实际水平的接近。因此，从数理的角度来看，它适用于测评变量间具有相关关系的、单层次的或多层次的测评对象。

（8）模糊层次数据包络分析测评模型

它是百分制赋值模糊层次加权综合测评模型与数据包络分析测评原始模型的集成和完善，既综合了这两种模型所拥有的优点，又一定程度上地弥补了这两种模型的缺陷和不足。但是，它的综合测评结果仍只是个相对值，并不能反映被评对象的实际水平，且排序性很差。因此，它只适用于对评价结果排序性要求不高的、单层次的或多层次的测评对象。

4.6.2 综合测评模型的选择

由表4.2及以上比较可以看出，不同的技术创新测评模型对测评变量的要求以及模型的测评能力、测评结果的情况各不相同。因此，不同的技术创新测评模型适应不同的测评对象和不同的测评要求。从技术创新的过程性、系统性、复杂性来看，其技术创新能力是由多因素、多层次构成的，每一个因素都反映技术创新一个方面的能力，每一层次单因素评价都是低一层次的多因素综合评价；其测评变量既有数值型的，又有属性型的。由此可见，以上8种技术创新综合测评模型中的模糊层次线性加权测评模型、模糊层次主成分分析测评模型、模糊层次数据包络分析测评模型比较适合应用于测评复杂的企业技术创新的综合能力。但是，应用模糊层次数据包络分析测评模型对企业技术创新能力进行测定，只能测定企业技术创新能力的相对有效性，不能反映企业的实际技术创新水平；且其排序性很差，不能很好地满足测评要求和目的。因此，本书选用两种较为"优秀"的模糊层次线性加权综合测评模型和模糊层次主成分分析测评模型,作为中小工业企业技术创新测评的应用模型。

特别申明的一点是,在测评某被测评对象某方面综合能力(绩效)时,其数理要求并不像计量经济学的数理要求那样严格。因此,在本书应用模糊线性层次加权综合测评模型时,将放宽测评变量间相互独立的条件,其测评结果固然会导致信息有所重叠,却基本上反映了企业技术创新能力的实际水平,而并不影响不同企业间技术创新能力的比较和分析。另外,在应用模糊层次主成分分析测评模型时,将对测评变量间的相关关系进行独立化处理,其测评结果虽然会导致信息有所损失,但也能基本上反映企业技术创新能力的实际水平,而不会影响对不同企业间技术创新能力的评价。

特别申明的另一点是,任何综合测评方法或测评模型都不是十全十美的,都有其优势的一面,也有其不足的一面;任何一种综合测评模型的测评结果都不可能等于被评对象真实的结果。本书对技术创新测评常用模型进行修正或创新目的在于:力求使测评出来的企业技术创新能力逼近其真实能力,力求使测评出来的不同的企业间技术创新能力便于比较和分析,力求使测评操作过程简便易行。

4.7 小结

本章主要对技术创新测评模型进行了研究、分析和比较。

1)简述了层次分析理论。层次分析理论是一种多目标决策分析方法。它将复杂决策问题的有关因素分解成若干层,构建了一个梯阶层次结构模型,然后在此基础上对决策问题进行层次化、数量化的深入系统分析,使人们的思维逻辑层次化、数学化,为定量分析复杂的决策问题提供了一种系统、灵活、简洁的方法。

2)简述了技术创新测评常用模型的基本理论,包括线性加权综合测评常用模型理论、主成分分析测评常用模型理论、模糊综合测评常用模型理论、数据包络分析测评原始模型理论等。

3)依据层次分析理论、模糊综合测评理论及技术创新测评原则等,构造了百分制赋值模糊层次加权综合测评模型,并阐述了其运用的基本逻辑框架和基本方法与步骤。百分制赋值模糊层次加权综合测评模型很好地弥补了模糊综合测评常用模型致命的缺陷,从数理上来看,它适用于测评变量间相互独立的、不带数值型测评变量的、单层次的或多层次的测评对象。

4)依据百分制赋值模糊层次加权综合测评模型理论和线性加权综合测评常用模型理论,构造了模糊层次线性加权综合测评模型,并阐述了其运用的基本逻辑框架和基本方法与步骤。模糊层次线性加权综合测评模型在很大程度上弥补了线性加权综合测评常用模型的不足,从数理上来看,它适用于测评变量间相互独立的、单层次的或多层次的测评对象。

5）依据百分制赋值模糊层次加权综合测评模型理论和主成分分析测评常用模型理论，构造了模糊层次主成分分析测评模型，并阐述了其运用的基本逻辑框架和基本方法与步骤。模糊层次主成分分析测评模型大大弥补了主成分分析测评常用模型的不足，从数理上来看，它适用于测评变量间具有相关关系的、单层次的或多层次的测评对象。

6）依据百分制赋值模糊层次加权综合测评模型理论和数据包络分析测评原始模型理论，在数据包络分析原始测评模型的基础上，构建了模糊层次数据包络分析测评模型，并阐述了其运用的基本逻辑框架和基本方法与步骤。模糊层次数据包络分析测评模型在一定程度上弥补了数据包络分析测评原始模型的不足，它适用于对评价结果排序性要求不高的、单层次的或多层次的测评对象。

7）从测评模型对测评变量的要求、测评能力、测评结果状况，以及测评模型的优缺点、适用场合等出发，比较和分析了线性加权综合测评常用模型、模糊综合测评常用模型、主成分分析测评常用模型、数据包络分析测评原始模型、百分制赋值模糊层次加权综合测评模型、模糊层次线性加权综合测评模型、模糊层次主成分分析测评模型、模糊层次数据包络分析测评模型等8种企业技术创新测评模型，选择了优点最多的模糊层次线性加权综合测评模型和模糊层次主成分分析测评模型，作为本书中小工业企业技术创新测评的应用模型。

5 技术创新模糊层次线性加权综合测评模型在中小工业企业的应用

5.1 中小工业企业的界定

工业企业是从事工业品生产的、自主经营和自负盈亏的经济实体。中小工业企业是个相对的、动态的概念。对中小工业企业的界定,不同国家(地区)各有不同(见表5.1);同一国家不同时期有所变化(见表5.2);同一国家同一时期,不同行业的划分标准也有所不同(见表5.3～5.5)。各国对中小工业企业界定有定量和定性两种标准。定量标准主要根据雇员人数、企业资本或企业资产、企业年营业额或营业收入的多少,来对中小工业企业进行界定,只是有些国家采用的是单一标准,有些国家采用的是复合标准;定性标准主要根据企业经营的独立性、自主性、市场占有性等方面的情况,来对中小工业企业进行界定。定量标准具有直观的、简单明了的、便于定量分析的优点,但有时缺乏灵活性;定性标准具有灵活性、通用性的优点,但标准本身有些模糊,不便作定量分析。如果两者结合起来,将帮助政府加深对本国经济发展状况特别是经济结构的认识,更有效地扶持中小企业,弥补市场的缺陷,保证企业间的公平竞争,进而提高社会的整体效率(杨栩,2007)。因此,中小工业企业界定的定性标准往往作为定量标准的附加标准而加以使用(见表5.3)。

中国对中小工业企业的界定先后经过几次调整。新中国成立初期曾按固定资产价值划分企业规模。1962年改为按人员标准对企业规模进行划分,3 000人以上的为大型工业企业,500～3 000人之间的为中型工业企业,500人以下的为小型工业企业。1978年,原国家计委发布的《关于基本建设项目的大中型企业划分标准的规定》,把划分企业规模的标准改为"年综合生产能力"。1988年对1978年的标准进行修改和补充,按不同行业的特点进行了不同的划分,将企业规模将企业规模分为特大型、大型(分为大一、大二两类)、中型(分为中一、中二两类)和小型四类六档,当时中小企业一般指中二类和小型企业。1992年又对1988年的划分标准作了补充,增加了对市政公用工业、轻工业、电子工业、医药工业和机械工业中的轿车制造企业的规模划分。1999年再次修改,将销售收入和资产总额作为主要考察指标,分为特大型、大型、中型、小型四类,其中年销售收入和资产总额均在5亿元以下、5 000万元以上的为中型企业,年销售收入和资产总额均在5 000万元以下的为小型企业,参与划型的企业范围原则上包括所有行业各种所有制形式的工业企业(国务院,1992;林汉川,2006)。

2003年,原国家经贸委、原国家发展计划委员会、财政部、国家统计局根据2002年国务院制定的《中华人民共和国中小企业促进法》(国务院,2002),联合研究出台了《中小企业标准暂行规定》。这是中国中小企业划分的最新标准,它是按企业的职工人数、销售额和资产总额三个标准,并结合行业特点划分企业规模的(国家经贸委、国家发展计划委员会等,2003),见表5.4。

2011年6月,工业和信息化部、国家统计局、国家发展和改革委员会、财政部联合印发了新的《中小企业划型标准规定》(见表5.5)。它重新界定了企业范围,明确了统计分类,对分析中小企业情况,出台支持小型和微型企业发展的相关政策措施等都将起到非常重要的作用。

本书中小工业企业的范围与表5.4一致,即职工人数在2 000人以下或销售额在3亿元以下或资产总额在4亿元以下的工业企业。

表5.1 亚洲部分国家和地区对中小工业企业划分的定量标准

国家和地区	定量界定
日本	雇员人数在300人以下或资本金在3亿日元以下
韩国	雇员人数在300人以下或资产总额在5亿韩元以下
新加坡	固定资产额在1 000万新元以下
中国台湾地区	资本金在4 000万元新台币以下,总资产额在1.2亿新台币以下

资料来源:林汉川,魏中奇.中小企业的界定与评价.中国工业经济,2000 (7).

表5.2 日本不同时期中小工业企业的界定标准

1999年	从业人员在300人以下或资本额在3亿日元以下
1963年	从业人员在300人以下或资本额在1亿日元以下
1950年	从业人员在300人以下或资本额在1 000万日元以下
1946年	从业人员在200人以下
1940年	从业人员在100人以下

资料来源:林汉川.中国中小企业创新与持续发展.上海:上海财经大学出版社,2006;153-156.

表 5.3 部分国家对中小工业企业划分的定性和定量标准

国家	定量标准	定性标准
美国	一般行业从业人员在 500 人以下，计算机制造业在 1 000 人以下，航空制造业在 1 500 人以下	独立所有 自主经营 在行业中不占垄断地位
德国	雇用人数在 499 人以下，年销售收入在 1 亿德国马克以下	独立所有 所有权和经营权统一 对企业进行个人或家庭式管理 非其他企业的下属单位 不能在市场直接融资 经营者自担风险
英国	从业人员在 200 人以下	市场份额较小 所有者依据市场判断进行经营 所有者（经营者）独立于外部支配

资料来源：林汉川，魏中奇．中小企业的界定与评价．中国工业经济，2000（7）．

表 5.4 中国中小型企业划分标准

	中小型企业			中型企业		
	职工人数	销售额	资产总额	职工人数	销售额	资产总额
工业	2 000 人以下	3 亿元以下	4 亿元以下	300 人以上	0.3 亿元以上	0.3 亿元以上
建筑业	3 000 人以下	3 亿元以下	4 亿元以下	600 人以上	0.3 亿元以上	0.3 亿元以上
零售业	500 人以下	1.5 亿元以下		100 人以上	0.1 亿元以上	
批发业	200 人以下	3 亿元以下		100 人以上	0.3 亿元以上	
交通运输业	3 000 人以下	3 亿元以下		500 人以上	0.3 亿元以上	
邮政业	1 000 人以下	3 亿元以下		400 人以上	0.3 亿元以上	
住宿和餐饮业	800 人以下	1.5 亿元以下		400 人以上	0.3 亿元以上	

注：表中空白部分表示未作要求。

资料来源：国家经贸委，国家发展计划委员会等．中小企业标准暂行规定（2003 年）．http：// www.chinazfxx.com/zcfg/display.asp /html 21K 2007－11－15.

表5.5　中国中小微型企业最新划分标准

行业	认定范围	类型	营业收入/元	从业人员	资产总额/元
农林牧渔业	营业收入小于2亿元	中型	2亿>营业收入≥500万		
		小型	500万>营业收入≥50万		
		微型	营业收入<50万		
工业企业	营业收入小于4亿元或从业人员小于1 000人	中型	4亿>营业收入≥2 000万	1 000人>从业人员≥300人	
		小型	2 000万>营业收入≥300万	300人>从业人员≥20人	
		微型	营业收入<300万	从业人员<20人	
建筑业	营业收入小于8亿元或资产总额小于8亿元	中型	8亿>营业收入≥6 000万		8亿>资产总额≥5 000万
		小型	6 000万>营业收入≥300万		5 000万>资产总额≥300万
		微型	营业收入<300万		资产总额<300万
批发业	营业收入小于4亿元或从业人员小于200人	中型	4亿>营业收入≥5 000万	200人>从业人员≥20人	
		小型	5 000万>营业收入≥1 000万	20人>从业人员≥5人	
		微型	营业收入<1 000万	从业人员<5人	
零售业	营业收入小于2亿元或从业人员小于300人	中型	2亿>营业收入≥500万	300人>从业人员≥50人	
		小型	500万>营业收入≥100万	50人>从业人员≥10人	
		微型	营业收入<100万	从业人员<10人	
交通运输业	营业收入小于3亿元或从业人员小于1 000人	中型	3亿>营业收入≥3 000万	1 000人>从业人员≥300人	
		小型	3 000万>营业收入≥200万	300人>从业人员≥20人	
		微型	营业收入<200万	从业人员<20人	
仓储业	营业收入小于3亿元或从业人员小于200人	中型	3亿>营业收入≥1 000万	200人>从业人员≥100人	
		小型	1 000万>营业收入≥100万	100人>从业人员≥20人	
		微型	营业收入<100万	从业人员<20人	

续表 5.5

行业	认定范围	类型	营业收入/元	从业人员	资产总额/元
邮政业	营业收入小于 3 亿元或从业人员小于 1 000 人	中型	3 亿 > 营业收入 ≥ 2 000 万	1 000 人 > 从业人员 ≥ 300 人	
		小型	2 000 万 > 营业收入 ≥ 100 万	300 人 > 从业人员 ≥ 20 人	
		微型	营业收入 < 100 万	从业人员 < 20	
住宿业	营业收入小于 1 亿元或从业人员小于 300 人	中型	1 亿 > 营业收入 ≥ 2 000 万	300 人 > 从业人员 ≥ 100	
		小型	2 000 万 > 营业收入 ≥ 100 万	100 人 > 从业人员 ≥ 10 人	
		微型	营业收入 < 100 万	从业人员 < 10 人	
餐饮业	营业收入小于 1 亿元或从业人员小于 300 人	中型	1 亿 > 营业收入 ≥ 2 000 万	300 人 > 从业人员 ≥ 100 人	
		小型	2 000 万 > 营业收入 ≥ 100 万	100 人 > 从业人员 ≥ 10 人	
		微型	营业收入 < 100 万	从业人员 < 10 人	
信息传输业	营业收入小于 10 亿元或从业人员小于 2 000 人	中型	10 亿 > 营业收入 ≥ 1 000 万	2 000 人 > 从业人员 ≥ 100 人	
		小型	1 000 万 > 营业收入 ≥ 100 万	100 人 > 从业人员 ≥ 10 人	
		微型	营业收入 < 100 万	从业人员 < 10 人	
软件和信息服务业	营业收入小于 1 亿元或从业人员小于 300 人	中型	1 亿 > 营业收入 ≥ 1 000 万	300 人 > 从业人员 ≥ 100 人	
		小型	1 000 万 > 营业收入 ≥ 50 万	100 人 > 从业人员 ≥ 10 人	
		微型	营业收入 < 50 万	从业人员 < 10 人	
房地产开发经营业	营业收入小于 20 亿元或资产总额小于 1 亿元	中型	20 亿 > 营业收入 ≥ 1 000 万		1 亿 > 资产总额 ≥ 5 000 万
		小型	1 000 万 > 营业收入 ≥ 100 万		5 000 万 > 资产总额 ≥ 2 000 万
		微型	营业收入 < 100 万		资产总额 < 2 000 万

续表 5.5

行业	认定范围	类型	营业收入/元	从业人员	资产总额/元
物业管理业	营业收入小于5 000万元或从业人员小于1 000人	中型	5 000万＞营业收入≥1 000万	1 000人＞从业人员≥300人	
		小型	1 000万＞营业收入≥500万	300人＞从业人员≥100人	
		微型	营业收入＜500万	从业人员＜100人	
租赁和商务服务业	资产总额小于12亿元或从业人员小于300人	中型		300人＞从业人员≥100人	12亿＞资产总额≥8 000万
		小型		100人＞从业人员≥10人	8 000万＞资产总额≥100万
		微型		从业人员＜10人	资产总额＜100万
其他未列明行业	从业人员小于300人	中型		300人＞从业人员≥100人	
		小型		100人＞从业人员≥10人	
		微型		从业人员＜10人	

注：①划分企业类型时其下限必须同时满足两个条件，上限至少满足一个条件，农林牧渔业与其他未列明行业除外；空白部分表示未作要求。②资料来源于工业和信息化部网站；中央政府门户网站 www.gov.cn，2011 年 7 月 4 日。

5.2 中小工业企业技术创新测评变量体系的构建

5.2.1 测评变量构建的原则

本书认为，构建中小工业企业技术创新测评变量应遵循的基本原则主要有以下四条。

（1）目的性原则

构建的测评变量必须符合中小工业企业技术创新测评的目的：一是要有利于测评者及被测评者了解和把握企业技术创新能力状况，分析影响企业技术创新的因素，以便制定有效的技术创新措施；二是要有利于测评者对各被测评的企业进行对比分析，鼓励先进，鞭策后进，引导企业朝着有利于提高其技术创新能力的方向努力。测评变量的设计不能偏离这两大目的，否则，测评结果再精确，也是毫无意义的。

（2）系统性原则

中小工业企业技术创新测评变量设计的系统性原则主要体现在如下两个方面：一是整体性。综合测评实质上是对所有测评变量信息的"综合"，它是从总体上对中小工业企业技术创新能力的高度概括和抽象总结，而总体中每一个测评变量信息又是其综合结果的一个视角。因此，每一个测评变量的设计都应该服从其整体性，每一个测评变量都是整体中的一名"成员"，有机地配合并发挥其应有的作用。二是层次性。中小工业企业技术创新活动、过程及结构比较复杂，且牵涉多方面的内容，为了从不同结构、不同内容上清楚认识和深入分析其技术创新状况，挖掘影响其技术创新能力的具体因素，其测评变量的设计应分层次进行，从而形成具有结构分明的测评变量体系，使各层次的测评结果达到对测评对象系统的层次化的描述。

（3）独立性原则

在中小工业企业复杂的技术创新中，所构建的测评变量之间完全互相独立，即各测评变量所包含的信息完全不重叠、不交错，是不可能的。但是，在系统性原则的基础上，尽量使测评变量间相对独立，是可以做到的。选择不同的测评模型，对变量间相互独立性的要求是不同的：模糊层次线性加权综合测评模型对测评变量间的相关关系未作处理，因此其对测评变量间的独立性要求高；模糊层次主成分分析测评模型对测评变量间的相关关系将作独立化处理，因此其对原始测评变量的独立性不作要求或可以放松要求。但是，为了测评变量体系的"简明精干"，不管测评模型对测评变量是否有独立性要求，在设计每个测评变量时，都必须尽量兼顾测评变量间的相互独立性。

（4）可操作性原则

中小工业企业技术创新测评变量设计的可操作性原则主要体现在如下三个方面：一是测评变量值的可获取性。测评变量在相应的测评模型中的信息体现，实际上就是其量化数据（变量值），因此，在设计每个测评变量时，都必须考虑其数值是否能够通过文献调查或实地调查取得。否则，再"优质"、再"深刻"的测评变量，都将会变得毫无现实意义。二是可比性。中小工业企业技术创新测评结果是用来在寻找差距与不足、分析优势与劣势、总结经验与教训时作比较分析的，即其测评结果应该能用来作时序比较分析或区域比较分析或不同部门、不同产业、不同企业间的横向比较分析，在设计测评变量时，应注意其时空的可比性、纵横向的可比性。三是简明性。在顾及系统、整体、层次的同时，构建测评变量体系应力求简洁、直观，变量个数不必追求过多，具体变量不必过细，变量语义不必过于复杂，尽量使测评变量体系简明扼要、直观明了，增强测评模型的可操作性。

5.2.2 测评变量体系的构建

中小工业企业技术创新综合测评是对其测评变量信息的综合，不同的测评变量有着不同的测评结果。构建什么样的测评变量，直接影响综合测评结果能否正确刻画企业的技术创新水平。在遵循一些基本原则的前提下，全面、系统、深入地分析中小工业企业技术创新的内容、规律、特点、形式等，构建合理的测评变量，是应用技术创新测评模型精确测评中小工业企业技术创新能力首先面临的问题。

本书从技术创新能力的含义、技术创新过程理论、测评变量构建的原则等方面入手，将中小工业企业的技术创新能力的构成分解为技术创新的投入能力、产出能力、管理能力、营销能力，以及中小工业企业内部环境与条件、中小工业企业外部环境与条件六个方面，且这六个方面交互作用，相互推动和促进，如图5.1所示。

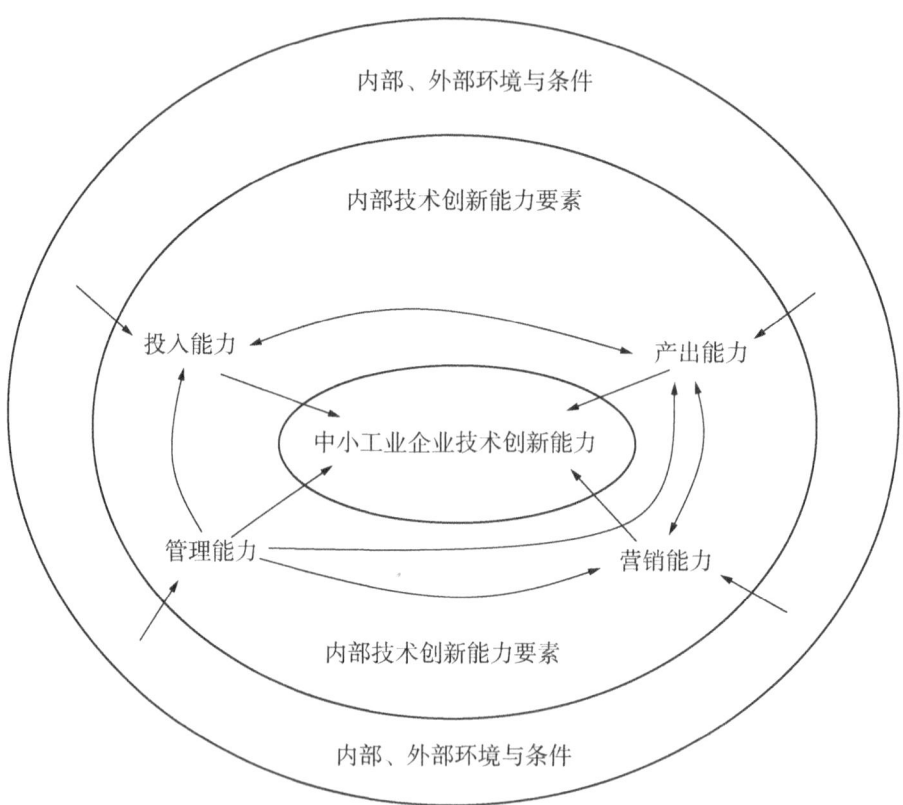

图5.1 中小工业技术创新能力构成要素及其交互作用

以下对中小工业企业技术创新各项能力的内涵进行简要概述。

（1）技术创新投入能力

技术创新投入能力是指中小工业企业技术创新活动过程中所需的经费投入能力、人员投入能力，它是启动和维持技术创新的基本条件。经费投入能力是指中小工业企业在技术设计、技术开发研究、新产品或新工艺生产准备、新产品或新工艺批量生产等创新活动中所需资金的筹集能力和运作能力；人员投入能力是指中小工业企业在整个技术创新活动中所需要的技术设计人员、技术研发人员、新产品或新工艺试制人员、新产品或新工艺批量生产的技术指导人员的招募、培训、调配的能力。

因此,技术创新投入能力可由如下具体变量来测定:人均 R&D 经费投入、R&D 人员投入比重、人均非 R&D 技术创新经费投入。

人均 R&D 经费投入 = R&D 投入经费／职工总人数

R&D 人员投入比重 =（R&D 投入人员／职工总人数）×100%

人均非 R&D 技术创新经费投入 =（技术引进支出 + 技术改造支出 + 新产品生产准备费用 + 为生产新产品或应用新工艺发生的培训费用 + 新产品的市场调研和广告费用）／职工总人数

以上3个测评变量均为数值型变量。

(2) 技术创新产出能力

技术创新产出能力是指中小工业企业将研究开发结果转化为符合设计要求的可批量生产新产品的能力,它是企业实现创新经济效益和社会效益的物质基础,主要包括新产品或新工艺试制能力、新产品或新工艺产出能力和配套能力,并具体体现在生产装备水平、人员技术水平、工艺设计水平上;新产品或新工艺试制能力是指新产品或新工艺试制所需的仪器、设备、工具、材料的准备和运用能力;新产品或新工艺产出能力是指厂房、设备的新产品或新工艺制造能力与实施能力,及对产品质量的保证能力;配套能力是指原材料、零配件、部件的协调和配置能力,改善工作环境和生态环境能力,提高工作效益能力等。

技术创新产出能力可分为生产产出能力和绩效产出能力。生产产出能力可由如下具体变量来测定:生产设备技术水平、现代制造技术采用水平、生产及产品标准化水平、工人素质状况等;绩效产出能力可由如下具体变量来测定:新产品销售比重、新产品出口比重、千人专利与技术成果、提高产品质量水平、降低生产成本水平、减少环境污染与改善工作环境水平等。新产品销售比重、新产品出口比重、专利与技术成果强度为数值型测评变量,其余为属性（模糊）测评变量。这两种不同类型的数据,其搜集的渠道也有所不同,数值型测评变量值可根据中小工业企业统计报表或其他相关文献有关数据计算;属性测评变量值则只能通过实地问卷调查综合中小工业企业各有关部门或有关人士的定值而取得。

新产品销售比重 =（新产品销售收入/销售总收入）×100%

新产品出口比重 =（新产品出口额/产品出口总额）×100%

千人拥有的专利与技术成果项数 =（专利与技术成果总数/职工总人数）×1000

(3) 技术创新管理能力

技术创新管理能力是指中小工业企业技术创新活动中战略部署、战略决策、整体组织、安排、协调各种关系,及解决各种内外部矛盾等方面的能力,它是技术创新活动顺利进行,并取得良好收益的软件基础。具体表现在企业家及各管理层的创新思维、超前意识、创新积极性,获取技术创新信息能力,协调和解决技术创新企业内部各环节、各部门的关系和矛盾的能力,企业技术创新过程中的各项管理制度建设与创新的能力，创造和完善企业技术创新的外部条件的能力，减少企业技术创新不确定性和降低技术创新风险的能力，等等。

因此，技术创新管理能力可由如下具体变量来测定：企业家素质状况、获取技术创新信息能力、对技术创新过程的调控能力、技术创新费用的配置能力、技术创新人员的配置能力、技术创新激励机制的优劣状况。这6个变量均为属性测评变量。

（4）新产品营销能力

新产品营销能力是指中小工业企业宣传和销售新产品并使消费者认可和接受新产品的能力，它是企业技术创新的辅助能力，辅助企业技术创新成果或效益得以实现。它包括市场调研能力、市场开拓能力和新产品销售能力。市场调研能力是指对新产品市场和同类产品市场的调查、预测、鉴别及分析能力；市场开拓能力包括对新产品市场开发能力，利用企业现有市场为新产品打开销路的能力，建立新产品细分市场的能力；新产品销售能力包括建立和运作新产品营销网络、营销体系的能力，提供新产品售后服务的能力；等等。

因此，新产品营销能力可由如下具体变量来测定：新产品市场调研能力、开辟新产品销售渠道能力、建立新产品营销管理系统能力、对新产品采用先进（低成本）销售手段（方式）能力、新产品售后服务能力。这5个变量均为属性测评变量。

（5）中小工业企业内部环境与条件

中小工业企业内部环境与条件是指其能够加以控制的内部因素和能力，它是企业技术创新活动顺利有效进行的依托和载体，它为企业技术创新提供财力支撑、人员支撑、管理支撑、营销支撑等。

因此，中小工业企业内部环境与条件可由如下具体变量来测定：总资产、总产值、主营业务收入、利税率、劳动生产率、融资能力、日常事务管理能力、日常业务管理能力、人力资源配置能力、产品营销能力等。其中，总资产、总产值、主营业务收入、利税率、劳动生产率为数值型测评变量，其余为属性测评变量。

利税率 =（利税总额／销售总收入）×100%

劳动生产率 =（工业增加值／职工总人数）×100%

（6）中小工业企业外部环境与条件

中小工业企业外部环境与条件是指其无法控制的，但对其发展尤其是技术创新有影响的外部因素，它包括中小工业企业技术创新的宏观政策、公共服务设施等。良好的外部环境与条件能够促使中小工业企业技术创新健康有效地进行。

因此，中小工业企业外部环境与条件可由如下具体变量来测定：当地人均GDP、当地交通状况、当地通讯状况、当地物流状况、当地信息化水平、宏观政策支持力度、银行信贷支持力度等。当地人均GDP为数值型测评变量，可从当地统计年鉴直接获取；其余为属性测评变量。

将以上测评变量整合，则可构建一套中小工业企业技术创新测评变量体系。这个测评变量体系由 1 个目标（一级）测评变量，6 个准则（二级）测评变量，41 个方案（三级）测评变量组成，见表 5.6。一级测评变量值由二级测评变量来测定，各二级测评变量值由对应的三级测评变量来测定。

可见，中小工业企业技术创新测评变量体系是一个系统的、多层次的测评变量体系。

表 5.6　中小工业企业技术创新测评变量体系

一级测评变量	二级测评变量	三级测评变量
中小工业企业技术创新综合能力 x_i	技术创新投入能力 $x_{i1}^{(2)}$	人均 R&D 经费 $x_{i1}^{(3)}$ /（元·人$^{-1}$） R&D 人员投入比重 $x_{i2}^{(3)}$ /% 人均非 R&D 技术创新经费投入 $x_{i3}^{(3)}$ /（元·人$^{-1}$）
	技术创新产出能力 $x_{i2}^{(2)}$	生产设备技术水平 $x_{i4}^{(3)}$ * 现代制造技术采用水平 $x_{i5}^{(3)}$ * 生产及产品标准化水平 $x_{i6}^{(3)}$ * 工人素质状况 $x_{i7}^{(3)}$ * 新产品销售比重 $x_{i8}^{(3)}$ /% 新产品出口比重 $x_{i9}^{(3)}$ /% 千人拥有的专利与技术成果项数 $x_{i10}^{(3)}$ /项 提高产品质量状况 $x_{i11}^{(3)}$ * 降低产品成本状况 $x_{i12}^{(3)}$ * 减少污染与改善工作环境状况 $x_{i13}^{(3)}$ *
	技术创新管理能力 $x_{i3}^{(2)}$	企业家素质状况 $x_{i14}^{(3)}$ * 获取技术创新信息能力 $x_{i15}^{(3)}$ * 对技术创新过程的调控能力 $x_{i16}^{(3)}$ * 对技术创新费用的配置能力 $x_{i17}^{(3)}$ * 对技术创新人员的配置能力 $x_{i18}^{(3)}$ * 技术创新激励机制的优劣状况 $x_{i19}^{(3)}$ *
	新产品营销能力 $x_{i4}^{(2)}$	新产品市场调研能力 $x_{i20}^{(3)}$ * 开辟新产品销售渠道能力 $x_{i21}^{(3)}$ * 建立新产品营销管理系统能力 $x_{i22}^{(3)}$ * 对新产品采用先进（低成本）销售手段（方式）能力 $x_{i23}^{(3)}$ * 新产品售后服务能力 $x_{i24}^{(3)}$ *

续表 5.6

一级测评变量	二级测评变量	三级测评变量
中小工业企业技术创新综合能力 x_i	企业内部环境与条件 $x_{i5}^{(2)}$	总资产 $x_{i25}^{(3)}$ /万元 总产值 $x_{i26}^{(3)}$ /万元 主营业务收入 $x_{i27}^{(3)}$ /万元 利税率 $x_{i28}^{(3)}$ /% 劳动生产率 $x_{i29}^{(3)}$ /（元·人$^{-1}$） 融资能力 $x_{i30}^{(3)}$ * 日常事务管理能力 $x_{i31}^{(3)}$ * 日常业务管理能力 $x_{i32}^{(3)}$ * 人力资源配置能力 $x_{i33}^{(3)}$ * 产品营销能力 $x_{i34}^{(3)}$ *
	企业外部环境与条件 $x_{i6}^{(2)}$	当地人均 GDP $x_{i35}^{(3)}$ /（元·人$^{-1}$） 当地交通状况 $x_{i36}^{(3)}$ * 当地通讯状况 $x_{i37}^{(3)}$ * 当地物流状况 $x_{i38}^{(3)}$ * 当地信息化水平 $x_{i39}^{(3)}$ * 宏观政策支持力度 $x_{i40}^{(3)}$ * 银行信贷支持力度 $x_{i41}^{(3)}$ *

注：①表中 x_i 表示第 i 个测评企业的第 1 层测评变量；$x_{ij}^{(2)}$ 表示第 i 个测评企业的第 2 层第 j 个测评变量；$x_{ij}^{(3)}$ 表示第 i 个测评企业的第 3 层第 j 个测评变量。②打 * 号的为属性指标。

5.3 测评变量值的预处理

由于中小工业企业技术创新测评变量间类型、度量的不同，因此，通过文献调查或实地调查搜集的技术创新测评变量原始数据不能直接应用于测评模型；否则，就会出现不真实的测评结果，导致决策错误。对原始数据的预处理主要表现在三个方面：一是属性测评变量的定值处理；二是不同类型测评变量值的一致化处理；三是不同度量单位测评变量值的无量纲化处理。由表 5.6 可知，本书设计的中小工业企业技术创新测评变量均为极大型变量，其原始数据无须作一致化处理。以下对中小工业企业技术创新属性测评变量的定值方法及测评变量值的无量纲化处理方法进行阐述。

5.3.1 属性测评变量值的确定

本书所创建并加以应用的技术创新模糊层次线性加权综合测评模型和模糊层次主成分分析测评模型中,属性(模糊)测评变量值均以百分制赋值并算术加权平均而确定。其具体确定过程如下。

1) 根据调查问卷设定的模糊评价语句(等级),给每个评价等级赋予具体百分制区间值,并计算其组中值。如,对二级测评变量"技术创新管理能力"中的三级测评变量"获取技术创新信息能力",赋予评价语句(等级)向量为(极强、非常强、很强、较强、一般、较弱、很弱、非常弱、极弱),则其对应的模糊评价等级赋值向量为(9,8,7,6,5,4,3,2,1),对应的百分制等级区间向量值为(88.89~100.00,77.78~88.89,66.67~77.78,55.56~66.67,44.44~55.56,33.33~44.44,22.22~33.33,11.11~22.22,0.00~11.11),其百分制等级组中值向量为(94.44,83.33,72.22,61.11,50.00,38.89,27.78,16.67,5.56)。百分制组中值即为属性测评变量模糊评价等级所对应的百分制评价等级。若第 i 个测评对象的"获取技术创新信息能力"的问卷调查对应的模糊评价等级为"很强",则其所对应的百分制评价等级为 61.11。

2) 根据问卷调查所获取的测评变量评价等级比重向量,及其对应的评价等级百分制赋值向量,算术加权平均计算测评变量的综合评价值。若第 i 个测评对象的"获取技术创新信息能力"的评价等级比重向量为(0.0801,0.1370,0.1609,0.1782,0.1817,0.1151,0.1032,0.0432,0.0006),则其"获取技术创新信息能力"百分制加权评价值 $x_{i,15}^{(3)}$ 为:

$x_{i,15}^{(3)}$=(94.44,83.33,72.22,61.11,50.00,38.89,27.78,16.67,5.56)^T
$\otimes$(0.0801,0.1370,0.1609,0.1782,0.1817,0.1151,0.1032,0.0432,0.0006)=58.64

"58.64"可以作为第 i 个评价对象"获取技术创新信息能力"的百分制评价等级,它所对应百分制评价等级区间在 55.56~66.67 之间,由此可见,第 i 个评价对象"获取技术创新信息能力"的模糊评价等级为"较强"。

5.3.2 变量值无量纲化处理方法的比较与选择

如果把无量纲化处理后并应用于测评模型中的测评变量值称为标准化值,则可称无量纲化处理前的测评变量值为原始值或实际值。从中小工业企业技术创新各测评变量可知,很多测评变量间的度量单位是不一致的。不同度量单位的变量值是不能直接用于测评模型来对综合能力进行测定的,而必须对其进行无量纲化处理。无量纲化处理就是对不同计量单位的变量值进行标准化或规范化处理,消除计量单位对综合测评值的影响,使测评结果更加科学、合理。

(1) 常用无量纲化处理方法

无量纲化处理方法有两类:一类是线性无量纲化处理方法;一类是非线性无

量纲化处理方法。在实际运用中，一般采用线性无量纲化处理方法；而对非线性无量纲化处理方法的采用则持谨慎态度。本书认为，无量纲化处理方法选择的原则就是简单、直观、操作简便、尽量多地保留原始变量信息。本章在测评变量为极大型的条件下，对5种常用线性无量纲化处理方法进行概述。

1）标准化处理法。

标准化处理公式为：

$$(x_{ij}^{(s)})^* = \frac{x_{ij}^{(s)} - \bar{x}_j^{(s)}}{S_j^{(s)}} \tag{5.1}$$

式中：$(x_{ij}^{(s)})^*$ 表示第 i 个被评对象第 s 层第 j 个测评变量的标准化数值；$x_{ij}^{(s)}$、$\bar{x}_j^{(s)}$、$S_j^{(s)}$ 的含义与（4.16）式中的一致。

标准化处理法的主要特点有：一是利用了原始数据的所有信息；二是要求样本数据较多；三是 $(x_{ij}^{(s)})^*$ 服从均值为0、方差为1的正态分布，其标准化后的数值有正有负。

2）比重处理法。

比重处理公式为：

$$(x_{ij}^{(s)})^* = \frac{x_{ij}^{(s)}}{\sum x_{ij}^{(s)}} \tag{5.2}$$

或

$$(x_{ij}^{(s)})^* = \frac{x_{ij}^{(s)}}{\sqrt{\sum (x_{ij}^{(s)})^2}} \tag{5.3}$$

以上2个式子中的 $(x_{ij}^{(s)})^* \in (0, 1)$。

（5.2）式中的 $\sum (x_{ij}^{(s)})^* = 1$；（5.3）式中的 $\sum [(x_{ij}^{(s)})^*]^2 = 1$。因此，比重处理法又可称为归一化处理法。

比重处理法的主要特点有：一是利用了原始数据的所有信息；二是对样本数据的多少不作要求。

3）比例处理法。

比例处理公式为：

$$(x_{ij}^{(s)})^* = \frac{x_{ij}^{(s)}}{\min (x_{ij}^{(s)})} \tag{5.4}$$

或

$$(x_{ij}^{(s)})^* = \frac{x_{ij}^{(s)}}{\max (x_{ij}^{(s)})} \tag{5.5}$$

或

$$(x_{ij}^{(s)})^* = \frac{x_{ij}^{(s)}}{\bar{x}_j^{(s)}} \tag{5.6}$$

(5.6) 式中的 $\sum (x_{ij}^{(s)})^* = n$。

比例处理法的主要特点有：一是（5.4）式只利用了原始数据的极小值信息，(5.5) 式只利用了原始数据的极大值信息，(5.6) 式则利用了原始数据的所有信息；二是对样本数据的多少不作要求。

4) 极值处理法。

极值处理公式为：

$$(x_{ij}^{(s)})^* = \frac{x_{ij}^{(s)} - \min(x_{ij}^{(s)})}{\max(x_{ij}^{(s)}) - \min(x_{ij}^{(s)})} \quad (5.7)$$

式中：$(x_{ij}^{(s)})^* \in [0, 1]$。

极值处理法的主要特点有：一是只利用了原始数据的极小值和极大值信息；二是对样本数据的多少不作要求。

5) 功效系数法。

功效系数处理公式为：

$$(x_{ij}^{(s)})^* = c + \frac{x_{ij}^{(s)} - m_j^{(s)}}{M_j^{(s)} - m_j^{(s)}} \times d \quad (5.8)$$

式中：$M_j^{(s)}$，$m_j^{(s)}$ 分别表示变量 $x_j^{(s)}$ 的满意值和不容许值；c，d 均为已知的正常数，通常取 $c = 60$，$d = 40$。由此 (5.8) 式可转化成 (5.9) 式，即：

$$(x_{ij}^{(s)})^* = 60 + \frac{x_{ij}^{(s)} - m_j^{(s)}}{M_j^{(s)} - m_j^{(s)}} \times 40 \quad (5.9)$$

式中：$(x_{ij}^{(s)})^* \in [60, 100]$。

功效系数法的主要特点有：一是只利用了原始数据的满意值和不容许值信息；二是满意值和不容许值将随不同的测评变量而不同；三是对样本数据的多少不作要求。

（2）无量纲化处理方法的比较与选择

无量纲化处理方法的选择主要考虑两个方面：一是无量纲化处理方法的优劣状况；二是无量纲化处理方法的简便性和可操作性。

以上 5 种无量纲化处理方法均为线性无量纲化处理方法，具有简单、直观、操作简便的优点，且根据中小工业企业技术创新测评变量的特性，这 5 种方法均适用于对其测评变量值作无量纲化处理。现在需要做的工作就是比较这 5 种方法的优劣状况。

郭亚军（2007）设想，一个理想的线性无量纲化处理方法一般会满足以下 6 个假设：

1) 单调性，即无量纲化后的数据保留原有数据之间的序列关系。

2) 差异比不变性，即无量纲化后的数据保留原有数据之间对于某个标准量的比较关系。

3) 平移无关性，即对原始数据进行平移变换不会影响无量纲化后的结果。

4) 缩放无关性，即对原始数据进行缩小或放大变换不会影响无量纲化后的结果。

5) 区间稳定性，即对任一测评变量，其原始数据的无量纲化处理结果都处在一个确定的取值范围内。

6) 总量恒定性，即对任一测评变量，其原始数据的无量纲化处理后的标准化值之和为一个恒定常数。

郭亚军认为，同时满足上述6个性质的理想无量纲化方法是不存在的，任意一种无量纲化方法仅能满足其中的某几个性质（见表5.7）。

由表5.7可知，标准化处理法、极值处理法、功效系数法满足的性质最多。因此，这3种方法相对于其他2种方法更为优良，这也是这3种方法得到广泛运用的原因。然而，在对中小工业企业技术创新测评变量值作无量纲化处理时，究竟选用这其中的哪一种呢？

表5.7 常用线性无量纲化方法的性质比较

方法种类	单调性	差异比不变性	平移无关性	缩放无关性	区间稳定性	总量恒定性
标准化处理法	√	√	√	√	×	√
极值处理法	√	√	√	√	√	×
比重处理法	√	√	×	√	×	×或√
比例处理法	√	√	×	√	×	×或√
功效系数法	√	√	√	√	√	×

注：①符号"√"表示满足，符号"×"表示不满足；②（5.2）式的比重处理法满足总量恒定性，（5.3）式的比重处理法不满足总量恒定性；③（5.6）式的比例处理法满足总量恒定性，（5.4）式与（5.5）式的比例处理法不满足总量恒定性。

首先，放弃功效系数法。本书考虑的原因有二：第一，"满意值"和"不容许值"的确定难度大。无量纲化功效系数处理中的满意值和不容许值因测评变量不同而不同，而从5.7表可知，中小工业企业技术创新能力的二级测评变量6个，三级测评变量41个，要对每个测评变量都确定良好的满意值和不容许值，是十分不容易的；而每个不同的企业，它们的满意值和不容许值是有差异的，这使得满意值和不容许值很难统一，找到一个适合所有测评对象的满意值和不容许值也是十分艰难的。第二，主观色彩太浓。满意值和不容许值的确定，一般是专家或实际工作人员根据测评变量的性质和特点及企业具体情况来确定的，不同的人有着不同的知识背景、不同的观点、不同的偏好等，这使得满意值和不容许值的定值带有较强的主观色彩。

然后，放弃极值处理法，因为其利用原始数据的信息太少。在标准化处理法、极值处理法和功效系数法这3种方法中，极值处理法最简单、直观，且操作简便，但它利用原始数据信息太少。这不能不说是极值处理法的缺陷。

最后，选定标准化处理法。标准化处理法虽有要求较高的一面，即要求样本数据较多，导致数据搜集和数据处理等工作量加大。但是，与上述两种方法比较，它具有独特的优势：第一，充分利用了原始数据的所有信息；第二，客观性很强，避免了主观因素的影响；第三，标准化处理公式中样本均值和样本方差的计算并不麻烦。

本书选用标准化处理法对技术创新模糊层次线性加权综合测评模型中测评变量的原始数据进行无量纲化处理，还具有特别的意义，即在本书将要应用的另一测评模型——技术创新模糊层次主成分分析测评模型，其对原始数据作无量纲化处理所运用的就是标准化处理法，它是常用统计数据处理软件自带的模块。如果模糊层次线性加权综合测评模型也选用标准化处理法对原始数据进行无量纲化处理，则不同模型间的测评结果更具可比性。

5.4 测评变量赋权法的确定

权重值是测评变量在评价事物总体中的相对重要程度的量值，一般用归一化的相对数表示。权重值的确定是中小工业企业技术创新能力多变量综合测评体系的核心内容之一，它直接影响到中小工业企业技术创新能力的测评结果。

在本书选用的技术创新模糊层次主成分分析测评模型的运用中，数据处理软件会根据输入的测评变量数据自行生成测评变量的权重值；而对模糊层次线性加权综合测评模型的运用，则必须事先确定测评变量权重值。测评变量权重值确定的思路主要有两点：一是测评变量对测评总目标所起的作用程度，作用程度越大，对其所赋的权重值越大，反之则越小；二是测评变量本身所含的信息量，所含信息量越多，其自然生成的权重值就越大，反之则越小。技术创新模糊层次线性加权综合测评模型中的测评变量权重值可以通过三种方法来确定：一是德尔菲赋权法即主观赋权法；二是变异系数赋权法即客观赋权法；三是层次分析赋权法即主客观相结合赋权法。

5.4.1 德尔菲赋权法

德尔菲法（Delphi-method）是美国兰德公司在 20 世纪 50 年代以"德尔菲"为代号提出的一种向专家反复咨询、收集意见、进行预测的方法。在多指标评价体系中，德尔菲法常常用于确定评价指标的权重值。这种德尔菲赋权法又可称为专家赋权法或主观赋权法。在中小工业企业技术创新测评变量权重值的确定中，其基本步骤如下。

(1) 选择并确定专家

在德尔菲赋权法中，专家的选择与确定至关重要。专家选择的偏误，将导致其所确定的测评变量权重远离其实际作用程度。在中小工业企业技术创新测评中，测评变量权重的赋值专家选择范围应该是熟悉中小工业企业技术创新的理论研究者、企业技术创新的管理者和实践者。确定的专家数量可在 20～30 人之间。

（2）进行问卷调查

根据中小工业企业测评变量体系，制作其权重赋值问卷调查表及赋权规则，给选定的专家发送问卷调查表，使各位专家互不影响，根据测评变量对目标总体的重要程度对其赋值。值得注意的是，各位专家应该在独立的、互不干涉的情况下完成问卷调查表。

（3）计算各测评变量权重的均值

在适当的时候，收回各专家独立完成的问卷表，并根据所有专家所赋的测评变量权值，计算其平均值。

如果各测评变量的平均权值比较稳定、可靠、真实，则中小工业企业技术创新测评变量权重可直接采用第一次问卷调查的专家赋权平均值，不必反复调查、咨询、计算等；反之，则需重复第（2）、(3）步，直到专家所赋的权值满足设定目标为止。

5.4.2 变异系数赋权法

变异系数赋权法也可称为客观赋权法。客观赋权法未考虑人的主观因素，它是根据测评变量所含信息量的大小，即测评变量在总体中变异程度的大小或对其他测评变量影响程度的大小来确定测评变量的权重值。而测评变量的变异程度及测评变量间的相互影响程度，可以通过相关数据处理软件对客观的测评变量原始值或预处理值的运算，自然生成而得。

其实，变异系数赋权法是客观赋权法之一。客观赋权法依据的原理不同，则所形成的具体的赋权法也有所不同。主要有：变异系数赋权法、相关系数矩阵赋权法、主成分分析赋权法、因子分析赋权法、回归分析赋权法、判别分析赋值法、聚类分析赋值法。

相关系数矩阵赋权法、主成分分析赋权法、因子分析赋权法、回归分析赋权法均依据测评变量间的相关程度来判断其所含信息量大小。只是不同的赋值法在数据处理方法或原理上有所不同。测评变量间的相关程度越大，则其测评变量间重复信息越多，其相互替代的可能性越大，可能被替代的测评变量权重越小；反之亦然。在本书模糊层次线性加权综合测评模型应用的设计中，将放宽测评变量间相互独立的条件，也就是说，允许测评变量间重复信息的存在，不作测评变量间独立化要求。因此，以上 4 种赋权方法均不适合用来对本书所应用的技术创新模糊层次线性加权综合测评模型中的测评变量赋权。

判别分析赋值法、聚类分析赋值法是通过对测评变量的相似性进行分类，依据测评变量的相似程度，来判断其信息含量的大小。测评变量间相似性越大，则其重复信息越多，权重值越小；反之亦然。利用判别分析法、聚类分析法对多测评变量进行赋权，不但会导致综合测评结果排序性降低，而且这两种方法不适用于本书所构建的多层次中小工业企业技术创新测评变量体系。

变异系数赋权法是依据测评变量在总体中变异程度的大小来判断其信息含量的大小。即变异程度越大，其信息含量越大，权重值越大；反之亦然。根据变异系数法来确定测评变量权值，能在一定程度上使综合测评结果排序性增强，且适用于本书所构建的多层次中小工业企业技术创新测评变量体系。

变异系数法的赋权公式为：

$$\tilde{w}_j^{(s)} = \frac{S_j^{(s)}}{\bar{x}_j^{(s)}} \qquad (5.10)^{①}$$

式中：$\tilde{w}_j^{(s)}$ 表示第 s 层第 j 个测评变量权重初始值；$S_j^{(s)}$ 表示第 s 层第 j 个测评变量的样本标准差；$\bar{x}_j^{(s)}$ 表示第 s 层第 j 个测评变量的样本均值。

对 $\tilde{w}_j^{(s)}$ 作归一化处理，则可得各测评变量的目标权重值 $w_j^{(s)}$，即：

$$w_j^{(s)} = \frac{\tilde{w}_j^{(s)}}{\sum_{j=1}^{p} \tilde{w}_j^{(s)}} \qquad (5.11)$$

式中：$w_j^{(s)}$ 表示第 s 层第 j 个测评变量权重归一化值；p 表示第 s 层测评变量个数。

5.4.3 对德尔菲赋权法和变异系数赋权法的简要评述

从中小工业企业技术创新测评变量体系的特点和模糊层次线性加权综合测评模型的要求来看，德尔菲赋权法、变异系数赋权法均可用于对其测评变量赋权，但这两种赋权法都有致命的弱点。变异系数赋权法完全依赖于中小工业企业技术创新测评变量的客观值，通过数据处理软件或固定模型（公式）的运行，自然生成测评变量权值，排除了人为因素。其测评变量权重的确定完全依赖于测评变量变异程度的大小（即信息含量的多少），而某测评变量信息含量越多，并不一定代表此测评变量越重要。另外，先行的理论、经验等对于测评变量的赋权也是一种宝贵的"知识财富"，一点都不利用实在是太可惜。因此，变异系数赋权法确定的测评变量权值不一定与权重含义的本质相符。德尔菲赋权法是有关专家凭借自身的知识及个人偏好，对中小工业企业技术创新各测评变量的重要程度进行赋权，各位专家赋予的权值虽然与权重含义的本质相符，但各位专家的知识背景、工作经验和个人偏好是不同的，而各测评变量权重的初始值完全凭专家的主观判断赋予，会使得测评变量的权值主观臆断性太强，而客观性、科学性、透明性及再现性太差。

---

① 此赋权公式由变异系数公式 $V = S/\bar{x}$（袁卫，庞皓，曾五一等，2005）转化而来。

5.4.4 层次分析赋权法的含义及简要评述

多年来,许多决策者尤其是研究者一直在寻找(研究)一种能使主观与客观相结合的优良的变量赋权方法,目前,最成熟的且最受人们喜爱和推崇的主客观相结合的赋权方法是层次分析法。它也正是技术创新模糊层次线性加权综合测评模型中测评变量赋权要"寻觅"的目前最优秀的赋权方法。

层次分析赋权法是一种很实用的多层次测评变量赋权方法,它能将人们对测评变量赋权的思维过程数学化、层次化、系统化,采用相对标度,建立判断矩阵和检验模型来确定测评变量权重。这种主观与客观相结合赋权方式,既利用了数学原理、系统理论和层次分析理论,又充分利用了有关专家的理论、经验和判断能力,统一了有形与无形、可定量与不可定量的众多因素,非常适合处理工程技术问题、技术创新问题、社会经济问题等。自 1977 年 T. L. Saaty 提出层次分析法以来,其以定性与定量相结合地处理各种评价因素的特点,以及其系统、灵活、简洁的优点,受到了国内外研究者极大的关注,并获得了广泛的应用。层次分析法主要集中在两个方面:一是多属性无序结构的有序化;二是在多准则条件下,对多属性群体中各元素在综合评价指标体系中的作用的确定,即不仅仅为了排序,而是将权数作为量化的指标评价权值(T. L. Saaty 著,许树柏译,1988)。

尽管层次分析赋权法操作起来比前两种赋权方法烦琐些,但它避开了主观赋权法和客观赋权法的弱点,综合了两者的优点。本书将选用层次分析赋权法确定模糊层次线性加权综合测评模型中的各测评变量的权值。

5.4.5 层次分析赋权法运用的基本方法与步骤

运用层次分析赋权法对中小工业企业技术创新测评变量赋权值的基本方法和步骤如下。

(1) 构建测评变量层次结构体系

本章已完成中小工业企业技术创新测评变量层次结构体系的构建(见表5.6)。

(2) 搜集测评变量初始平均权值

完成本章德尔菲赋权法的第(1)、(2)、(3)步,即可得中小工业企业技术创新测评变量权重的初始平均值。

(3) 构造判断矩阵

层次分析法确定中小工业企业技术创新测评变量权重最重要的一步,就是要根据不同层次测评变量的初始平均权值构造判断矩阵,即构造两两比较判断矩阵。两两比较判断矩阵是以上一层测评变量作准则将下一层受支配的测评变量进行两两比较,将其相对重要程度值(专家赋予的初始平均权值)组成矩阵。本书设计了专家对中小工业企业技术创新测评变量赋权的九级刻度问卷调查表(见附录B),及九级刻度定值表(见表5.8),方便各位专家和有关管理人员对各测评变量的重要性进行主观赋值。

表5.8 中小工业企业技术创新测评变量权重等级九级刻度

极重要	非常重要	很重要	较重要	一般	不重要	很不重要	非常不重要	极不重要
9	8	7	6	5	4	3	2	1

资料来源：根据中小工业企业测评变量权重作用程度的9个不同等级，赋予不同刻度值。

根据各位专家赋予的各测评变量的初始权值，可计算其平均初始权值。设 $\widetilde{w}_j^{(s)}$ 为各位专家赋予的中小工业企业技术创新测评变量体系中第 s 层第 j 个测评变量的初始平均权值，则可构造如下判断矩阵：

$$A^{(s)} = \begin{bmatrix} \dfrac{\widetilde{w}_1^{(s)}}{\widetilde{w}_1^{(s)}} & \dfrac{\widetilde{w}_1^{(s)}}{\widetilde{w}_2^{(s)}} & \cdots & \dfrac{\widetilde{w}_1^{(s)}}{\widetilde{w}_p^{(s)}} \\ & \dfrac{\widetilde{w}_2^{(s)}}{\widetilde{w}_2^{(s)}} & \cdots & \dfrac{\widetilde{w}_2^{(s)}}{\widetilde{w}_p^{(s)}} \\ & & \vdots & \vdots \\ & & & \dfrac{\widetilde{w}_p^{(s)}}{\widetilde{w}_p^{(s)}} \end{bmatrix} \qquad (5.12)$$

$$B^{(s)} = \begin{bmatrix} \dfrac{\widetilde{w}_1^{(s)}}{\widetilde{w}_1^{(s)}} & \dfrac{\widetilde{w}_1^{(s)}}{\widetilde{w}_2^{(s)}} & \cdots & \dfrac{\widetilde{w}_1^{(s)}}{\widetilde{w}_p^{(s)}} \\ \dfrac{\widetilde{w}_2^{(s)}}{\widetilde{w}_1^{(s)}} & \dfrac{\widetilde{w}_2^{(s)}}{\widetilde{w}_2^{(s)}} & \cdots & \dfrac{\widetilde{w}_2^{(s)}}{\widetilde{w}_p^{(s)}} \\ \vdots & \vdots & \vdots & \vdots \\ \dfrac{\widetilde{w}_p^{(s)}}{\widetilde{w}_1^{(s)}} & \dfrac{\widetilde{w}_p^{(s)}}{\widetilde{w}_2^{(s)}} & \cdots & \dfrac{\widetilde{w}_p^{(s)}}{\widetilde{w}_p^{(s)}} \end{bmatrix} \qquad (5.13)$$

（4）确定目标权值

在层次分析法中，针对互反型二元比较矩阵，常常采用方根法求目标权重值。依据矩阵理论（熊锐，曹锟生，1992；金菊良，2002），通过数学计算求出判断矩阵的特征向量，此特征向量即为权重值。具体过程如下。

1）计算判断矩阵每一行元素的乘积 $M_j^{(s)}$：

$$M_j^{(s)} = \prod_{\tilde{j}=1}^{p} \dfrac{\widetilde{w}_j^{(s)}}{\widetilde{w}_{\tilde{j}}^{(s)}} \qquad (\tilde{j}=1,2,\cdots,p) \qquad (5.14)$$

2）计算 $M_j^{(s)}$ 的 p 次方根 $\overline{w}_j^{(s)}$：

$$\overline{w}_j^{(s)} = \sqrt[p]{M_j^{(s)}} \qquad (5.15)$$

3）对向量 $\overline{\boldsymbol{W}}^{(s)}[\overline{w}_1^{(s)},\overline{w}_2^{(s)},\cdots,\overline{w}_p^{(s)}]^{\mathrm{T}}$ 作归一化处理：

$$w_j^{(s)} = \dfrac{\overline{w}_j^{(s)}}{\sum_{i=1}^{p}\overline{w}_j^{(s)}} \qquad (w_1^{(s)}+w_2^{(s)}+\cdots+w_p^{(s)}=1) \qquad (5.16)$$

则 $W^{(s)}[w_1^{(s)}, w_2^{(s)}, \cdots, w_p^{(s)}]^T$ 即是判断矩阵 $A^{(s)}$ 的特征向量，即中小工业企业技术创新测评变量体系的第 s 层测评变量的权数向量，也就是第 s 层各测评变量对上层某测评变量的相对重要程度。

(5) 检验判断矩阵的一致性

所谓一致性，在此是指判断思维的逻辑一致性。由于客观事物的复杂性和人们在认识上的多样性，即使有九级标度也不一定能保证每个判断矩阵具有完全一致性。因此，还必须对构造的判断矩阵进行一致性检验。一致性检验依据的仍是矩阵理论（刘进生，1993；杜之韩，1998），其检验过程如下。

1) 计算判断矩阵的最大特征根 $\lambda_{\max}^{(s)}$：

$$\lambda_{\max}^{(s)} = \frac{1}{p} \sum_{j=1}^{p} \frac{(B^{(s)} W^{(s)})_j}{W_j^{(s)}} \tag{5.17}$$

式中：$(B^{(s)} W^{(s)})_j$ 表示判断矩阵 $B^{(s)}$ 与其特征向量 $W^{(s)}$ 相乘所得向量 $(B^{(s)} W^{(s)})$ 中的第 j 个元素。

2) 计算一致性指标 $(CI)^{(s)}$：

$$(CI)^{(s)} = \frac{|\lambda_{\max}^{(s)} - p|}{p - 1} \tag{5.18}$$

如果 $(CI)^{(s)}=0$，则说明判断矩阵具有完全一致性；如果 $(CI)^{(s)} \neq 0$，则要进行第 3 步。

3) 计算随机一致性比率 $(CR)^{(s)}$：

$$(CR)^{(s)} = \frac{(CI)^{(s)}}{(RI)^{(s)}} \tag{5.19}$$

式中：$(RI)^{(s)}$ 为判断矩阵的平均随机一致性数值，可以查表而得，见表 5.9。

表 5.9 判断矩阵平均随机一致性数值

阶数	1	2	3	4	5	6	7	8	9	10
RI	0.00	0.00	0.58	0.90	1.12	1.24	1.32	1.41	1.45	1.49

资料来源：杜之韩. 判断矩阵一致性检验的新途径. 系统工程理论与实践，1998（6）.

如果 $(CR)^{(s)} < 0.1$，则认为判断矩阵和单排序结果的一致性是可接受的；否则，就需要调整或重新调查判断矩阵中中小工业企业技术创新测评变量权重初始均值。

5.5 测评企业的选取及测评变量值的来源

5.5.1 测评企业的选取

2007 年，在广东省惠州市科技局的资助下，惠州市中小工业企业技术创新问

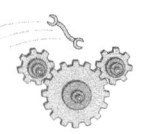

题调查与研究课题组（笔者为主持人）联合惠州市科技局、惠州市中小企业局、惠州市统计局，对惠州市统计局提供的 668 家中小电子设备制造企业①进行了系统随机抽样②，7 月至 11 月对抽中的 25 家企业进行了实地问卷调查（问卷调查表见附录 A），收回问卷 21 份，有效问卷 17 份。本书选取有效问卷的那 17 家电子设备制造企业，作为本书中小工业企业技术创新能力的测评企业。2012 年 7 月至 8 月又对这 17 家企业 2011 年技术创新情况进行了问卷调查。

5.5.2　测评变量原始数据的来源

根据实地问卷调查数据及惠州市统计局提供的数据整理，这 17 家中小电子设备制造企业的测评变量原始数据见附录 C、附录 E。

对附录 C、附录 E 的几点说明如下：

1）惠州市中小工业企业技术创新问题调查与研究课题组已对接受问卷调查的企业及惠州市统计局承诺为企业保守秘密，因此，测评的 17 家企业的名称只是以"企业 1"、"企业 2"、……、"企业 17"（即 y_1，y_2，…，y_{17}）出现。

2）表中数据一般为企业实际发生数据，但有些则为潜在的中间数据。如企业 y_1，2006 年没有技术创新经费投入，其人均 R&D 经费投入 $x_{1,1}^{(3)}$ 和人均非 R&D 技术创新经费投入 $x_{1,3}^{(3)}$ 均为零，而其对应的获取技术创新信息能力 $x_{1,15}^{(3)}$、"对技术创新过程的调控能力 $x_{1,16}^{(3)}$ 等属性测评变量值为"5"即"一般"；又如企业 y_3，2006 年没有新产品销售收入，其新产品销售比重 $x_{3,8}^{(3)}$ 也为零，而其对应的新产品市场调研能力 $x_{3,20}^{(3)}$、开辟新产品销售渠道能力 $x_{3,21}^{(3)}$ 等属性测评变量值也为中间值"5"。

3）由于属性测评变量原始数据收集的艰难，在实际工作中没有完全按照（4.5）～（4.8）式的方式操作，其原始数据是测评企业给出的一个综合模糊等级评价数据。

4）表中属性测评变量数据进行了百分制评价等级转换。

5.5.3　测评变量标准化值的计算

本书另一个应用模型——模糊层次主成分分析测评模型中，各测评变量值是通过统计软件 SPSS 13.0 来运行的，该统计软件的运行会自动将各测评变量值原始数据按（5.1）式标准化。因此，模糊层次主成分分析测评模型中各测评变量值直

---

① 不同的行业其技术创新能力有所差异，因此，同一行业工业企业间的技术创新能力测评结果可比性更强。而惠州市素有"电子城"之称，因此，本书选取了电子设备制造企业作为测评单位。

② 以企业综合经济规模［即企业产品销售收入（万元）×0.4 + 企业固定资产总额（万元）×0.3 + 企业平均职工人数（人）×0.3］为抽样的有关标志，对综合经济规模为 10 000 元以上，5 001～10 000 元，3 001～5 000 元，1 001～3 000 元，1 000 元以下的企业，分别以 10%、5%、3%、2%、1% 的抽样比进行系统随机抽样。

接利用附录 C、附录 E 中的数据即可。而模糊层次线性加权综合测评模型中的各测评变量值，则必须是标准化处理后的数据，即附录 D、附录 F 中的数据。

测评变量的标准化值的具体计算过程如下：首先根据附录 C、附录 E 中各测评变量的原始数据计算其平均值和标准差，然后运用（5.1）式计算某测评变量的标准化值。现以 2006 年企业 y_1 的"日常事务管理能力 $x_{1,31}^{(3)}$"为例，说明其标准化值的计算。

计算 2006 年惠州市 17 家中小电子设备制造企业的"日常事务管理能力"平均百分制评价等级值和标准差，见表 5.10。

根据表 5.10 中的数据，计算企业 y_1 的"日常事务管理能力"标准化值，即：

$$(x_{1,31}^{(3)})^* = \frac{x_{1,31}^{(3)} - \bar{x}_{1,31}^{(3)}}{S_{1,31}^{(3)}} = \frac{61.11 - 61.76}{9.1882} = -0.0711$$

以此类推，可计算企业 y_1 的第 3 层其余 40 个测评变量标准化值及其余 16 个企业的第 3 层各测评变量标准化值，见附录 D、附录 F。

表 5.10 2006 年惠州市 17 家中小电子设备制造企业的
"日常事务管理能力"百分制等级值

						17 家企业的均值 $\bar{x}_{31}^{(3)}$	17 家企业的标准差 $S_{31}^{(3)}$
y_1	y_2	y_3	y_4	y_5	y_6		
61.11	72.22	61.11	61.11	72.22	72.22		
y_7	y_8	y_9	y_{10}	y_{11}	y_{12}	61.76	9.1882
61.11	61.11	61.11	50.00	61.11	50.00		
y_{13}	y_{14}	y_{15}	y_{16}	y_{17}			
72.22	38.89	61.11	72.22	61.11			

资料来源：运用（5.1）式将属性测评变量"日常事务管理能力"的百分制评价等级值标准化处理而得。

5.6 测评变量权重值的确定

5.6.1 测评变量权重初始值的来源

在搜集中小工业企业技术创新测评变量权重系数的原始数据时，本书充分考虑了企业、业务管理部门、行政管理部门、专家学者的意见和经验，对惠州市中小电子设备制造企业（部分测评企业）、被抽中的惠州市乡镇企业管理办公室（基层业务管理部门）、惠州市中小企业局（上级业务管理部门）、惠州市科技局（科学与技术管理部门）、惠州市统计局（政府科技统计部门）、惠州学院（有关专家或学者），由惠州市中小工业企业技术创新问题调查与研究课题组成员分别送达了

10 份、8 份、3 份、3 份、3 份、3 份中小工业企业技术创新测评变量权重赋值问卷调查表（见附录 B），30 份问卷表全部收回，均为有效问卷。从问卷份额的分布可以看出，本书对"亲自组织和体验"技术创新活动的基层经验和看法赋予了更大的权重。

现对以上 30 份测评变量赋值问卷的有关数据进行简单算术平均，得到测评变量权重的初始值，见表 5.11。

表 5.11 惠州市中小电子设备制造企业技术创新测评变量权重初始值

权重符号	权重值	权重符号	权重值	权重符号	权重值
$\tilde{w}_1^{(2)}$	8	$\tilde{w}_3^{(2)}$	7	$\tilde{w}_{27}^{(3)}$	6
$\tilde{w}_1^{(3)}$	8	$\tilde{w}_{14}^{(3)}$	9	$\tilde{w}_{28}^{(3)}$	7
$\tilde{w}_2^{(3)}$	8	$\tilde{w}_{15}^{(3)}$	6	$\tilde{w}_{29}^{(3)}$	6
$\tilde{w}_3^{(3)}$	7	$\tilde{w}_{16}^{(3)}$	8	$\tilde{w}_{30}^{(3)}$	7
$\tilde{w}_2^{(2)}$	9	$\tilde{w}_{17}^{(3)}$	7	$\tilde{w}_{31}^{(3)}$	6
$\tilde{w}_4^{(3)}$	6	$\tilde{w}_{18}^{(3)}$	7	$\tilde{w}_{32}^{(3)}$	7
$\tilde{w}_5^{(3)}$	7	$\tilde{w}_{19}^{(3)}$	6	$\tilde{w}_{33}^{(3)}$	6
$\tilde{w}_6^{(3)}$	6	$\tilde{w}_4^{(2)}$	6	$\tilde{w}_{34}^{(3)}$	7
$\tilde{w}_7^{(3)}$	6	$\tilde{w}_{20}^{(3)}$	6	$\tilde{w}_6^{(2)}$	6
$\tilde{w}_8^{(3)}$	5	$\tilde{w}_{21}^{(3)}$	7	$\tilde{w}_{35}^{(3)}$	6
$\tilde{w}_9^{(3)}$	5	$\tilde{w}_{22}^{(3)}$	7	$\tilde{w}_{36}^{(3)}$	7
$\tilde{w}_{10}^{(3)}$	6	$\tilde{w}_{23}^{(3)}$	5	$\tilde{w}_{37}^{(3)}$	6
$\tilde{w}_{11}^{(3)}$	7	$\tilde{w}_{24}^{(3)}$	6	$\tilde{w}_{38}^{(3)}$	6
$\tilde{w}_{12}^{(3)}$	6	$\tilde{w}_5^{(2)}$	6	$\tilde{w}_{39}^{(3)}$	7
$\tilde{w}_{13}^{(3)}$	5	$\tilde{w}_{25}^{(3)}$	4	$\tilde{w}_{40}^{(3)}$	5
		$\tilde{w}_{26}^{(3)}$	4	$\tilde{w}_{41}^{(3)}$	6

注：①表中数据来源于各有关人员对测评变量重要程度赋值的简单算术平均数；②为了简化目标权重值的计算与检验，表中数据保留整数。

5.6.2 测评变量权重目标值的确定及检验

根据表 5.11 中测评变量权重初始值及（5.13）～（5.19）式，构建判断矩阵 $\boldsymbol{B}^{(s)}$；计算目标权值 $w_j^{(s)}$；计算最大特征根 $\lambda_{\max}^{(s)}$、一致性指标 $(CI)^{(s)}$ 及随机一致性比率 $(CR)^{(s)}$。

(1) 第2层测评变量权重目标值的确定及检验

$$B^{(2)} = \begin{bmatrix} 1 & \frac{8}{9} & \frac{8}{7} & \frac{8}{6} & \frac{8}{6} & \frac{8}{6} \\ \frac{9}{8} & 1 & \frac{9}{7} & \frac{9}{6} & \frac{9}{6} & \frac{9}{6} \\ \frac{7}{8} & \frac{7}{9} & 1 & \frac{7}{6} & \frac{7}{6} & \frac{7}{6} \\ \frac{6}{8} & \frac{6}{9} & \frac{6}{7} & 1 & 1 & 1 \\ \frac{6}{8} & \frac{6}{9} & \frac{6}{7} & 1 & 1 & 1 \\ \frac{6}{8} & \frac{6}{8} & \frac{6}{7} & 1 & 1 & 1 \end{bmatrix}$$

$$\begin{bmatrix} j & M_j^{(2)} & \overline{w}_j^{(2)} & w_j^{(2)} & (B^{(2)}W^{(2)})_j \\ 1 & 2.4080 & 1.1577 & 0.1904 & 1.1429 \\ 2 & 4.8817 & 1.3025 & 0.2142 & 1.2857 \\ 3 & 1.0807 & 1.0130 & 0.1667 & 1.0000 \\ 4 & 0.4286 & 0.8683 & 0.1429 & 0.8571 \\ 5 & 0.4286 & 0.8683 & 0.1429 & 0.8571 \\ 6 & 0.4286 & 0.8683 & 0.1429 & 0.8571 \end{bmatrix}$$

$$\lambda_{\max}^{(2)} = 6.0000, \quad (CI)^{(2)} = 0.0000$$

(2) 第3层测评变量权重目标值的确定及检验

1) 技术创新投入能力：

$$B_1^{(3)} = \begin{bmatrix} 1 & 1 & \frac{8}{7} \\ 1 & 1 & \frac{8}{7} \\ \frac{7}{8} & \frac{7}{8} & 1 \end{bmatrix}$$

$$\begin{bmatrix} j & M_j^{(3)} & \overline{w}_j^{(3)} & w_j^{(3)} & (B^{(3)}W^{(3)})_j \\ 1 & 1.1429 & 1.0455 & 0.3478 & 1.0435 \\ 2 & 1.1429 & 1.0455 & 0.3478 & 1.0435 \\ 3 & 0.7656 & 0.9148 & 0.3044 & 0.9130 \end{bmatrix}$$

$$\lambda_{\max,1}^{(3)} = 3.0000, \quad (CI)_1^{(3)} = 0.0000$$

2）技术创新产出能力：

$$B_2^{(3)} = \begin{bmatrix} 1 & \frac{6}{7} & 1 & 1 & \frac{6}{5} & \frac{6}{5} & 1 & \frac{6}{7} & 1 & \frac{6}{5} \\ \frac{7}{6} & 1 & \frac{7}{6} & \frac{7}{6} & \frac{7}{5} & \frac{7}{5} & \frac{7}{6} & 1 & \frac{7}{6} & \frac{7}{5} \\ 1 & \frac{6}{7} & 1 & 1 & \frac{6}{5} & \frac{6}{5} & 1 & \frac{6}{7} & 1 & \frac{6}{5} \\ 1 & \frac{6}{7} & 1 & 1 & \frac{6}{5} & \frac{6}{5} & 1 & \frac{6}{7} & 1 & \frac{6}{5} \\ \frac{5}{6} & \frac{5}{7} & \frac{5}{6} & \frac{5}{6} & 1 & 1 & \frac{5}{6} & \frac{5}{7} & \frac{5}{6} & 1 \\ \frac{5}{6} & \frac{5}{7} & \frac{5}{6} & \frac{5}{6} & 1 & 1 & \frac{5}{6} & \frac{5}{7} & \frac{5}{6} & 1 \\ 1 & \frac{6}{7} & 1 & 1 & \frac{6}{5} & \frac{6}{5} & 1 & \frac{6}{7} & 1 & \frac{6}{5} \\ \frac{7}{6} & 1 & \frac{7}{6} & \frac{7}{6} & \frac{7}{5} & \frac{7}{5} & \frac{7}{6} & 1 & \frac{7}{6} & \frac{7}{5} \\ 1 & \frac{6}{7} & 1 & 1 & \frac{6}{5} & \frac{6}{5} & 1 & \frac{6}{7} & 1 & \frac{6}{5} \\ \frac{5}{6} & \frac{5}{7} & \frac{5}{6} & \frac{5}{6} & 1 & 1 & \frac{5}{6} & \frac{5}{7} & \frac{5}{6} & 1 \end{bmatrix}$$

$$\begin{bmatrix} j & M_j^{(2)} & \overline{w}_j^{(2)} & w_j^{(2)} & (B^{(2)}W^{(2)})_j \\ 4 & 1.2696 & 1.0242 & 0.1015 & 1.0169 \\ 5 & 5.9309 & 1.1948 & 0.1185 & 1.1864 \\ 6 & 1.2696 & 1.0242 & 0.1015 & 1.0169 \\ 7 & 1.2696 & 1.0242 & 0.1015 & 1.0160 \\ 8 & 0.2050 & 0.8535 & 0.0846 & 0.8474 \\ 9 & 0.2050 & 0.8535 & 0.0846 & 0.8474 \\ 10 & 1.4811 & 1.0401 & 0.1032 & 1.0406 \\ 11 & 5.9309 & 1.1948 & 0.1185 & 1.1864 \\ 12 & 1.2696 & 1.0242 & 0.1015 & 1.0169 \\ 13 & 0.2050 & 0.8535 & 0.0846 & 0.8474 \end{bmatrix}$$

$\lambda_{\max,2}^{(3)} = 10.0232$，$(CI)_2^{(3)} = 0.0026 \neq 0$，$(CR)_2^{(3)} = 0.0045 < 0.1$

3) 技术创新管理能力：

$$B_3^{(3)} = \begin{bmatrix} 1 & \frac{9}{6} & \frac{9}{8} & \frac{9}{7} & \frac{9}{7} & \frac{9}{6} \\ \frac{6}{9} & 1 & \frac{6}{8} & \frac{6}{7} & \frac{6}{7} & 1 \\ \frac{8}{9} & \frac{8}{6} & 1 & \frac{8}{7} & \frac{8}{7} & \frac{8}{6} \\ \frac{7}{9} & \frac{7}{6} & \frac{7}{8} & 1 & 1 & \frac{7}{6} \\ \frac{7}{9} & \frac{7}{6} & \frac{7}{8} & 1 & 1 & \frac{7}{6} \\ \frac{6}{9} & 1 & \frac{6}{8} & \frac{6}{7} & \frac{6}{7} & 1 \end{bmatrix}$$

$$\begin{bmatrix} j & M_j^{(3)} & \overline{w}_j^{(3)} & w_j^{(3)} & (B^{(3)}W^{(3)})_j \\ 14 & 4.1843 & 1.2694 & 0.2094 & 1.2558 \\ 15 & 0.3673 & 0.8463 & 0.1395 & 0.8372 \\ 16 & 2.0640 & 1.1284 & 0.1860 & 1.1163 \\ 17 & 0.9263 & 0.9873 & 0.1628 & 0.9767 \\ 18 & 0.9263 & 0.9873 & 0.1628 & 0.9767 \\ 19 & 0.3673 & 0.8463 & 0.1395 & 0.8372 \end{bmatrix}$$

$$\lambda_{\max,3}^{(3)} = 6.0000, \quad (CI)_3^{(3)} = 0.0000$$

4) 新产品销售能力：

$$B_4^{(3)} = \begin{bmatrix} 1 & \frac{6}{7} & \frac{6}{7} & \frac{6}{5} & 1 \\ \frac{7}{6} & 1 & 1 & \frac{7}{5} & \frac{7}{6} \\ \frac{7}{6} & 1 & 1 & \frac{7}{5} & \frac{7}{6} \\ \frac{5}{6} & \frac{5}{7} & \frac{5}{7} & 1 & \frac{5}{6} \\ 1 & \frac{6}{7} & \frac{6}{7} & \frac{6}{5} & 1 \end{bmatrix}$$

$$\begin{bmatrix} j & M_j^{(3)} & \overline{w}_j^{(3)} & w_j^{(3)} & (B^{(3)}W^{(3)})_j \\ 20 & 0.8816 & 0.9751 & 0.1935 & 0.9677 \\ 21 & 1.9056 & 1.1376 & 0.2258 & 1.1290 \\ 22 & 1.9056 & 1.1376 & 0.2258 & 1.1290 \\ 23 & 0.3543 & 0.8126 & 0.1614 & 0.8065 \\ 24 & 0.8816 & 0.9751 & 0.1935 & 0.9677 \end{bmatrix}$$

$$\lambda_{\max,4}^{(3)} = 5.0000, \quad (CI)_4^{(3)} = 0.0000$$

5）企业内部环境与条件：

$$B_5^{(3)} = \begin{bmatrix} 1 & 1 & \frac{4}{6} & \frac{4}{7} & \frac{4}{6} & \frac{4}{8} & \frac{4}{6} & \frac{4}{7} & \frac{4}{6} & \frac{4}{7} \\ 1 & 1 & \frac{4}{6} & \frac{4}{7} & \frac{4}{6} & \frac{4}{8} & \frac{4}{6} & \frac{4}{7} & \frac{4}{6} & \frac{4}{7} \\ \frac{6}{4} & \frac{6}{4} & 1 & \frac{6}{7} & 1 & \frac{6}{8} & 1 & \frac{6}{7} & 1 & \frac{6}{7} \\ \frac{7}{4} & \frac{7}{4} & \frac{7}{6} & 1 & \frac{7}{6} & \frac{7}{8} & \frac{7}{6} & 1 & \frac{7}{6} & 1 \\ \frac{6}{4} & \frac{6}{4} & 1 & \frac{6}{7} & 1 & \frac{6}{8} & 1 & \frac{6}{7} & 1 & \frac{6}{7} \\ \frac{8}{4} & \frac{8}{4} & \frac{8}{6} & \frac{8}{7} & \frac{8}{6} & 1 & \frac{8}{6} & \frac{8}{7} & \frac{8}{6} & \frac{8}{7} \\ \frac{6}{4} & \frac{6}{4} & 1 & \frac{6}{7} & 1 & \frac{6}{8} & 1 & \frac{6}{7} & 1 & \frac{6}{7} \\ \frac{7}{4} & \frac{7}{4} & \frac{7}{6} & 1 & \frac{7}{6} & \frac{7}{8} & \frac{7}{6} & 1 & \frac{7}{6} & 1 \\ \frac{6}{4} & \frac{6}{4} & 1 & \frac{6}{7} & 1 & \frac{6}{8} & 1 & \frac{6}{7} & 1 & \frac{6}{7} \\ \frac{7}{4} & \frac{7}{4} & \frac{7}{6} & 1 & \frac{7}{6} & \frac{7}{8} & \frac{7}{6} & 1 & \frac{7}{6} & 1 \end{bmatrix}$$

j	$M_j^{(2)}$	$\overline{w}_j^{(2)}$	$w_j^{(2)}$	$(B^{(2)}W^{(2)})_j$
25	0.0184	0.6707	0.0655	0.6554
26	0.0158	0.6605	0.0645	0.6460
27	1.0627	1.0061	0.0985	0.9831
28	4.9645	1.1738	0.1149	1.1469
29	1.0627	1.0061	0.0985	0.9831
30	18.8708	1.3415	0.1313	1.3108
31	1.0627	1.0061	0.0985	0.9831
32	4.9645	1.1738	0.1149	1.1469
33	1.0627	1.0061	0.0985	0.9831
34	4.9645	1.1738	0.1149	1.1469

$\lambda_{\max,5}^{(3)} = 9.9857$，$(CI)_5^{(3)} = 0.0016 \neq 0$，$(CR)_5^{(3)} = 0.0028 < 0.1$

6）企业外部环境与条件：

$$B_6^{(3)} = \begin{bmatrix} 1 & \frac{6}{7} & 1 & 1 & \frac{6}{7} & \frac{6}{5} & 1 \\ \frac{7}{6} & 1 & \frac{7}{6} & \frac{7}{6} & 1 & \frac{7}{5} & \frac{7}{6} \\ 1 & \frac{6}{7} & 1 & 1 & \frac{6}{7} & \frac{6}{5} & 1 \\ 1 & \frac{6}{7} & 1 & 1 & \frac{6}{7} & \frac{6}{5} & 1 \\ \frac{7}{6} & 1 & \frac{7}{6} & \frac{7}{6} & 1 & \frac{7}{5} & \frac{7}{6} \\ \frac{5}{6} & \frac{5}{7} & \frac{5}{6} & \frac{5}{6} & \frac{5}{7} & 1 & \frac{5}{6} \\ 1 & \frac{6}{7} & 1 & 1 & \frac{6}{7} & \frac{6}{5} & 1 \end{bmatrix}$$

$$\begin{bmatrix} j & M_j^{(3)} & \overline{w}_j^{(3)} & w_j^{(3)} & (B^{(3)}W^{(3)})_j \\ 35 & 0.8816 & 0.9822 & 0.1395 & 0.9767 \\ 36 & 2.5937 & 1.1459 & 0.1628 & 1.1395 \\ 37 & 0.8816 & 0.9822 & 0.1395 & 0.9767 \\ 38 & 0.8816 & 0.9822 & 0.1395 & 0.9767 \\ 39 & 2.5937 & 1.1459 & 0.1628 & 1.1395 \\ 40 & 0.2460 & 0.8185 & 0.1164 & 0.8140 \\ 41 & 0.8816 & 0.9822 & 0.1395 & 0.9767 \end{bmatrix}$$

$$\lambda_{\max,6}^{(3)} = 7.0000, \quad (CI)_6^{(3)} = 0.0000$$

以上权重目标值全部通过一致性检验，现将其汇总，见表5.12。

表 5.12　惠州市中小电子设备制造企业技术创新测评变量权重目标值

权重符号	权重值	权重符号	权重值	权重符号	权重值
$\tilde{w}_1^{(2)}$	0.1904	$\tilde{w}_3^{(2)}$	0.1667	$\tilde{w}_{27}^{(3)}$	0.0985
$\tilde{w}_1^{(3)}$	0.3478	$\tilde{w}_{14}^{(3)}$	0.2094	$\tilde{w}_{28}^{(3)}$	0.1149
$\tilde{w}_2^{(3)}$	0.3478	$\tilde{w}_{15}^{(3)}$	0.1395	$\tilde{w}_{29}^{(3)}$	0.0985
$\tilde{w}_3^{(3)}$	0.3044	$\tilde{w}_{16}^{(3)}$	0.1860	$\tilde{w}_{30}^{(3)}$	0.1313
$\tilde{w}_2^{(2)}$	0.2142	$\tilde{w}_{17}^{(3)}$	0.1628	$\tilde{w}_{31}^{(3)}$	0.0985
$\tilde{w}_4^{(3)}$	0.1015	$\tilde{w}_{18}^{(3)}$	0.1628	$\tilde{w}_{32}^{(3)}$	0.1149
$\tilde{w}_5^{(3)}$	0.1185	$\tilde{w}_{19}^{(3)}$	0.1395	$\tilde{w}_{33}^{(3)}$	0.0985
$\tilde{w}_6^{(3)}$	0.1015	$\tilde{w}_4^{(2)}$	0.1429	$\tilde{w}_{34}^{(3)}$	0.1149
$\tilde{w}_7^{(3)}$	0.1015	$\tilde{w}_{20}^{(3)}$	0.1935	$\tilde{w}_6^{(2)}$	0.1429
$\tilde{w}_8^{(3)}$	0.0846	$\tilde{w}_{21}^{(3)}$	0.2258	$\tilde{w}_{35}^{(3)}$	0.1395
$\tilde{w}_9^{(3)}$	0.0846	$\tilde{w}_{22}^{(3)}$	0.2258	$\tilde{w}_{36}^{(3)}$	0.1628
$\tilde{w}_{10}^{(3)}$	0.1032	$\tilde{w}_{23}^{(3)}$	0.1614	$\tilde{w}_{37}^{(3)}$	0.1395
$\tilde{w}_{11}^{(3)}$	0.1185	$\tilde{w}_{24}^{(3)}$	0.1935	$\tilde{w}_{38}^{(3)}$	0.1395
$\tilde{w}_{12}^{(3)}$	0.1015	$\tilde{w}_5^{(2)}$	0.1429	$\tilde{w}_{39}^{(3)}$	0.1628
$\tilde{w}_{13}^{(3)}$	0.0846	$\tilde{w}_{25}^{(3)}$	0.0655	$\tilde{w}_{40}^{(3)}$	0.1164
		$\tilde{w}_{26}^{(3)}$	0.0645	$\tilde{w}_{41}^{(3)}$	0.1395

资料来源：根据各测评变量目标权重值归总而得。

5.7　技术创新综合能力的测定

5.7.1　2006 年及 2011 年企业间的横向测定

在包容以上测评变量信息重叠的条件下，将附录 D、附录 F 各测评变量标准化值及表 5.12 各测评变量权重目标值应用于技术创新模糊层次线性加权综合测评模型，即（4.10）式，其运行初始测定结果见表 5.13、表 5.14。

对第 2 层测评变量的初始测定结果非负化，并对其非负化数值进行百分制转换和模糊评价等级，其转换结果见表 5.15、表 5.16。

表 5.13 2006 年惠州市 17 家中小电子设备制造企业技术创新初始测评结果

	y_1	y_2	y_3	y_4	y_5	y_6	y_7	y_8	y_9	y_{10}	y_{11}	y_{12}	y_{13}	y_{14}	y_{15}	y_{16}	y_{17}
$x_{i1}^{(3)}$	-0.2328	0.7045	0.1805	-0.1590	0.1709	0.6221	-0.2328	-0.2328	0.0965	-0.2299	0.4379	-0.1695	-0.1402	-0.2293	-0.2328	0.5824	-0.2328
$x_{i2}^{(3)}$	-0.3925	0.6806	0.1183	-0.0378	0.2527	0.2250	-0.3925	-0.3925	0.2270	-0.3194	0.3229	-0.0002	0.2379	-0.2077	-0.3925	0.4632	-0.3925
$x_{i3}^{(3)}$	-0.2374	0.3095	-0.2125	-0.0693	0.0372	0.1511	-0.2374	-0.2374	0.1720	-0.1567	0.2625	-0.1465	0.8914	-0.2374	-0.2374	0.1857	-0.2374
$x_{i1}^{(2)}$	**-0.2897**	**0.5759**	**-0.0863**	**-0.0895**	**0.0398**	**0.3406**	**-0.2897**	**-0.2897**	**0.1649**	**-0.2387**	**0.3445**	**-0.1036**	**0.3053**	**-0.2243**	**-0.2897**	**0.4202**	**-0.2897**
$x_{i4}^{(3)}$	-0.1784	0.1175	-0.0305	0.0435	-0.0305	0.1175	-0.0305	0.0435	0.0435	-0.1044	0.1175	-0.1784	0.1175	-0.1044	-0.0305	0.1175	-0.0305
$x_{i5}^{(3)}$	-0.2892	0.1822	-0.0198	-0.0198	-0.0475	0.1149	-0.0475	-0.0198	-0.0198	-0.0198	0.1822	-0.0872	0.0475	-0.0872	-0.0198	0.1149	-0.1545
$x_{i6}^{(3)}$	-0.2012	0.0838	0.0126	0.0126	0.0126	0.0838	-0.0587	0.0126	0.0126	-0.0587	0.0838	-0.2012	0.1551	0.0126	-0.0587	0.1551	-0.0587
$x_{i7}^{(3)}$	-0.1941	0.1866	-0.0672	-0.0672	0.0597	0.0597	-0.0438	-0.0438	0.0597	-0.0672	0.0597	-0.0672	0.1866	-0.0672	-0.0672	0.0597	-0.0672
$x_{i8}^{(3)}$	-0.0438	0.0596	-0.0438	-0.0438	-0.0438	-0.0438	-0.0438	-0.0438	0.0632	-0.0438	0.0573	-0.0438	-0.0438	-0.0438	-0.0438	0.0707	-0.0438
$x_{i9}^{(3)}$	-0.0384	-0.0384	-0.0384	-0.0384	-0.0384	0.2487	-0.0384	-0.0384	0.0526	-0.0384	0.1739	-0.0384	-0.0384	-0.0384	-0.0384	0.0236	-0.0384
$x_{i10}^{(3)}$	-0.0615	-0.0009	-0.0615	-0.0312	-0.0059	-0.0059	-0.0464	-0.0615	-0.0009	-0.0565	0.2417	-0.0110	-0.0009	-0.0615	-0.0615	0.2871	-0.0615
$x_{i11}^{(3)}$	-0.1220	0.1559	0.0579	-0.0151	0.0704	0.1132	-0.0579	-0.1220	0.1132	-0.1006	0.1559	-0.1006	0.1559	-0.1220	-0.1220	0.1559	-0.1006
$x_{i12}^{(3)}$	-0.1036	0.1069	-0.0462	0.0687	0.1069	0.1069	-0.0462	-0.1036	-0.0079	-0.0844	0.1452	-0.0844	0.1452	-0.1036	-0.1036	0.1069	-0.1036
$x_{i13}^{(3)}$	-0.0636	0.1742	-0.0636	0.0013	-0.0420	0.0878	-0.0636	-0.0636	0.1310	-0.0636	0.1310	-0.0636	0.0445	-0.0636	-0.0636	0.0445	-0.0636
$x_{i2}^{(2)}$	**-0.1362**	**0.1067**	**-0.0412**	**-0.0084**	**0.0179**	**0.1155**	**-0.0389**	**-0.0342**	**0.0428**	**-0.0644**	**0.1369**	**-0.0896**	**0.0822**	**-0.0701**	**-0.0619**	**0.1180**	**-0.0753**
$x_{i14}^{(3)}$	-0.3683	0.3086	-0.0299	-0.0299	0.1394	0.1394	-0.1991	-0.0299	0.3086	-0.1991	0.1394	-0.1991	0.1394	-0.1991	-0.0299	0.3086	-0.1991
$x_{i15}^{(3)}$	-0.3105	0.1294	-0.0466	0.0414	0.0414	0.1294	-0.0466	-0.0466	0.1294	-0.1345	0.1294	-0.0466	0.2173	-0.2225	-0.0466	0.1294	-0.0466
$x_{i16}^{(3)}$	-0.0907	0.1663	-0.0907	0.0378	0.0378	0.1663	-0.0907	-0.0907	0.2948	-0.2192	0.1663	-0.2192	0.2948	-0.3477	-0.0907	0.1663	-0.0907
$x_{i17}^{(3)}$	-0.1339	0.2930	0.0084	0.1507	0.1507	0.0084	-0.1339	-0.1339	0.1507	-0.1339	0.1507	-0.1339	0.1507	-0.2762	-0.1339	0.1507	-0.1339
$x_{i18}^{(3)}$	-0.1227	0.2685	-0.1227	0.0077	0.1381	0.1381	-0.1227	-0.1227	0.1381	-0.1227	0.1381	-0.1227	0.2685	-0.2531	-0.1227	0.1381	-0.1227
$x_{i19}^{(3)}$	0.0145	0.2122	0.0145	0.0145	0.0145	0.0145	0.0145	0.0145	0.0145	-0.0843	0.1134	-0.1831	0.1134	-0.4302	0.0145	0.1134	0.0145
$x_{i3}^{(2)}$	**-0.1771**	**0.2346**	**0.0462**	**0.0344**	**0.0910**	**0.1040**	**-0.1048**	**-0.0694**	**0.1865**	**-0.1548**	**0.1410**	**-0.1563**	**0.1984**	**-0.2836**	**-0.0694**	**0.1764**	**-0.1048**

续表 5.13

	y_1	y_2	y_3	y_4	y_5	y_6	y_7	y_8	y_9	y_{10}	y_{11}	y_{12}	y_{13}	y_{14}	y_{15}	y_{16}	y_{17}
$x_{20}^{(3)}$	-0.1171	0.3254	-0.1171	-0.1171	-0.1171	0.3254	-0.1171	-0.1171	0.1041	-0.1171	0.3254	-0.1171	-0.1171	-0.1171	-0.1171	0.3254	-0.1171
$x_{21}^{(3)}$	-0.1367	0.3797	-0.1367	-0.1367	-0.1367	0.1215	-0.1367	-0.1367	0.3797	-0.1367	0.3797	-0.1367	-0.1367	-0.1367	-0.1367	0.3797	-0.1367
$x_{22}^{(3)}$	-0.1367	0.1215	-0.1367	-0.1367	-0.1367	0.3797	-0.1367	-0.1367	0.3797	-0.1367	0.3797	-0.1367	-0.1367	-0.1367	-0.1367	0.3797	-0.1367
$x_{23}^{(3)}$	-0.1010	0.2424	-0.1010	-0.1010	-0.1010	0.2424	-0.1010	-0.1010	0.2424	-0.1010	0.2424	-0.1010	-0.1010	-0.1010	-0.1010	0.2424	-0.1010
$x_{24}^{(3)}$	-0.1126	0.5256	-0.1126	-0.1126	-0.1126	0.2065	-0.1126	-0.1126	0.2065	-0.1126	0.2065	-0.1126	-0.1126	-0.1126	-0.1126	0.2065	-0.1126
$x_4^{(2)}$	**-0.1225**	**0.3170**	**-0.1225**	**-0.1225**	**-0.1225**	**0.2552**	**-0.1225**	**-0.1225**	**0.2707**	**-0.1225**	**0.3135**	**-0.1225**	**-0.1225**	**-0.1225**	**-0.1225**	**0.3135**	**-0.1225**
$x_{25}^{(3)}$	-0.0377	-0.0267	0.0021	0.2259	0.0052	-0.0306	-0.0329	-0.0335	-0.0337	-0.0175	-0.0173	-0.0275	-0.0193	0.0231	-0.0322	0.0841	-0.0315
$x_{26}^{(3)}$	-0.0482	-0.0175	0.1772	0.0112	0.0287	-0.0377	-0.0401	-0.0392	-0.0417	0.0066	-0.0043	-0.0266	-0.0040	-0.0323	-0.0340	0.1440	-0.0420
$x_{27}^{(3)}$	-0.0873	-0.0049	0.2175	0.0308	0.0812	-0.0671	-0.0698	-0.0668	-0.0821	0.0343	0.0120	-0.0443	0.0108	-0.0688	-0.0576	0.2353	-0.0732
$x_{28}^{(3)}$	-0.3311	0.0558	0.0224	0.0296	0.0707	0.0625	0.0159	0.0427	0.0654	-0.0046	0.0570	-0.1471	0.1424	-0.1405	0.0221	0.1073	-0.0703
$x_{29}^{(3)}$	-0.0834	0.0663	0.1147	-0.0474	0.0313	-0.0458	-0.0629	-0.0480	-0.0444	-0.0523	0.2467	-0.0718	-0.0451	-0.0278	-0.0738	0.1940	-0.0505
$x_{30}^{(3)}$	-0.2435	0.0903	-0.0432	-0.0432	0.0903	0.0903	-0.1100	0.0903	0.0236	-0.1100	0.1571	-0.1100	0.1571	0.2435	0.0903	0.1571	-0.0432
$x_{31}^{(3)}$	-0.0070	0.1121	-0.0070	-0.0070	0.1121	0.1121	-0.0070	-0.0070	-0.0070	-0.1261	-0.0070	-0.1261	0.1121	-0.2452	-0.0070	0.1121	-0.0070
$x_{32}^{(3)}$	-0.0291	0.0699	-0.0291	0.0699	0.0699	0.0699	-0.1282	0.0699	0.0699	-0.1282	0.0699	-0.1282	0.1690	-0.2272	-0.0291	0.1690	-0.1282
$x_{33}^{(3)}$	-0.0285	0.1328	-0.0285	-0.0522	0.0522	0.0522	-0.1051	0.0522	0.0522	-0.1091	0.0522	-0.1091	0.1328	-0.1897	-0.0285	0.1328	-0.1091
$x_{34}^{(3)}$	-0.0866	0.0974	0.0054	0.0054	0.0974	0.0054	0.0054	0.0054	0.0974	-0.1786	0.0974	-0.0866	0.1895	-0.2707	0.0054	0.0974	-0.0866
$x_5^{(2)}$	**-0.1092**	**0.0648**	**0.0350**	**0.0247**	**0.0687**	**0.0283**	**-0.0560**	**0.0138**	**0.0169**	**-0.0759**	**0.0749**	**-0.0941**	**0.0974**	**-0.1582**	**-0.0091**	**0.1448**	**-0.0668**
$x_{35}^{(3)}$	-0.1147	-0.1147	0.4122	-0.1028	-0.1028	-0.1028	-0.1028	-0.1028	-0.1028	-0.1028	0.0767	0.0767	0.0767	0.0767	0.0767	0.0767	0.0767
$x_{36}^{(3)}$	0.1204	0.1204	0.1204	-0.0843	-0.0843	-0.0843	-0.0843	-0.2890	-0.2890	-0.2890	0.1204	0.1204	0.1204	0.1204	0.1204	0.1204	0.1204
$x_{37}^{(3)}$	0.1132	0.1132	0.1132	-0.1618	-0.1618	-0.1618	-0.1618	-0.1618	-0.1618	-0.1618	0.1132	0.1132	0.1132	0.1132	0.1132	0.1132	0.1132
$x_{38}^{(3)}$	0.1029	0.1029	0.1029	-0.0915	-0.0915	-0.0915	-0.0915	-0.0915	-0.2859	-0.2859	0.1029	0.1029	0.1029	0.1029	0.1029	0.1029	0.1029
$x_{39}^{(3)}$	0.1321	0.1321	0.1321	-0.1888	-0.1888	-0.1888	-0.1888	-0.1888	-0.1888	-0.1888	0.1321	0.1321	0.1321	0.1321	0.1321	0.1321	0.1321
$x_{40}^{(3)}$	-0.0877	0.0986	-0.0877	-0.0877	-0.0877	0.1918	-0.0877	0.1918	-0.0877	-0.0877	0.0986	-0.0877	0.0986	-0.0877	-0.0877	0.1918	-0.0877
$x_{41}^{(3)}$	-0.2005	0.0640	0.0052	-0.0536	0.1227	0.0640	-0.1124	0.1227	0.1227	-0.0536	0.1815	-0.1712	0.1815	-0.1712	-0.1124	0.1815	-0.1712
$x_6^{(2)}$	**0.0171**	**0.0757**	**0.1193**	**-0.1118**	**-0.0872**	**-0.0629**	**-0.1200**	**-0.0880**	**-0.1368**	**-0.1723**	**0.1187**	**0.0479**	**0.1187**	**0.0479**	**0.0561**	**0.1296**	**0.0479**

资料来源：将附录 C 各测评变量标准化值及表 5.12 的各测评变量的双重目标值应用于模糊层次线性加权综合测评模型而得。

表 5.14 2011 年惠州市 17 家中小电子设备制造企业技术创新初始测评结果

	y_1	y_2	y_3	y_4	y_5	y_6	y_7	y_8	y_9	y_{10}	y_{11}	y_{12}	y_{13}	y_{14}	y_{15}	y_{16}	y_{17}
$x_{i1}^{(3)}$	-0.1825	1.1327	0.1587	-0.1589	-0.1496	0.3478	-0.1825	-0.1825	-0.0484	-0.1811	0.2777	-0.1581	-0.1332	-0.1809	-0.1825	0.3231	-0.1825
$x_{i2}^{(3)}$	-0.3953	0.6365	0.1162	-0.0409	0.2791	0.1181	-0.3953	-0.3953	0.2438	-0.2912	0.3528	-0.0046	0.2634	-0.2078	-0.3953	0.5108	-0.3953
$x_{i3}^{(3)}$	-0.2135	0.7290	-0.1971	-0.1375	-0.0626	0.1333	-0.2135	-0.2135	0.0312	-0.1598	0.2656	-0.1621	0.6677	-0.2120	-0.2135	0.1720	-0.2135
$x_{i1}^{(2)}$	-0.7913	2.4982	-0.2396	-0.3373	0.0669	0.5992	-0.7913	-0.7913	0.2266	-0.6321	0.8960	-0.3247	0.7979	-0.6007	-0.7913	1.0059	-0.7913
$x_{i4}^{(3)}$	-0.2368	0.1132	-0.0618	0.0257	-0.0618	0.1132	-0.0618	0.0257	0.1132	-0.0618	0.1132	-0.0618	0.1132	-0.0618	-0.0618	0.1132	-0.0618
$x_{i5}^{(3)}$	-0.3157	0.1722	-0.0369	-0.0369	0.0328	0.1025	-0.0369	0.0328	0.0328	-0.0369	0.1722	-0.0369	0.0328	-0.0369	-0.0369	0.1025	-0.1763
$x_{i6}^{(3)}$	-0.2389	0.0796	0.0000	0.0000	0.0000	0.0796	-0.0902	0.0000	-0.0796	-0.0796	0.0796	-0.0796	-0.0796	0.0000	-0.0796	0.1592	-0.0796
$x_{i7}^{(3)}$	-0.1925	0.1143	0.0120	0.0120	0.0120	0.1143	-0.0902	0.0120	0.1143	-0.0902	0.1143	-0.0902	0.1143	-0.0902	-0.0902	0.1143	-0.0902
$x_{i8}^{(3)}$	-0.0451	0.0581	-0.0451	-0.0451	-0.0451	0.2656	-0.0451	-0.0451	0.0609	-0.0451	0.0701	-0.0451	-0.0451	-0.0451	-0.0451	0.0868	-0.0451
$x_{i9}^{(3)}$	-0.0391	-0.0332	-0.0391	-0.0391	-0.0391	0.2442	-0.0391	-0.0391	0.0612	-0.0391	0.1767	-0.0391	-0.0391	-0.0391	-0.0391	0.0208	-0.0391
$x_{i10}^{(3)}$	-0.0647	0.0000	-0.0647	-0.0398	-0.0050	0.0050	-0.0498	-0.0647	0.0000	-0.0398	0.2488	-0.0100	0.0000	-0.0647	-0.0647	0.2786	-0.0647
$x_{i11}^{(3)}$	-0.1616	0.1436	-0.0442	0.0028	-0.0497	0.0967	-0.0442	-0.1616	0.0967	-0.0497	0.1436	-0.0442	0.1436	-0.1616	-0.1616	0.1436	-0.0911
$x_{i12}^{(3)}$	-0.1323	0.1242	-0.0337	0.0453	0.0453	0.0847	-0.0337	-0.1323	0.0453	-0.0453	0.1242	-0.0337	0.1242	-0.1323	-0.1323	0.0847	-0.1323
$x_{i13}^{(3)}$	-0.0812	0.1160	-0.0812	-0.0084	-0.0084	0.0802	-0.0812	-0.0812	0.1160	-0.0802	0.1160	-0.0812	0.0443	-0.0812	-0.0812	0.0802	-0.0812
$x_{i2}^{(2)}$	-1.5079	0.8881	-0.3946	-0.0668	0.0367	1.1859	-0.4919	-0.4534	0.7199	-0.2175	1.3587	-0.5218	0.6474	-0.7129	-0.7925	1.1840	-0.8615
$x_{i14}^{(3)}$	-0.3453	0.3256	-0.0099	-0.0099	-0.0099	0.1579	0.1776	0.3256	0.3256	0.1776	0.1579	0.1776	0.1579	0.1776	0.1776	0.3256	0.1776
$x_{i15}^{(3)}$	-0.2567	0.1492	-0.0537	0.0478	0.0478	0.1492	-0.0537	-0.0537	0.1492	-0.1552	0.1492	-0.0537	0.1492	-0.2567	-0.0537	0.1492	-0.0537
$x_{i16}^{(3)}$	-0.2458	0.1586	-0.1110	0.0238	0.0238	0.1586	-0.0238	-0.1110	0.2933	-0.1110	0.1586	-0.1110	0.2933	-0.3806	-0.1110	0.1586	-0.1110
$x_{i17}^{(3)}$	-0.2209	0.2798	0.0295	0.0295	0.1546	0.0295	-0.0957	-0.0957	0.1546	-0.0957	0.1546	-0.0957	0.1546	-0.3461	-0.0957	0.1546	-0.0957
$x_{i18}^{(3)}$	-0.2308	0.2755	-0.1042	0.0223	0.0223	0.1489	-0.1042	-0.1042	0.1489	-0.1042	0.1489	-0.1042	0.2755	-0.2308	-0.1042	0.1489	-0.1042
$x_{i19}^{(3)}$	-0.1028	0.1967	0.0969	-0.0029	-0.0029	0.1489	-0.1042	-0.0029	0.0969	-0.0029	0.0969	-0.1028	0.0969	-0.4522	-0.0029	0.0969	-0.0029
$x_{i3}^{(2)}$	-1.4023	1.3854	-0.1525	0.1105	0.2357	0.6411	-0.4104	-0.3775	1.1686	-0.6467	0.8661	-0.6450	1.1275	-1.8440	-0.5452	1.0338	-0.5452

续表 5.14

	y_1	y_2	y_3	y_4	y_5	y_6	y_7	y_8	y_9	y_{10}	y_{11}	y_{12}	y_{13}	y_{14}	y_{15}	y_{16}	y_{17}
$x_{120}^{(3)}$	-0.1171	0.3254	-0.1171	-0.1171	-0.1171	0.3254	-0.1171	-0.1171	0.1041	-0.1171	0.3254	-0.1171	-0.1171	-0.1171	-0.1171	0.3254	-0.1171
$x_{121}^{(3)}$	-0.1367	0.3797	-0.1367	-0.1367	-0.1367	0.1215	-0.1367	-0.1367	0.3797	-0.1367	0.3797	-0.1367	-0.1367	-0.1367	-0.1367	0.3797	-0.1367
$x_{122}^{(3)}$	-0.1733	0.3178	0.0722	-0.1733	-0.1733	0.3178	-0.1733	0.0722	0.3178	-0.1733	0.3178	-0.1733	-0.1733	-0.1733	-0.1733	0.3178	-0.1733
$x_{123}^{(3)}$	-0.1310	0.1872	-0.1310	0.1872	-0.1310	0.1872	0.1872	-0.1310	0.1872	-0.1310	0.1872	-0.1310	-0.1310	-0.1310	-0.1310	0.1872	-0.1310
$x_{124}^{(3)}$	-0.1289	0.4970	0.1841	-0.1289	-0.1289	0.1841	-0.1289	-0.1289	0.1841	-0.1289	0.1841	-0.1289	-0.1289	-0.1289	-0.1289	0.1841	-0.1289
$x_{14}^{(2)}$	**-0.6870**	**1.7071**	**-0.1286**	**-0.3689**	**-0.6870**	**1.1359**	**-0.3689**	**-0.4415**	**1.1729**	**-0.6870**	**1.3941**	**-0.6870**	**-0.6870**	**-0.6870**	**-0.6870**	**1.3941**	**-0.6870**
$x_{125}^{(3)}$	-0.0385	-0.0042	-0.0046	0.2178	0.0276	-0.0292	-0.0347	-0.0345	-0.0353	-0.0197	-0.0195	-0.0311	-0.0204	-0.0060	-0.0341	0.0999	-0.0334
$x_{126}^{(3)}$	-0.0447	-0.0010	0.0747	0.1754	0.0313	-0.0362	-0.0411	-0.0397	-0.0416	-0.0118	-0.0187	-0.0350	-0.0170	-0.0347	-0.0376	0.1203	0.0426
$x_{127}^{(3)}$	-0.0695	0.0113	0.0657	0.2893	0.0710	-0.0577	-0.0629	-0.0598	-0.0694	-0.0077	-0.0197	-0.0534	-0.0174	-0.0610	-0.0569	0.1636	-0.0653
$x_{128}^{(3)}$	-0.0700	0.0643	0.0139	0.0211	0.0813	0.0565	0.0079	0.0405	0.0624	0.0048	0.0699	0.3163	0.1283	0.1151	0.0188	0.1221	0.1904
$x_{129}^{(3)}$	-0.0826	0.1667	0.0421	-0.0538	0.0673	-0.0261	-0.0641	-0.0474	-0.0441	-0.0606	0.1785	-0.0715	-0.0447	-0.0505	0.0741	0.2206	-0.0557
$x_{130}^{(3)}$	-0.2987	0.1428	-0.0043	-0.0043	0.0693	0.0693	-0.1515	-0.0693	-0.0043	-0.0779	0.1428	-0.0043	0.1428	-0.2251	0.0693	0.1428	-0.0779
$x_{131}^{(3)}$	0.0000	0.1137	0.0000	0.0000	0.1137	0.1137	0.0000	0.0000	0.0000	0.1137	0.0000	0.1137	0.1137	-0.2275	-0.1137	0.1137	0.0000
$x_{132}^{(3)}$	-0.0171	0.0798	0.0171	0.0798	0.0798	0.0798	-0.1141	-0.0171	0.0798	0.1141	0.0798	-0.1141	0.1768	-0.2110	0.1141	0.1768	-0.1141
$x_{133}^{(3)}$	-0.0263	0.1229	-0.0263	0.0483	0.1229	0.0483	0.1010	0.0483	0.0483	-0.1010	0.0483	-0.1010	0.1229	-0.1756	-0.1010	0.1229	-0.1010
$x_{134}^{(3)}$	-0.0938	0.0833	-0.0052	0.0833	0.0833	-0.0052	-0.0052	0.0833	0.0833	-0.1823	0.0833	-0.0938	0.1719	-0.2708	-0.0052	0.0833	-0.0938
$x_{15}^{(2)}$	**-0.7411**	**0.7798**	**0.1388**	**0.8569**	**0.7476**	**0.2131**	**-0.5667**	**0.0428**	**0.0790**	**-0.6840**	**0.5448**	**-0.9342**	**0.7569**	**-1.3772**	**-0.4485**	**1.3661**	**-0.7741**
$x_{135}^{(3)}$	-0.0212	-0.0212	0.5410	-0.0378	-0.0378	-0.0378	-0.0378	-0.0378	-0.0378	-0.0378	-0.0335	-0.0335	-0.0335	-0.0335	-0.0335	-0.0335	-0.0335
$x_{136}^{(3)}$	0.1204	0.1204	0.1204	-0.0843	-0.0843	-0.0843	-0.0843	-0.2890	-0.2890	-0.2890	0.1204	0.1204	0.1204	0.1204	0.1204	0.1204	0.1204
$x_{137}^{(3)}$	0.1132	0.1132	0.1132	-0.1618	-0.1618	-0.1618	-0.1618	-0.1618	-0.1618	-0.1618	0.1132	0.1132	0.1132	0.1132	0.1132	0.1132	0.1132
$x_{138}^{(3)}$	-0.0598	-0.0598	-0.0598	-0.0598	-0.0598	-0.0598	-0.0598	-0.0598	-0.2632	-0.2632	0.1435	0.1435	0.1435	0.1435	0.1435	0.1435	0.1435
$x_{139}^{(3)}$	0.1321	0.1321	0.1321	-0.1888	-0.1888	-0.1888	-0.1888	-0.1888	-0.1888	-0.1888	0.1321	0.1321	0.1321	0.1321	0.1321	0.1321	0.1321
$x_{140}^{(3)}$	-0.0950	-0.0950	-0.0950	-0.0950	0.0000	0.1899	-0.0950	0.1899	0.0000	-0.0950	0.0950	-0.0950	-0.0950	-0.0950	-0.0950	0.1899	-0.0950
$x_{141}^{(3)}$	-0.1913	0.0855	-0.0529	-0.0529	0.1546	0.0163	-0.1221	0.0855	0.1546	-0.0529	0.1546	-0.0529	0.1546	-0.1913	-0.1221	0.2238	-0.1913
$x_{16}^{(2)}$	**-0.0014**	**0.4652**	**0.6991**	**-0.6803**	**-0.3778**	**-0.3262**	**-0.7494**	**-0.4618**	**-0.7858**	**-1.0883**	**0.7255**	**0.3280**	**0.7255**	**0.1897**	**0.2588**	**0.8896**	**0.1897**

资料来源：将附录 E 各测评变量标准化值及表 5.12 的各测评变量的权重目标值应用于模糊层次线性加权综合测评模型而得。

表5.15　2006年惠州市17家中小电子设备制造企业技术创新能力百分制评价等级

	y_1	y_2	y_3	y_4	y_5	y_6	y_7	y_8	y_9
$x_{i1}^{(2)}$	5.56	94.44	26.44	26.11	39.39	70.28	5.56	5.56	52.24
$x_{i2}^{(2)}$	5.56	84.63	36.46	47.16	55.73	87.49	37.21	38.73	63.82
$x_{i3}^{(2)}$	23.83	94.44	46.27	60.09	69.82	72.05	36.22	42.30	86.20
$x_{i4}^{(2)}$	5.56	94.44	5.56	5.56	5.56	81.95	5.56	5.56	85.09
$x_{i5}^{(2)}$	19.94	70.98	62.24	59.23	72.12	60.28	35.56	56.04	56.94
$x_{i6}^{(2)}$	61.31	78.56	91.40	23.35	30.60	37.77	20.94	30.36	15.99
x_i	**18.63**	**86.72**	**43.31**	**37.69**	**46.55**	**69.85**	**23.93**	**29.55**	**60.57**
排序	17	2	8	9	7	4	14	11	6
	y_{10}	y_{11}	y_{12}	y_{13}	y_{14}	y_{15}	y_{16}	y_{17}	
$x_{i1}^{(2)}$	10.79	70.68	24.67	66.66	12.28	5.56	78.45	5.56	
$x_{i2}^{(2)}$	28.92	94.44	20.70	76.63	27.05	29.74	88.31	25.37	
$x_{i3}^{(2)}$	27.65	78.39	27.39	88.23	5.56	42.30	84.47	36.22	
$x_{i4}^{(2)}$	5.56	93.75	5.56	5.56	5.56	5.56	93.75	5.56	
$x_{i5}^{(2)}$	29.72	73.96	24.36	80.55	5.56	49.32	94.44	32.37	
$x_{i6}^{(2)}$	5.56	91.25	70.38	91.25	70.38	72.79	94.44	70.38	
x_i	**18.69**	**83.76**	**28.03**	**69.16**	**20.70**	**32.72**	**88.32**	**28.01**	
排序	16	3	12	5	15	10	1	13	

资料来源：将表5.13中第2层测评变量的初始测定结果非负化，并对其非负化数值进行百分制转换而得。

表5.16　2011年惠州市17家中小电子设备制造企业技术创新能力百分制评价等级

	y_1	y_2	y_3	y_4	y_5	y_6	y_7	y_8	y_9
$x_{i1}^{(2)}$	5.56	94.44	20.46	17.82	28.75	43.13	5.56	5.56	33.06
$x_{i2}^{(2)}$	5.56	79.85	40.07	50.24	53.45	89.09	37.06	38.25	74.64
$x_{i3}^{(2)}$	17.71	94.44	52.11	59.35	62.80	73.96	45.01	45.92	88.48
$x_{i4}^{(2)}$	5.56	94.44	26.29	17.37	5.56	73.24	17.37	14.67	74.61
$x_{i5}^{(2)}$	26.17	75.45	54.68	77.95	74.40	57.09	31.82	51.57	52.74
$x_{i6}^{(2)}$	54.40	75.37	85.88	23.89	37.49	39.81	20.79	33.71	19.15
x_i	**5.56**	**94.44**	**41.31**	**36.20**	**40.22**	**65.91**	**17.24**	**23.34**	**58.16**
排序	17	1	7	9	8	4	14	10	6
	y_{10}	y_{11}	y_{12}	y_{13}	y_{14}	y_{15}	y_{16}	y_{17}	
$x_{i1}^{(2)}$	9.86	51.15	18.16	48.50	10.71	5.56	54.12	5.56	
$x_{i2}^{(2)}$	45.57	94.44	36.13	72.39	30.21	27.74	89.03	25.60	
$x_{i3}^{(2)}$	38.51	80.15	38.56	87.34	5.56	41.30	84.77	41.30	
$x_{i4}^{(2)}$	5.56	82.83	5.56	5.56	5.56	5.56	82.83	5.56	

续表 5.16

	y_{10}	y_{11}	y_{12}	y_{13}	y_{14}	y_{15}	y_{16}	y_{17}
$x_{i5}^{(2)}$	28.02	67.83	19.91	74.71	5.56	35.65	94.44	25.10
$x_{i6}^{(2)}$	5.56	87.07	69.21	87.07	62.99	66.10	94.44	62.99
x_i	**13.54**	**83.29**	**23.29**	**64.97**	**8.82**	**20.78**	**89.83**	**17.65**
排序	15	3	11	5	16	12	2	13

资料来源：将表 5.14 中第 2 层测评变量的初始测定结果非负化，并对其非负化数值进行百分制转换而得。

将表 5.15、表 5.16 中各企业技术创新能力的百分制值评价等级按 9 个模糊评价等级（极弱、非常弱、很弱、较弱、一般、较强、很强、非常强、极强），所对应的百分制评价等级区域为 [0.00, 11.11]，[11.11, 22.22]，[22.22, 33.33]，[33.33, 44.44]，[44.44, 55.56]，[55.56, 66.67]，[66.67, 77.78]，[77.78, 88.89]，[88.89, 100.00]①，转换成模糊评价等级，见表 5.17、表 5.18。

表 5.17　2006 年惠州市 17 家中小电子设备制造企业技术创新能力的模糊评价等级

	y_1	y_2	y_3	y_4	y_5	y_6	y_7	y_8	y_9
$x_{i1}^{(2)}$	极弱	极强	非常弱	非常弱	较强	较强	极弱	极弱	一般
$x_{i2}^{(2)}$	极弱	非常强	很弱	较弱	一般	非常强	很弱	很弱	较强
$x_{i3}^{(2)}$	非常弱	极强	较弱	一般	较弱	很弱	较弱	较弱	非常强
$x_{i4}^{(2)}$	极弱	极弱	极弱	极弱	极弱	极弱	很弱	极弱	极弱
$x_{i5}^{(2)}$	非常弱	较强	较强	一般	较弱	一般	一般	一般	一般
$x_{i6}^{(2)}$	较强	很强	非常弱	很弱	很弱	很弱	很弱	很弱	极弱
x_i	**非常弱**	**非常强**	**较弱**	**很弱**	**较弱**	**较强**	**非常弱**	**很弱**	**一般**
排序	17	2	8	9	7	4	14	11	6

	y_{10}	y_{11}	y_{12}	y_{13}	y_{14}	y_{15}	y_{16}	y_{17}
$x_{i1}^{(2)}$	极弱	较强	非常弱	较强	极弱	极弱	很强	极弱
$x_{i2}^{(2)}$	很弱	极强	很弱	非常强	极弱	非常弱	非常强	非常弱
$x_{i3}^{(2)}$	非常弱	很强	一般	非常弱	极弱	较强	极强	一般
$x_{i4}^{(2)}$	极弱	非常强	极弱	极弱	极弱	极弱	非常强	极弱
$x_{i5}^{(2)}$	很弱	很强	很弱	很强	极弱	较弱	极强	较弱
$x_{i6}^{(2)}$	极弱	非常强	较强	非常强	较强	较强	极强	较强
x_i	**非常弱**	**非常强**	**很弱**	**较强**	**非常弱**	**很弱**	**非常强**	**很弱**
排序	16	3	12	5	15	10	1	13

资料来源：将表 5.15 中各测评变量的百分制评价等级转换成模糊评价等级而得。

---

① 按统计分组规则，两相邻组的重叠值归入值大的那个组。

表 5.18 2011 年惠州市 17 家中小电子设备制造企业技术创新能力的模糊评价等级

	y_1	y_2	y_3	y_4	y_5	y_6	y_7	y_8	y_9
$x_{i1}^{(2)}$	极弱	极强	非常弱	非常弱	很弱	较弱	极弱	极弱	很弱
$x_{i2}^{(2)}$	极弱	非常强	较弱	一般	一般	极强	较弱	较弱	很强
$x_{i3}^{(2)}$	非常弱	极强	一般	较强	较强	很强	一般	一般	88.48
$x_{i4}^{(2)}$	极弱	极强	很弱	非常弱	非常弱	非常弱	非常弱	非常弱	很强
$x_{i5}^{(2)}$	很弱	很强	一般	非常强	很弱	较弱	较弱	一般	一般
$x_{i6}^{(2)}$	一般	很强	非常强	很弱	较弱	非常弱	非常弱	较弱	非常弱
x_i	**极弱**	**极强**	**较弱**	**较弱**	**较弱**	**较强**	**非常弱**	**很弱**	**较强**
排序	17	1	7	9	8	4	14	10	6

	y_{10}	y_{11}	y_{12}	y_{13}	y_{14}	y_{15}	y_{16}	y_{17}
$x_{i1}^{(2)}$	极弱	一般	非常弱	一般	非常弱	极弱	一般	极弱
$x_{i2}^{(2)}$	一般	极强	较弱	很强	很强	一般	极强	很强
$x_{i3}^{(2)}$	较弱	非常强	较弱	非常强	非常强	非常强	非常强	非常强
$x_{i4}^{(2)}$	极弱	非常强	极弱	极弱	非常弱	非常弱	非常弱	极弱
$x_{i5}^{(2)}$	很弱	很强	非常弱	很弱	非常弱	非常弱	很强	很弱
$x_{i6}^{(2)}$	极弱	非常强	非常弱	非常弱	非常弱	较弱	极弱	较强
x_i	**非常弱**	**非常强**	**很弱**	**较强**	**非常弱**	**非常弱**	**极强**	**非常弱**
排序	15	3	11	5	16	12	2	13

资料来源：将表 5.16 中各测评变量的百分制评价等级转换成模糊评价等级而得。

5.7.2 2006 年与 2011 年企业间的纵向测定

设 $y_i^{(0)}$ 表示 2006 年第 i 个企业，$y_i^{(1)}$ 表示 2011 年第 i 个企业。同样，在包容以上测评变量信息重叠的条件下，将 2006 年与 2011 年各测评指标数据放置同一平面，对其技术创新能力进行测定，即将其各测评变量标准化值及表 5.12 各测评变量权重目标值应用于技术创新模糊层次线性加权综合测评模型，即（4.10）式，其运行初始测定结果见附录 H。

对第 2 层测评变量的初始测定结果非负化，并对其非负化数值进行百分制转换和模糊评价等级，其转换结果见表 5.19、表 5.20。

表 5.19　2006 年与 2011 年惠州市 17 家中小电子设备制造企业技术创新能力的百分制评价等级

	$y_1^{(0)}$	$y_1^{(1)}$	$y_2^{(0)}$	$y_2^{(1)}$	$y_3^{(0)}$	$y_3^{(1)}$	$y_4^{(0)}$	$y_4^{(1)}$	$y_5^{(0)}$	$y_5^{(1)}$	$y_6^{(0)}$	$y_6^{(1)}$	$y_7^{(0)}$	$y_7^{(1)}$	$y_8^{(0)}$	$y_8^{(1)}$	$y_9^{(0)}$
$x_{i1}^{(2)}$	5.56	5.56	40.99	94.44	17.47	18.14	15.54	16.33	22.92	25.88	28.81	42.62	5.56	5.56	5.56	5.56	25.47
$x_{i2}^{(2)}$	5.56	5.56	76.38	77.97	33.59	36.61	45.31	48.14	49.05	51.98	88.11	87.97	33.90	36.87	32.02	34.47	59.93
$x_{i3}^{(2)}$	28.69	17.75	94.44	94.44	49.39	52.12	62.78	59.13	70.95	62.78	73.51	73.51	41.10	44.72	45.74	45.74	85.42
$x_{i4}^{(2)}$	5.56	5.56	85.24	94.45	5.56	26.36	5.56	17.60	5.56	5.56	73.36	73.36	5.56	17.60	5.56	14.76	74.71
$x_{i5}^{(2)}$	19.32	28.52	60.66	74.43	48.15	56.28	51.23	80.58	60.38	73.87	53.54	55.84	32.34	33.25	49.48	50.71	50.65
$x_{i6}^{(2)}$	38.87	64.19	55.68	79.87	55.63	94.45	17.70	46.98	24.45	57.06	32.22	59.24	15.45	44.73	28.37	55.39	15.64
x_i	5.56	8.60	69.43	94.44	28.21	40.09	28.11	39.78	35.88	43.05	56.83	65.72	13.60	21.41	19.36	25.54	49.32
排序	34	32	5	1	17	14	18	15	16	13	10	7	28	21	25	19	12

	$y_9^{(1)}$	$y_{10}^{(0)}$	$y_{10}^{(1)}$	$y_{11}^{(0)}$	$y_{11}^{(1)}$	$y_{12}^{(0)}$	$y_{12}^{(1)}$	$y_{13}^{(0)}$	$y_{13}^{(1)}$	$y_{14}^{(0)}$	$y_{14}^{(1)}$	$y_{15}^{(0)}$	$y_{15}^{(1)}$	$y_{16}^{(0)}$	$y_{16}^{(1)}$	$y_{17}^{(0)}$	$y_{17}^{(1)}$
$x_{i1}^{(2)}$	30.77	7.97	9.45	30.79	49.55	15.56	16.47	31.03	46.85	9.68	9.83	5.56	26.45	34.15	51.75	5.56	5.56
$x_{i2}^{(2)}$	72.00	25.27	46.91	92.91	94.45	16.23	35.86	67.64	69.19	44.76	29.13	26.45	45.74	85.44	88.34	22.35	23.94
$x_{i3}^{(2)}$	88.15	32.16	38.51	79.89	79.89	32.02	38.37	89.64	87.05	9.21	5.56	45.74	41.10	84.53	84.53	41.10	41.10
$x_{i4}^{(2)}$	74.71	5.56	5.56	82.85	82.85	5.56	5.56	5.56	5.56	5.56	5.56	5.56	5.56	82.85	82.85	5.56	5.56
$x_{i5}^{(2)}$	51.75	25.19	30.42	60.18	67.09	21.70	23.33	69.64	71.77	5.56	10.38	43.61	36.20	75.15	94.44	29.20	27.71
$x_{i6}^{(2)}$	44.92	5.56	34.83	63.40	87.60	43.23	74.17	63.40	87.60	69.67	69.67	45.47	71.92	66.74	93.19	43.23	69.67
x_i	58.95	7.60	19.73	67.29	78.57	13.00	24.07	54.44	63.30	9.33	9.93	19.60	21.15	71.03	84.89	14.61	18.67
排序	9	33	23	6	3	29	20	11	8	31	30	24	22	4	2	27	26

资料来源：将附录 H 中第 2 层测评变量的初始测定结果非负化，并对其非负化数值进行百分制转换而得。

表 5.20 2006年与2011年惠州市17家中小电子设备制造企业技术创新能力的模糊评价等级

	$y_1^{(0)}$	$y_1^{(1)}$	$y_2^{(0)}$	$y_2^{(1)}$	$y_3^{(0)}$	$y_3^{(1)}$	$y_4^{(0)}$	$y_4^{(1)}$	$y_5^{(0)}$	$y_5^{(1)}$	$y_6^{(0)}$	$y_6^{(1)}$	$y_7^{(0)}$	$y_7^{(1)}$	$y_8^{(0)}$	$y_8^{(1)}$	$y_9^{(0)}$
$x_{i1}^{(2)}$	极弱	极弱	较弱	极强	非常弱	非常弱	非常弱	非常弱	很弱	很弱	很弱	较弱	极弱	极弱	极弱	极弱	很弱
$x_{i2}^{(2)}$	极弱	极弱	很强	非常强	较弱	极弱	一般	一般	一般	较强	非常强	非常强	较弱	较弱	极弱	一般	较强
$x_{i3}^{(2)}$	很弱	非常弱	较弱	极强	一般	较弱	较弱	较弱	很强	较弱	很强	很强	较弱	一般	一般	一般	非常强
$x_{i4}^{(2)}$	极弱	很强	非常强	很强	一般	较强	极弱	非常弱	极弱	很弱	一般	较弱	较弱	非常强	极弱	非常弱	很强
$x_{i5}^{(2)}$	非常弱	很弱	较弱	非常强	很弱	较弱	非常弱	一般	较弱	较弱	很强	较强	很强	很强	很弱	一般	非常弱
$x_{i6}^{(2)}$	较弱	极弱	很强	极强	很弱	较弱	很弱	较弱	较强	较弱	较强	较强	非常弱	非常弱	非常弱	很强	一般
排序	34	32	23	5	1	17	29	14	18	15	16	13	10	7	28	21	25	19	12

	$y_9^{(1)}$	$y_{10}^{(0)}$	$y_{10}^{(1)}$	$y_{11}^{(0)}$	$y_{11}^{(1)}$	$y_{12}^{(0)}$	$y_{12}^{(1)}$	$y_{13}^{(0)}$	$y_{13}^{(1)}$	$y_{14}^{(0)}$	$y_{14}^{(1)}$	$y_{15}^{(0)}$	$y_{15}^{(1)}$	$y_{16}^{(0)}$	$y_{16}^{(1)}$	$y_{17}^{(0)}$	$y_{17}^{(1)}$
$x_{i1}^{(2)}$	很弱	极弱	极弱	很弱	非常弱	非常弱	很弱	一般	非常强	极弱	极弱	极弱	极弱	一般	极弱	极弱	极弱
$x_{i2}^{(2)}$	极弱	极弱	一般	非常强	非常强	非常弱	较弱	非常强	非常弱	极弱	较弱	较弱	极弱	非常强	较弱	较弱	较弱
$x_{i3}^{(2)}$	非常弱	极弱	极弱	极弱	极弱	较弱	较弱	较弱	非常强	极弱	较弱	较弱	较弱	非常强	非常强	较弱	较弱
$x_{i4}^{(2)}$	很弱	很弱	极弱	非常强	非常强	较弱	较弱	较弱	一般	极弱	较弱	较弱	较弱	很强	较强	较弱	较弱
$x_{i5}^{(2)}$	一般	很弱	较弱	非常强	很弱	较弱	很强	非常强	一般	极弱	一般	一般	一般	很强	很强	非常弱	非常弱
$x_{i6}^{(2)}$	一般	极弱	较强	非常强	非常强	很强	很强	较强	一般	极弱	极弱	非常强	非常弱	非常强	非常强	非常弱	非常弱
排序	9	33	23	3	6	29	20	11	8	31	30	22	24	2	4	27	26

资料来源：将表5.19中各测评变量的百分制评价等级转换成模糊评价等级而得。

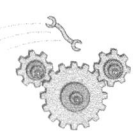

5.8 小结

本章针对企业技术创新模糊线性层次加权综合测评模型对工业企业的应用展开了一些相关性的研究。

1）界定了本书中中小工业企业范围。本书中小工业企业的范围是指职工人数在 2 000 人以下或销售额在 3 亿元以下或资产总额在 4 亿元以下的工业企业。

2）分析了技术创新测评变量构建的原则。构建中小工业企业技术创新测评变量应遵循的基本原则主要有以下四条：一是目的性原则；二是系统性原则；三是独立性原则；四是可操作性原则。

3）从技术创新能力的含义、技术创新过程的理论、测评变量构建的原则等出发，将中小工业企业的技术创新能力的构成分解为技术创新的投入能力、产出能力、管理能力、营销能力，以及中小工业企业内部环境与条件、中小工业企业外部环境与条件六个方面，且各种能力交互作用、相互推动和促进。在此基础上构建了一个多层次系统的中小工业企业技术创新能力测评变量体系。这个测评变量体系由 1 个目标（一级）测评变量，6 个准则（二级）测评变量，41 个方案（三级）测评变量组成。

4）对属性测评变量的原始值进行百分制评价等级转换的方法进行了阐述。

5）对变量值常用的无量纲化处理方法（即标准化处理法、比重处理法、比例处理法、极值处理法、功效系数法）进行了简要阐述和比较分析，选用了虽然要求样本数据较多，但充分利用了原始数据所有信息、客观性较强的标准化处理法，作为技术创新模糊层次线性加权综合测评模型中测评变量原始数据的预处理方法。

6）比较和分析了可用于技术创新模糊层次线性加权综合测评模型中测评变量权重值确定的三种方法（即德尔菲赋权法或主观赋权法、变异系数赋权法或客观赋权法、层次分析赋权法或主客观相结合赋权法），选取了能将人们对测评变量赋权的思维过程数学化和系统化的、主客观相结合的层次分析赋权法，作为技术创新模糊层次线性加权综合测评模型中测评变量权重的赋值方法。

7）阐述了运用层次分析赋权法对中小工业企业技术创新测评变量进行赋权的基本方法和步骤。

8）根据系统随机抽样法，把被抽中的并为有效问卷的惠州市 17 家中小电子设备制造企业作为测评对象。

9）将以问卷形式向测评企业实地搜集的数据和文献调查数据作为本书两种应用测评模型中测评变量的原始数据；并对测评变量的原始数据进行了标准化处理，以测评变量标准化数据作为技术创新模糊层次线性加权综合测评模型对中小工业企业的应用数据。

10）把以问卷形式向测评企业、惠州市有经验的技术创新管理人员、有技术

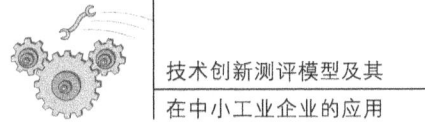

创新理论知识的专家（学者）搜集的对测评变量作用程度赋值的均值，作为技术创新模糊层次线性加权综合测评模型中中小工业企业技术创新测评变量权重值的初始值。

11）采用层次赋权法，对技术创新模糊层次线性加权综合测评模型中测评变量权重的初始值进行了相关数据处理，确定了测评变量权重的目标值（即测评模型中中小工业企业技术创新测评变量的应用权重值）。

12）应用模糊层次线性加权综合测评模型，对 2006 年及 2011 年惠州市 17 家中小电子设备制造企业的技术创新综合能力进行了测定。并且，采用了两种形式表达其测定结果：一是量化清晰并方便排序的百分制评价等级；二是比较符合人们思维和习惯的模糊评价等级。

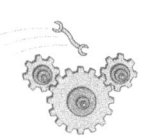

6 技术创新模糊层次主成分分析测评模型在中小工业企业的应用

6.1 第3层测评变量间相关系数的计算

依据附录 C 的测评变量的原始数据，运用统计软件 SPSS 13.0 计算第 3 层次各测评变量间的相关程度，运算结果见附录 G。

从附录 G 中各测评变量间的相关程度来看，大部分测评变量间有较高的相关性，绝大部分测评变量间的相关系数大于 0.3，变量间重叠信息较大。从数理角度来看，应用模糊层次主成分分析测评模型对 2006 年惠州市 17 家中小电子设备制造企业技术创新能力进行综合测评和分析，能够取得良好的效果。

6.2 第3层主测评分量的提取

（1）技术创新投入能力

通过 SPSS 13.0 分析（下同），依据附录 C 有关数据（下同），在中小工业企业技术创新投入能力 3 个原始测评变量中，提取 2 个特征值大于 0.4 的主测评分量，可达到良好的效果（见表 6.1～6.3）。

表 6.1 技术创新投入能力原始测评变量信息的提取

	初始	提取
$x_{i1}^{(3)}$	1.0000	0.9599
$x_{i2}^{(3)}$	1.0000	0.9097
$x_{i3}^{(3)}$	1.0000	0.9820

提取方法：主成分分析。

表 6.2　技术创新投入能力主测评分量方差分析

成分	初始特征值			提取平方和载荷		
	合计	方差的%	累计%	合计	方差的%	累计%
1（$F_{i1}^{(3)}$）	2.3557	78.5249	78.5249	2.3557	78.5249	78.5249
2（$F_{i2}^{(3)}$）	0.4958	16.5261	95.0510	0.4958	16.5261	95.0510
3	0.1485	4.9490	100.0000			

提取方法：主成分分析。

注：空白部分表示提取主成分信息，其余信息丢失或舍去。这是 SPSS 统计软件自动生成的。下同。

表 6.3　技术创新投入能力主测评分量载荷矩阵

	成分	
	$F_{i1}^{(3)}$	$F_{i2}^{(3)}$
$x_{i1}^{(3)}$	0.8704	−0.4498
$x_{i2}^{(3)}$	0.9519	−0.0593
$x_{i3}^{(3)}$	0.8319	0.5385

已提取 2 个成分。

（2）技术创新产出能力

在中小工业企业技术创新产出能力 10 个原始测评变量中，提取 3 个特征值大于 0.6 的主测评分量，可达到良好的效果，见表 6.4～6.6。

表 6.4　技术创新产出能力原始测评变量信息的提取

	初始	提取		初始	提取
$x_{i4}^{(3)}$	1.0000	0.8805	$x_{i9}^{(3)}$	1.0000	0.9384
$x_{i5}^{(3)}$	1.0000	0.7800	$x_{i10}^{(3)}$	1.0000	0.9665
$x_{i6}^{(3)}$	1.0000	0.8336	$x_{i11}^{(3)}$	1.0000	0.9116
$x_{i7}^{(3)}$	1.0000	0.9065	$x_{i12}^{(3)}$	1.0000	0.8433
$x_{i8}^{(3)}$	1.0000	0.9497	$x_{i13}^{(3)}$	1.0000	0.7910

提取方法：主成分分析。

表 6.5　技术创新产出能力主测评分量方差分析

成分	初始特征值			提取平方和载荷		
	合计	方差的%	累计%	合计	方差的%	累计%
1（$F_{i3}^{(3)}$）	6.9116	69.1159	69.1159	6.9116	69.1159	69.1159
2（$F_{i4}^{(3)}$）	1.2261	12.2614	81.3774	1.2261	12.2614	81.3774
3（$F_{i5}^{(3)}$）	0.6633	6.6326	88.0100	0.6633	6.6326	88.0100
4	0.4125	4.1250	92.1350			
5	0.2495	2.4951	94.6302			

续表 6.5

成分	初始特征值			提取平方和载荷		
	合计	方差的%	累计%	合计	方差的%	累计%
6	0.2276	2.2757	96.9059			
7	0.1322	1.3222	98.2281			
8	0.0941	0.9414	99.1695			
9	0.0635	0.6348	99.8043			
10	0.0196	0.1957	100.0000			

提取方法：主成分分析。

表 6.6　技术创新产出能力主测评分量载荷矩阵

	成分				成分		
	$F_{i3}^{(3)}$	$F_{i4}^{(3)}$	$F_{i5}^{(3)}$		$F_{i3}^{(3)}$	$F_{i4}^{(3)}$	$F_{i5}^{(3)}$
$x_{i4}^{(3)}$	0.9149	-0.1596	-0.1342	$x_{i9}^{(3)}$	0.6555	0.7127	-0.0286
$x_{i5}^{(3)}$	0.8698	-0.1529	0.0023	$x_{i10}^{(3)}$	0.6828	0.0871	0.7019
$x_{i6}^{(3)}$	0.8588	-0.3041	-0.0594	$x_{i11}^{(3)}$	0.9486	-0.0789	0.0738
$x_{i7}^{(3)}$	0.8340	-0.3848	-0.2508	$x_{i12}^{(3)}$	0.8994	-0.1381	0.1234
$x_{i8}^{(3)}$	0.7153	0.6208	-0.2292	$x_{i13}^{(3)}$	0.8766	0.1020	-0.1101

已提取 3 个成分。

(3) 技术创新管理能力

在中小工业企业技术创新管理能力 6 个原始测评变量中，提取 2 个特征值大于 0.4 的主测评分量，可达到良好的效果，见表 6.7～6.9。

表 6.7　技术创新管理能力原始测评变量信息的提取

	初始	提取		初始	提取
$x_{i14}^{(3)}$	1.0000	0.9200	$x_{i17}^{(3)}$	1.0000	0.8873
$x_{i15}^{(3)}$	1.0000	0.8934	$x_{i18}^{(3)}$	1.0000	0.9312
$x_{i16}^{(3)}$	1.0000	0.9134	$x_{i19}^{(3)}$	1.0000	0.9785

提取方法：主成分分析。

表 6.8　技术创新管理能力主测评分量方差分析

成分	初始特征值			提取平方和载荷		
	合计	方差的%	累计%	合计	方差的%	累计%
1 ($F_{i6}^{(3)}$)	5.0305	83.8424	83.8424	5.0305	83.8424	83.8424
2 ($F_{i7}^{(3)}$)	0.4932	8.2202	92.0626	0.4932	8.2202	92.0626
3	0.1831	3.0521	95.1147			

续表 6.8

成分	初始特征值			提取平方和载荷		
	合计	方差的%	累计%	合计	方差的%	累计%
4	0.1418	2.3634	97.4780			
5	0.1014	1.6893	99.1673			
6	0.0500	0.8327	100.0000			

提取方法：主成分分析。

表 6.9　技术创新管理能力主测评分量载荷矩阵

	成分			成分	
	$F_{i6}^{(3)}$	$F_{i7}^{(3)}$		$F_{i6}^{(3)}$	$F_{i7}^{(3)}$
$x_{i14}^{(3)}$	0.9149	-0.1596	$x_{i17}^{(3)}$	0.6555	0.7127
$x_{i15}^{(3)}$	0.8698	-0.1529	$x_{i18}^{(3)}$	0.6828	0.0871
$x_{i16}^{(3)}$	0.8588	-0.3041	$x_{i19}^{(3)}$	0.9486	-0.0789

已提取 2 个成分。

（4）新产品营销能力

在中小工业企业技术创新营销能力 5 个原始测评变量中，提取 1 个特征值大于 1 的主测评分量，可达到良好的效果，见表 6.10～6.12。

表 6.10　新产品营销能力原始测评变量信息的提取

	初始	提取		初始	提取
$x_{i20}^{(3)}$	1.0000	0.9516	$x_{i23}^{(3)}$	1.0000	0.9941
$x_{i21}^{(3)}$	1.0000	0.9516	$x_{i24}^{(3)}$	1.0000	0.8927
$x_{i22}^{(3)}$	1.0000	0.9051			

提取方法：主成分分析。

表 6.11　新产品营销能力主测评分量方差分析

成分	初始特征值			提取平方和载荷		
	合计	方差的%	累计%	合计	方差的%	累计%
1（$F_{i8}^{(3)}$）	4.6951	93.9014	93.9014	4.6951	93.9014	93.9014
2	0.1989	3.9786	97.8800			
3	0.0817	1.6348	99.5148			
4	0.0243	0.4852	100.0000			
5	0.0000	0.0000	100.0000			

提取方法：主成分分析。

6 技术创新模糊层次主成分分析测评模型在中小工业企业的应用

表 6.12 新产品营销能力主测评分量载荷矩阵

	成分 $F_{i8}^{(3)}$		成分 $F_{i8}^{(3)}$		成分 $F_{i8}^{(3)}$
$x_{i20}^{(3)}$	0.9755	$x_{i22}^{(3)}$	0.9514	$x_{i24}^{(3)}$	0.9448
$x_{i21}^{(3)}$	0.9755	$x_{i23}^{(3)}$	0.9970		

已提取 1 个成分。

(5) 企业内部环境与条件

在中小工业企业技术创新内部环境与条件 10 个原始测评变量中, 提取 3 个特征值大于 0.8 的主测评分量, 可达到良好的效果, 见表 6.13～6.15。

表 6.13 企业技术创新内部环境与条件原始测评变量信息的提取

	初始	提取		初始	提取
$x_{i25}^{(3)}$	1.0000	0.9581	$x_{i30}^{(3)}$	1.0000	0.8795
$x_{i26}^{(3)}$	1.0000	0.9246	$x_{i31}^{(3)}$	1.0000	0.8005
$x_{i27}^{(3)}$	1.0000	0.9508	$x_{i32}^{(3)}$	1.0000	0.9283
$x_{i28}^{(3)}$	1.0000	0.6436	$x_{i33}^{(3)}$	1.0000	0.9219
$x_{i29}^{(3)}$	1.0000	0.7613	$x_{i34}^{(3)}$	1.0000	0.9007

提取方法: 主成分分析。

表 6.14 企业技术创新内部环境与条件主测评分量方差分析

成分	初始特征值			提取平方和载荷		
	合计	方差的%	累计%	合计	方差的%	累计%
1 ($F_{i9}^{(3)}$)	5.6787	56.7870	56.7870	5.6787	56.7870	56.7870
2 ($F_{i10}^{(3)}$)	2.0915	20.9153	77.7023	2.0915	20.9153	77.7023
3 ($F_{i11}^{(3)}$)	0.8991	8.9909	86.6932	0.8991	8.9909	86.6932
4	0.5485	5.4847	92.1779			
5	0.4150	4.1500	96.3278			
6	0.1510	1.5102	97.8380			
7	0.1234	1.2340	99.0721			
8	0.0616	0.6161	99.6882			
9	0.0184	0.1838	99.8720			
10	0.0128	0.1280	100.0000			

提取方法: 主成分分析。

表6.15　企业技术创新内部环境与条件主测评分量载荷矩阵

	成分				成分		
	$F_{i9}^{(3)}$	$F_{i10}^{(3)}$	$F_{i11}^{(3)}$		$F_{i9}^{(3)}$	$F_{i10}^{(3)}$	$F_{i11}^{(3)}$
$x_{i25}^{(3)}$	0.2368	0.5124	0.7997	$x_{i30}^{(3)}$	0.8859	-0.2732	-0.1414
$x_{i26}^{(3)}$	0.5249	0.7930	-0.1418	$x_{i31}^{(3)}$	0.8338	-0.3238	0.0209
$x_{i27}^{(3)}$	0.6096	0.7548	-0.0973	$x_{i32}^{(3)}$	0.9175	-0.2215	0.1938
$x_{i28}^{(3)}$	0.7968	-0.0895	-0.0269	$x_{i33}^{(3)}$	0.9129	-0.2464	0.1669
$x_{i29}^{(3)}$	0.6224	0.4807	-0.3780	$x_{i34}^{(3)}$	0.8933	-0.3195	-0.0237

已提取3个成分。

（6）企业外部环境与条件

在中小工业企业技术创新管理能力7个原始测评变量中，提取2个特征值大于1的主测评分量，可达到良好的效果，见表6.16～6.18。

表6.16　企业技术创新外部环境与条件原始测评变量信息的提取

	初始	提取		初始	提取
$x_{i35}^{(3)}$	1.0000	0.5149	$x_{i39}^{(3)}$	1.0000	0.9538
$x_{i36}^{(3)}$	1.0000	0.9168	$x_{i40}^{(3)}$	1.0000	0.8840
$x_{i37}^{(3)}$	1.0000	0.9538	$x_{i41}^{(3)}$	1.0000	0.8716
$x_{i38}^{(3)}$	1.0000	0.9166			

提取方法：主成分分析。

表6.17　企业技术创新外部环境与条件主测评分量方差分析

成分	初始特征值			提取平方和载荷		
	合计	方差的%	累计%	合计	方差的%	累计%
1（$F_{i12}^{(3)}$）	4.3075	61.5354	61.5354	4.3075	61.5354	61.5354
2（$F_{i13}^{(3)}$）	1.7040	24.3430	85.8784	1.7040	24.3430	85.8784
3	0.6169	8.8123	94.6907			
4	0.1891	2.7013	97.3921			
5	0.1508	2.1537	99.5458			
6	0.0318	0.4542	100.0000			
7	0.0000	0.0000	100.0000			

提取方法：主成分分析。

表6.18　企业技术创新外部环境与条件主测评分量载荷矩阵

	成分			成分	
	$F_{i12}^{(3)}$	$F_{i13}^{(3)}$		$F_{i12}^{(3)}$	$F_{i13}^{(3)}$
$x_{i35}^{(3)}$	0.7156	0.0537	$x_{i39}^{(3)}$	0.9726	0.0884
$x_{i36}^{(3)}$	0.9570	0.0289	$x_{i40}^{(3)}$	−0.1351	0.9305
$x_{i37}^{(3)}$	0.9726	0.0884	$x_{i41}^{(3)}$	−0.2645	0.8953
$x_{i38}^{(3)}$	0.9484	0.1312			

已提取2个成分。

6.3　第3层主测评分量值的计算

根据表6.3、6.6、6.9、6.12、6.15、6.18中各主测评分量与其对应的原始测评变量间的关系计算2006年惠州市17家中小电子设备制造企业技术创新第3层各主测评分量值，见表6.19。采用同样的方法和步骤，可计算2011年惠州市17家中小电子设备制造企业技术创新第3层各主测评分量值，见表6.20。

表 6.19　2006 年惠州市 17 家中小电子设备制造企业技术创新第 3 层主测评分量值

	$F_{i1}^{(3)}$	$F_{i2}^{(3)}$	$F_{i3}^{(3)}$	$F_{i4}^{(3)}$	$F_{i5}^{(3)}$	$F_{i6}^{(3)}$	$F_{i7}^{(3)}$	$F_{i8}^{(3)}$	$F_{i9}^{(3)}$	$F_{i10}^{(3)}$	$F_{i11}^{(3)}$	$F_{i12}^{(3)}$	$F_{i13}^{(3)}$
y_1	-2.3059	-0.3928	-10.9004	1.4411	0.4213	-5.5390	1.0703	-2.9314	-6.7633	-0.8067	0.3109	2.8801	-1.7710
y_2	4.4716	-0.3171	8.9953	-1.3046	-0.8161	7.5372	0.2374	7.8578	4.6415	-1.4755	-0.3001	2.1622	1.4172
y_3	-0.7089	-0.2732	-3.4885	-0.3815	-0.0981	-1.4987	0.1986	-2.9314	2.8687	4.6261	-1.0765	5.1932	-0.2477
y_4	-0.6907	0.2932	-0.5892	-0.5787	0.0924	1.3367	0.0589	-2.9314	1.7354	1.7158	3.1247	-3.6968	-1.3910
y_5	0.3655	-0.4957	1.0811	-1.1702	0.2059	2.8456	-0.2262	-2.9314	4.8001	0.0201	-0.1039	-4.0312	-0.2592
y_6	2.5860	0.3028	10.1755	3.1827	-1.1333	3.2628	-0.3441	6.2721	1.9539	-2.3252	0.0682	-4.2444	1.5993
y_7	-2.3059	0.3923	-3.4398	-0.2421	0.0481	-3.0592	-0.4280	-2.9314	-3.9571	-0.8467	-0.2913	-3.5854	-1.7682
y_8	1.3329	0.7847	-2.8011	-0.8581	-0.6192	-2.3220	0.1874	6.2721	0.7745	-1.9670	0.0236	-5.5592	1.9402
y_9	-1.8777	-0.0962	3.9566	0.6921	-0.5174	5.4830	-0.5462	-2.9314	1.1029	-2.2346	0.0760	-6.6648	0.2668
y_{10}	2.6972	-0.1105	-5.4062	0.0331	0.0027	-4.8593	0.1126	6.2721	-5.3930	1.6154	-0.3319	-6.2222	-1.6102
y_{11}	-0.8252	0.1547	11.0747	1.0481	1.1861	4.6456	0.0892	-2.9314	4.7313	0.2240	-1.1573	2.9212	2.2454
y_{12}	2.7371	-0.9178	-7.5287	0.7017	0.4922	-4.8379	-0.4433	7.3876	-6.5806	0.2876	-0.2149	3.8063	-1.5086
y_{13}	-1.7914	0.1420	6.6166	-2.3114	-0.3650	6.6576	-0.0619	-2.9314	6.7294	-2.3278	0.2283	2.9212	2.2454
y_{14}	-2.3059	-0.2392	-5.7287	-0.0575	-0.1113	-9.6530	-1.2246	-2.9314	-11.1510	2.2081	0.1208	3.8063	-1.5086
y_{15}	3.2329	0.3923	-5.1135	-0.0472	-0.1661	-2.3220	0.1874	-2.9314	-0.9658	-1.5396	-0.1803	3.6948	-1.1314
y_{16}	-2.3059	-0.0118	9.1415	-0.2597	1.5331	5.3828	-0.1515	7.3876	10.2458	3.4666	0.0512	2.8130	2.9907
y_{17}	-2.3059	0.3923	-6.0447	0.1123	-0.1554	-3.0592	0.4280	-2.9314	-4.7732	-0.6404	-0.3474	3.8063	-1.5086

资料来源：根据表 6.3、6.6、6.9、6.12、6.15、6.18 中各主测评分量与其原始变量间的线性关系计算而得。

表 6.20 2011 年惠州市 17 家中小电子设备制造企业技术创新第 3 层主测评分量值

	$F_{i1}^{(3)}$	$F_{i2}^{(3)}$	$F_{i3}^{(3)}$	$F_{i4}^{(3)}$	$F_{i5}^{(3)}$	$F_{i6}^{(3)}$	$F_{i7}^{(3)}$	$F_{i8}^{(3)}$	$F_{i9}^{(3)}$	$F_{i10}^{(3)}$	$F_{i11}^{(3)}$	$F_{i12}^{(3)}$	$F_{i13}^{(3)}$	$F_{i14}^{(3)}$	$F_{i15}^{(3)}$	$F_{i16}^{(3)}$	$F_{i17}^{(3)}$	$F_{i18}^{(3)}$	$F_{i19}^{(3)}$
y_1	-1.1072	-0.0264	-2.8612	-0.1259	0.2670	0.1343	-1.4741	-0.9599	-0.0755	-0.1971	-0.5080	-0.6646	0.3950	-0.5002	-2.2305	-0.7019	0.4638	-1.1818	-0.0239
y_2	0.8551	3.2306	1.0314	1.3192	-0.2751	-0.7969	1.8060	-0.4446	1.2003	0.1861	2.6088	0.5384	0.6464	-0.2951	0.5801	1.4924	0.5594	0.7724	0.2227
y_3	0.2733	-0.7654	0.2289	-0.5019	-0.4805	-0.4558	0.3218	-1.7809	1.2845	-1.4432	2.3795	-1.0589	-0.2472	0.5776	-0.2140	0.5875	0.3000	-0.3512	3.7684
y_4	-0.0499	-0.5244	0.0788	0.5201	-0.5941	-0.5250	-0.1268	0.4195	-0.0676	-1.5177	-0.6343	2.0129	0.0492	3.2394	0.1517	-1.4335	-0.9034	-0.7175	-0.3673
y_5	0.9384	-1.0216	-0.2341	0.9069	-0.7656	-0.0066	0.2307	-0.0066	0.2598	-0.1971	-0.5080	-0.6646	0.9364	0.3578	0.0017	0.3191	-0.8524	0.5321	-0.1715
y_6	-0.1084	1.1358	0.3352	0.1574	3.3295	-1.0610	0.3550	1.4769	-0.7446	0.8702	0.4945	0.7847	0.9037	-0.6887	-0.0567	-0.2854	-0.7757	0.8513	-0.3598
y_7	-1.1072	-0.0264	-0.2658	-0.4189	-0.4151	-0.1012	-1.5832	0.7839	0.1333	-1.5177	-0.6343	2.0129	0.0488	-0.5354	-1.1207	-0.5226	-0.9065	-0.9900	-0.4398
y_8	-1.1072	-0.0264	1.1789	-1.8605	-0.2957	-0.4193	0.1957	-1.0169	0.1152	0.2899	-0.3678	-0.9841	0.3950	-0.6566	0.7147	-0.6743	-1.1062	1.1387	-0.3220
y_9	0.8140	-0.5900	0.5983	0.7570	0.6627	-0.7152	1.0259	0.9035	0.1091	0.8702	0.4945	0.7847	0.8517	-0.6901	-0.0656	-0.7011	-1.5902	0.5039	0.2339
y_{10}	-0.7304	-0.2009	-1.2573	1.5593	-0.4712	-0.3826	-0.8661	-0.6667	0.4167	-0.1971	-0.5080	-0.6646	-0.8473	-0.0299	-0.9759	0.2584	-1.6412	-0.7456	0.0381
y_{11}	0.9005	0.4553	0.2664	0.4855	1.0823	2.3035	0.4811	0.7127	0.4247	1.9192	-0.1385	0.6132	1.1132	-0.5051	0.7952	1.8097	0.9705	1.0818	-0.2244
y_{12}	0.0042	-0.5747	-0.5619	-0.3687	-1.1138	0.3671	-0.7347	0.1261	-0.5597	-0.1971	-0.5080	-0.6646	-1.9625	-0.2325	1.9134	-0.6979	0.8780	-0.5999	-0.3985
y_{13}	2.1548	-1.0850	1.2352	1.0486	-0.2452	-0.4594	-0.0989	2.1202	0.0493	-0.1971	-0.5080	-0.6646	1.6479	-0.4695	0.7588	-1.1166	0.9705	1.0818	-0.2244
y_{14}	-0.5955	-0.3240	0.2499	-1.5197	-0.1323	-0.1597	0.7568	-1.1513	-3.3673	-0.1971	-0.5080	-0.6646	-1.8812	-0.0574	-1.4842	0.6171	0.8717	-1.1450	-0.5435
y_{15}	-1.1072	-0.0264	-0.1223	-1.3455	-0.1323	-0.1679	-0.9661	-0.2119	0.2821	-0.1971	-0.5080	-0.6646	-0.7570	-0.4879	0.8504	-0.4293	0.8749	-0.8724	-0.4710
y_{16}	1.0796	0.3961	0.8014	0.1701	-0.0257	2.6716	1.6429	-0.0922	0.2578	1.9192	-0.1385	0.6132	0.6703	1.4338	0.0798	1.9105	1.0151	1.7863	-0.1736
y_{17}	-1.1072	-0.0264	-0.7019	-0.7829	-0.1098	-0.2259	-0.9661	-0.2119	0.2821	-0.1971	-0.5080	-0.6646	-0.9625	-0.4604	0.3019	-0.4322	0.8717	-1.1450	-0.5435

资料来源：根据附录 F 原始数据，运用主成分分析法提取的各主测评分量与其原始变量间的线性关系计算而得。

6.4 第3层主测评分量权重值的计算

依据表6.2、6.5、6.8、6.11、6.14、6.17各主测评分量的方差贡献率及公式(4.21)，计算2006年各主测评分量的权重值，见表6.21。采用同样的方法和步骤，可计算2011年各主测评分量的权重值，见表6.22。

表6.21 2006年惠州市17家中小电子设备制造企业技术创新第3层主测评分量权重值

权重符号	$w_1^{(3)}$	$w_2^{(3)}$	$w_3^{(3)}$	$w_4^{(3)}$	$w_5^{(3)}$	$w_6^{(3)}$	$w_7^{(3)}$
权重值	0.8261	0.1739	0.7853	0.1393	0.0754	0.9107	0.0893
权重符号	$w_8^{(3)}$	$w_9^{(3)}$	$w_{10}^{(3)}$	$w_{11}^{(3)}$	$w_{12}^{(3)}$	$w_{13}^{(3)}$	
权重值	1.0000	0.6550	0.2413	0.1037	0.7165	0.2835	

资料来源：根据表6.2、6.5、6.8、6.11、6.14、6.17各主测评分量的方差贡献率，并依据公式(4.21)计算而得。

表6.22 2011年惠州市17家中小电子设备制造企业技术创新第3层主测评分量权重值

权重符号	$w_1^{(3)}$	$w_2^{(3)}$	$w_3^{(3)}$	$w_4^{(3)}$	$w_5^{(3)}$	$w_6^{(3)}$	$w_7^{(3)}$	$w_8^{(3)}$	$w_9^{(3)}$	$w_{10}^{(3)}$
权重值	0.8942	0.1058	0.7588	0.1146	0.0718	0.0548	0.8988	0.7510	0.0261	0.8791
权重符号	$w_{11}^{(3)}$	$w_{12}^{(3)}$	$w_{13}^{(3)}$	$w_{14}^{(3)}$	$w_{15}^{(3)}$	$w_{16}^{(3)}$	$w_{17}^{(3)}$	$w_{18}^{(3)}$	$w_{19}^{(3)}$	
权重值	0.0887	0.0323	0.6405	0.2369	0.0735	0.0491	0.5674	0.2758	0.1568	

资料来源：根据2011年各主测评分量的方差贡献率，并依据公式(4.21)计算而得。

6.5 第2层各测评变量综合能力的测定

依据表6.19、6.21数据，应用技术创新模糊层次主成分分析测评模型，即(4.15)式，对2006年惠州市17家中小电子设备制造企业技术创新第2层各测评变量的综合能力进行测定，其初始测定结果见表6.23。采用同样的方法和步骤，可测定2011年企业技术创新第2层各测评变量的综合能力，其初始测定结果见表6.24。

将第2层测评变量的初始测定结果非负化，并对其非负化数值进行百分制评价等级转换，其转换结果见表6.25、表6.26。

6 技术创新模糊层次主成分分析测评模型在中小工业企业的应用

表 6.23 2006 年惠州市 17 家中小电子设备制造企业技术创新第 2 层各测评变量能力的初始测定结果

	y_1	y_2	y_3	y_4	y_5	y_6	y_7	y_8	y_9	y_{10}	y_{11}	y_{12}	y_{13}	y_{14}	y_{15}	y_{16}	y_{17}
$F_{i1}^{(3)}$	−1.9049	3.6940	−0.5856	−0.5706	0.3019	2.1363	−1.9049	−1.9049	1.1011	−1.5512	2.2282	−0.6817	2.2611	−1.4799	−1.9049	2.6707	−1.9049
$F_{i2}^{(3)}$	−0.0683	−0.0551	−0.0475	0.0510	−0.0862	0.0527	0.0682	0.1365	−0.0167	−0.0192	0.0269	−0.1596	0.0247	−0.0416	0.0682	−0.0021	0.0682
$x_{i1}^{(2)}$	−1.9732	3.6388	−0.6331	−0.5196	0.2157	2.1890	−1.8367	−1.7684	1.0844	−1.5704	2.2551	−0.8413	2.2858	−1.5215	−1.8367	2.6686	−1.8367
$F_{i3}^{(3)}$	−8.5601	7.0640	−2.7395	−0.4627	0.8490	7.9908	−2.7013	−2.1997	3.1071	−4.2455	8.6970	−5.9123	5.1960	−4.4987	−4.0156	7.1788	−4.7469
$F_{i4}^{(3)}$	0.2007	−0.1817	−0.0531	−0.0806	−0.1630	0.4434	−0.0337	−0.1195	0.0964	0.0046	0.1460	0.0977	−0.3220	−0.0080	−0.0066	−0.0362	0.0156
$F_{i5}^{(3)}$	0.0318	−0.0615	−0.0074	0.0070	−0.0155	−0.0855	0.0036	−0.0467	−0.0390	0.0002	0.0894	0.0371	−0.0275	−0.0084	−0.0125	0.1156	−0.0117
$x_{i2}^{(2)}$	−8.3276	6.8207	−2.8001	−0.5363	0.7015	8.3487	−2.7314	−2.3659	3.1645	−4.2407	8.9324	−5.7774	4.8465	−4.5151	−4.0347	7.2582	−4.7430
$F_{i6}^{(3)}$	−5.0444	6.8641	−1.3649	1.2173	2.5915	2.9714	−2.7860	−2.1146	4.9934	−4.4254	4.2307	−4.4059	6.0631	−8.7910	−2.1146	4.9021	−2.7860
$F_{i7}^{(3)}$	0.0956	0.0212	0.0177	0.0053	−0.0202	−0.0307	0.0382	0.0167	0.0488	0.0101	0.0080	−0.0396	−0.0055	−0.1094	0.0167	−0.0135	0.0382
$x_{i3}^{(2)}$	−4.9488	6.8853	−1.3471	1.2226	2.5713	2.9407	−2.7478	−2.0979	4.9446	−4.4153	4.2387	−4.4455	6.0575	−8.9003	−2.0979	4.8886	−2.7478
$x_{i4}^{(2)}$	−2.9314	7.8578	−2.9314	−2.9314	−2.9314	6.2721	−2.9314	−2.9314	6.2721	−2.9314	7.3876	−2.9314	−2.9314	−2.9314	−2.9314	7.3876	−2.9314
$F_{i9}^{(3)}$	−4.4300	3.0402	1.8790	1.1367	3.1441	1.2798	−2.5919	0.5073	0.7224	−3.5324	3.0990	−4.3103	4.4078	−7.3039	−0.6326	6.7110	−3.1264
$F_{i10}^{(3)}$	−0.1947	−0.3560	1.1163	0.4140	0.0049	−0.5611	−0.2043	−0.4746	−0.5392	0.3898	0.0541	0.0694	−0.5617	0.5328	−0.3715	0.8365	−0.1545
$F_{i11}^{(3)}$	0.0322	−0.0311	−0.1116	0.3240	−0.0108	0.0071	−0.0302	0.0024	0.0079	−0.0344	−0.1200	−0.0223	0.0237	0.0125	−0.0187	0.0053	−0.0360
$x_{i5}^{(2)}$	−4.5924	2.6530	2.8836	1.8747	3.1381	0.7258	−2.8264	0.0351	0.1911	−3.1770	3.0330	−4.2632	3.8697	−6.7586	−1.0228	7.5528	−3.3170
$F_{i12}^{(3)}$	2.0636	1.5492	3.7209	−2.6488	−2.8884	−3.0411	−2.5689	−3.9832	−4.7753	−4.4582	2.0930	2.7272	2.0930	2.7272	2.6473	2.0155	2.7272
$F_{i13}^{(3)}$	−0.5021	0.4018	−0.0702	−0.3943	−0.0735	0.4534	−0.5013	0.5500	0.0756	−0.4565	0.6366	−0.4277	0.6366	−0.4277	−0.3208	0.8479	−0.4277
$x_{i6}^{(2)}$	1.5615	1.9510	3.6507	−3.0431	−2.9618	−2.5877	−3.0702	−3.4331	−4.6997	−4.9147	2.7296	2.2995	2.7296	2.2995	2.3266	2.8634	2.2995

注: ①将表 6.19、6.21 数据应用于模糊层次主成分分析测评模型计算而得的,而表 5.13 中的测评变量($x_{ij}^{(3)}$)数值加权计算而得的。②本表中的测评变量($x_{ij}^{(2)}$)数值与表 5.13 中的测评变量($x_{ij}^{(2)}$)数值不同。数值是根据主测评分量($F_{ia}^{(3)}$)数值加权计算而得的,而表 5.13 中的测评变量($x_{ij}^{(2)}$)数值是根据原始测评变量($x_{ij}^{(3)}$)的标准化值加权计算而得的。本表中的测评变量($x_{ij}^{(2)}$)

表 6.24　2011 年惠州市 17 家中小电子设备制造企业技术创新第 2 层各测评变量能力的初始测定结果

	y_1	y_2	y_3	y_4	y_5	y_6	y_7	y_8	y_9	y_{10}	y_{11}	y_{12}	y_{13}	y_{14}	y_{15}	y_{16}	y_{17}
$F_{i1}^{(3)}$	-0.9901	0.7646	0.2444	-0.0446	0.8391	-0.0969	-0.9901	-0.9901	0.7279	0.6531	0.8052	0.0038	1.9268	-0.5325	-0.9901	0.9654	-0.9901
$F_{i2}^{(3)}$	-0.0028	0.3418	-0.0810	-0.0555	-0.1081	0.1202	-0.0028	-0.0028	-0.0624	-0.0213	0.0482	-0.0608	-0.1148	-0.0343	-0.0028	0.0419	-0.0028
$x_{i1}^{(2)}$	-0.9929	1.1064	0.1634	-0.1001	0.7310	0.0232	-0.9929	-0.9929	0.6655	-0.6744	0.8534	-0.0570	1.8120	-0.5668	-0.9929	1.0073	-0.9929
$F_{i3}^{(3)}$	-2.1711	0.7826	0.1737	0.0598	-0.1776	0.2543	-0.2017	0.8945	0.4540	-0.9540	0.2021	-0.4264	0.9373	0.1896	-0.0928	0.6081	-0.5326
$F_{i4}^{(3)}$	-0.0144	0.1512	-0.0575	0.0596	0.1039	0.0180	-0.0480	-0.2132	0.0868	0.1787	0.0556	-0.0423	0.1202	-0.1742	-0.1542	0.0195	-0.0897
$F_{i5}^{(3)}$	0.0192	-0.0198	-0.0345	-0.0427	-0.0550	0.2391	-0.0298	-0.0212	0.0476	-0.0338	0.0777	-0.0300	-0.0800	-0.0176	-0.0095	-0.0018	-0.0079
$F_{i6}^{(3)}$	0.0074	-0.0437	-0.0250	-0.0288	-0.0004	-0.0581	-0.0055	-0.0230	-0.0392	-0.0210	0.1262	0.0201	-0.0252	-0.0088	-0.0092	0.1464	-0.0124
$x_{i2}^{(2)}$	-2.1590	0.8704	0.0567	0.0480	-0.1290	0.4533	-0.2850	0.6371	0.5491	-0.8301	0.4617	-0.4785	0.9523	-0.0109	-0.2657	0.7722	-0.6426
$F_{i7}^{(3)}$	-1.3249	1.6232	0.2892	-0.1140	0.2074	0.3191	-1.4230	0.1759	0.9221	-0.7785	0.4324	-0.6603	-0.0889	0.6802	-0.8683	1.4766	-0.8683
$F_{i8}^{(3)}$	-0.0721	-0.0334	-0.1337	0.0315	-0.0005	0.1109	0.0589	-0.0764	-0.0679	-0.0501	0.0535	0.0095	0.1592	-0.0865	-0.0159	-0.0069	-0.0159
$F_{i9}^{(3)}$	-0.0020	0.0313	0.0335	-0.0018	0.0068	-0.0194	-0.0035	-0.0030	0.0028	0.0109	0.0111	-0.0146	0.0013	-0.0879	0.0074	0.0067	0.0074
$x_{i3}^{(2)}$	-0.2398	0.4124	0.1890	-0.0842	0.2136	0.4106	-1.3606	0.1025	0.9928	-0.8176	0.4970	-0.6655	0.0716	0.5059	-0.8769	1.4764	-0.8769
$F_{i10}^{(3)}$	-0.1733	0.1636	-1.2687	-1.3342	-0.1733	0.7650	-1.3342	0.2549	0.7650	-0.1733	1.6872	-0.1733	-0.1733	-0.1733	-0.1733	1.6872	-0.1733
$F_{i11}^{(3)}$	-0.0451	0.2314	0.2111	-0.0563	0.0451	0.0439	-0.0563	-0.0326	0.0439	-0.0451	-0.0123	-0.0451	-0.0451	-0.0451	-0.0451	-0.0123	-0.0451
$F_{i12}^{(3)}$	-0.0215	0.0174	-0.0342	0.0650	-0.0215	0.0253	-0.0650	-0.0318	0.0253	-0.0215	0.0198	-0.0215	-0.0215	-0.0215	-0.0215	0.0198	-0.0215
$x_{i4}^{(2)}$	-0.2398	0.4124	-1.0919	-1.3255	-0.2398	0.8342	-1.3255	0.1904	0.8342	-0.2398	1.6947	-0.2398	-0.2398	-0.2398	-0.2398	1.6947	-0.2398
$F_{i13}^{(3)}$	0.2530	0.4140	0.1583	0.0315	0.5998	0.5788	0.0313	0.2530	0.5455	-0.5427	0.0725	-1.2570	1.0555	-1.2049	-0.4849	0.4293	-0.6165
$F_{i14}^{(3)}$	-0.1185	-0.0699	0.1368	0.7674	0.0848	-0.1632	-0.1268	-0.1555	-0.1635	-0.0071	-0.1197	-0.0551	-0.1112	-0.1091	-0.1156	0.3397	-0.1091
$F_{i15}^{(3)}$	-0.1639	0.0426	-0.0157	0.0111	0.0001	-0.0042	-0.0824	0.0525	-0.0048	-0.0717	0.0584	0.1406	0.0558	-0.3158	0.0625	0.0059	0.0222
$F_{i16}^{(3)}$	-0.0345	0.0733	0.0288	-0.0704	0.0157	-0.0140	-0.0257	-0.0331	-0.0344	0.0127	0.0889	-0.0343	-0.0548	0.0303	-0.0211	0.0938	-0.0212
$x_{i5}^{(2)}$	-0.0639	0.4600	-0.0084	0.7397	0.7003	0.3975	-0.2036	0.1169	0.3428	-0.6088	0.1001	-1.2057	0.9452	-1.2973	-0.559	0.8687	-0.7246
$F_{i17}^{(3)}$	0.2632	0.3174	0.1702	-0.5126	-0.4837	-0.4401	-0.5143	-0.6277	-0.9023	-0.9312	0.5507	0.4982	0.5507	0.4946	0.4964	0.5760	0.4946
$F_{i18}^{(3)}$	-0.3259	0.2130	-0.0969	-0.1979	0.1468	0.2348	-0.2730	0.3141	0.1390	-0.2056	0.2984	-0.1655	0.2984	-0.3158	-0.2406	0.4927	-0.3158
$F_{i19}^{(3)}$	-0.0037	0.0349	0.5909	-0.0576	-0.0269	-0.0564	-0.069	-0.0505	0.0367	0.0060	-0.0352	-0.0625	-0.0352	-0.0852	-0.0739	-0.0272	-0.0852
$x_{i6}^{(2)}$	-0.0665	0.5654	0.6642	-0.7681	-0.3638	-0.2618	-0.8564	-0.3641	-0.7266	-1.1309	0.8138	0.2702	0.8138	0.0936	0.1820	1.0414	0.0936

注：数据来源及数据说明同表 6.23。

表 6.25 2006 年惠州市 17 家中小电子设备制造企业技术创新第 2 层各测评变量能力的百分制评价等级

	y_1	y_2	y_3	y_4	y_5	y_6	y_7	y_8	y_9
$x_{i1}^{(2)}$	5.56	94.44	26.78	28.58	40.23	71.48	7.72	8.80	53.99
$x_{i2}^{(2)}$	5.56	83.57	34.02	45.68	52.06	91.44	34.38	36.26	64.74
$x_{i3}^{(2)}$	27.81	94.44	48.09	62.56	70.15	72.23	40.20	43.86	83.52
$x_{i4}^{(2)}$	5.56	94.44	5.56	5.56	5.56	81.38	5.56	5.56	81.38
$x_{i5}^{(2)}$	19.01	64.01	65.44	59.18	67.02	52.04	29.98	47.75	48.72
$x_{i6}^{(2)}$	72.76	76.81	94.44	24.98	25.82	29.70	24.70	20.93	7.79
	y_{10}	y_{11}	y_{12}	y_{13}	y_{14}	y_{15}	y_{16}	y_{17}	
$x_{i1}^{(2)}$	11.94	72.53	23.48	73.01	12.71	7.72	79.08	7.72	
$x_{i2}^{(2)}$	26.60	94.44	18.69	73.40	25.19	27.66	85.82	24.02	
$x_{i3}^{(2)}$	30.81	79.54	30.64	89.78	5.56	43.86	83.20	40.20	
$x_{i4}^{(2)}$	5.56	90.57	5.56	5.56	5.56	5.56	90.57	5.56	
$x_{i5}^{(2)}$	27.80	66.37	21.05	71.57	5.56	41.18	94.44	26.93	
$x_{i6}^{(2)}$	5.56	84.89	80.42	84.89	80.42	80.70	86.27	80.42	

资料来源：将表 6.23 第 2 层测评变量的初始测定结果非负化，并对其非负化数值进行百分制评价等级转换而得。

表 6.26 2011 年惠州市 17 家中小电子设备制造企业技术创新第 2 层各测评变量能力的百分制评价等级

	y_1	y_2	y_3	y_4	y_5	y_6	y_7	y_8	y_9
$x_{i1}^{(2)}$	5.56	72.08	42.20	33.85	60.18	37.76	5.56	5.56	58.10
$x_{i2}^{(2)}$	5.56	92.10	68.86	68.61	63.55	80.19	59.09	85.44	82.93
$x_{i3}^{(2)}$	5.56	94.44	52.29	44.25	53.02	58.81	6.68	49.75	75.95
$x_{i4}^{(2)}$	37.51	56.70	12.43	5.56	37.51	69.12	5.56	50.17	69.12
$x_{i5}^{(2)}$	54.45	75.22	56.65	86.30	84.74	72.73	48.91	61.61	70.57
$x_{i6}^{(2)}$	49.11	74.97	79.01	20.41	36.94	41.12	16.79	36.93	22.10
	y_{10}	y_{11}	y_{12}	y_{13}	y_{14}	y_{15}	y_{16}	y_{17}	
$x_{i1}^{(2)}$	15.65	64.06	35.21	94.44	19.06	5.56	68.94	5.56	
$x_{i2}^{(2)}$	43.52	80.43	53.57	94.44	66.93	59.65	89.30	48.88	
$x_{i3}^{(2)}$	22.66	61.36	27.14	48.84	61.62	20.92	90.18	20.92	
$x_{i4}^{(2)}$	37.51	94.44	37.51	37.51	37.51	37.51	94.44	37.51	
$x_{i5}^{(2)}$	32.85	60.95	9.19	94.44	5.56	34.82	91.41	28.26	
$x_{i6}^{(2)}$	5.56	85.13	62.89	85.13	55.66	59.27	94.44	55.66	

资料来源：将表 6.24 第 2 层测评变量的初始测定结果非负化，并对其非负化数值进行百分制评价等级转换而得。

采用与模糊层次线性加权综合测评模型评价等级转换同样的处理方法，将表 6.25、6.26 各测评变量的百分制评价等级转换成模糊评价等级的表达形式，见表 6.27～6.28。

表 6.27　2006 年惠州市 17 家中小电子设备制造企业技术创新第 2 层各测评变量能力的模糊评价等级

	y_1	y_2	y_3	y_4	y_5	y_6	y_7	y_8	y_9
$x_{i1}^{(2)}$	极弱	极强	非常弱	很弱	较弱	较强	极弱	极弱	一般
$x_{i2}^{(2)}$	极弱	非常强	很弱	较弱	一般	非常强	极弱	极弱	较强
$x_{i3}^{(2)}$	很弱	极强	较弱	较弱	较弱	极强	极弱	较弱	非常强
$x_{i4}^{(2)}$	极弱	极弱	极弱	极弱	极弱	极弱	极弱	极弱	很强
$x_{i5}^{(2)}$	非常弱	较强	较弱	一般	较强	一般	极弱	较弱	较弱
$x_{i6}^{(2)}$	很强	很强	极强	非常弱	非常弱	极弱	非常弱	非常弱	极弱
	y_{10}	y_{11}	y_{12}	y_{13}	y_{14}	y_{15}	y_{16}	y_{17}	
$x_{i1}^{(2)}$	极弱	很强	非常弱	很强	极弱	极弱	很强	极弱	
$x_{i2}^{(2)}$	非常弱	非常弱	非常弱	非常弱	非常弱	非常弱	非常强	非常弱	
$x_{i3}^{(2)}$	很弱	很弱	很弱	非常强	极弱	极弱	极弱	较弱	
$x_{i4}^{(2)}$	极弱	非常强	极弱	极弱	极弱	极弱	极弱	极弱	
$x_{i5}^{(2)}$	很弱	较强	非常弱	较弱	极弱	极弱	极弱	极弱	
$x_{i6}^{(2)}$	极弱	非常弱	很强	非常弱	很强	非常弱	非常弱	很强	

资料来源：将表 6.25 各测评变量百分制评价等级转换成模糊评价等级而得。

表 6.28　2011 年惠州市 17 家中小电子设备制造企业技术创新第 2 层各测评变量能力的模糊评价等级

	y_1	y_2	y_3	y_4	y_5	y_6	y_7	y_8	y_9
$x_{i1}^{(2)}$	极弱	很强	较弱	较弱	较强	较强	极弱	极弱	较强
$x_{i2}^{(2)}$	极弱	极强	很强	较强	较强	非常强	较强	较强	非常强
$x_{i3}^{(2)}$	极弱	极强	一般	较弱	一般	较强	较弱	一般	很强
$x_{i4}^{(2)}$	较弱	较弱	非常弱	较弱	较弱	较弱	较弱	一般	较弱
$x_{i5}^{(2)}$	一般	很强	较弱	非常强	较强	较强	一般	较强	很强
$x_{i6}^{(2)}$	一般	很强	非常强	很强	很强	较强	较强	较强	非常弱
	y_{10}	y_{11}	y_{12}	y_{13}	y_{14}	y_{15}	y_{16}	y_{17}	
$x_{i1}^{(2)}$	非常弱	较强	较弱	极强	非常弱	很强	很强	极弱	
$x_{i2}^{(2)}$	较弱	非常强	一般	极强	很强	较强	较强	一般	
$x_{i3}^{(2)}$	很弱	较弱	很弱	一般	非常弱	非常强	极弱	非常弱	
$x_{i4}^{(2)}$	较弱	极弱	较弱	较弱	较弱	较弱	较弱	较弱	
$x_{i5}^{(2)}$	很弱	较弱	极强	较强	极弱	很强	很弱	较弱	
$x_{i6}^{(2)}$	极弱	非常弱	较弱	非常强	较强	较强	极弱	一般	

资料来源：将表 6.26 各测评变量百分制评价等级转换成模糊评价等级而得。

6.6 第 2 层测评变量间相关系数的计算

依据表 6.23 第 2 层次测评变量（$x_{ij}^{(2)}$）的数据，运用统计软件 SPSS 13.0，计算各测评变量间的相关程度，其运算结果见表 6.29。

表 6.29 2006 年惠州市 17 家中小电子设备制造企业技术创新
第 2 层次测评变量相关系数矩阵

	$x_{i1}^{(2)}$	$x_{i2}^{(2)}$	$x_{i3}^{(2)}$	$x_{i4}^{(2)}$	$x_{i5}^{(2)}$	$x_{i6}^{(2)}$
$x_{i1}^{(2)}$	1.0000	0.9361	0.8857	0.8263	0.7409	0.1800
$x_{i2}^{(2)}$	0.9361	1.0000	0.8796	0.8392	0.7656	0.0180
$x_{i3}^{(2)}$	0.8857	0.8796	1.0000	0.7004	0.8569	-0.0168
$x_{i4}^{(2)}$	0.8263	0.8392	0.7004	1.0000	0.5187	0.0498
$x_{i5}^{(2)}$	0.7409	0.7656	0.8569	0.5187	1.0000	0.1068
$x_{i6}^{(2)}$	0.1800	0.0180	-0.0168	0.0498	0.1068	1.0000

资料来源：运用统计软件 SPSS 13.0，计算第 2 层测评变量间的相关程度而得。

从表 6.29 各测评变量相关系数来看，大部分变量间存在高度的相关关系，变量间重复信息较多，应用中小工业企业技术创新模糊层次主成分测评模型对惠州市 17 家中小电子设备制造企业技术创新第 2 层次的各种能力进行综合测评，从理论上来讲，可取得良好的效果。

6.7 第 2 层主测评分量的提取

通过 SPSS 13.0 运算，依据表 6.23 有关数据，在第 2 层次 6 个测评变量中，提取 2 个特征值大于 1 的主测评分量，可达到良好的测评目标。其提取结果见表 6.30～6.32。

表 6.30 第 2 层次原始测评变量信息的提取

	初始	提取		初始	提取
$x_{i1}^{(2)}$	1.0000	0.9380	$x_{i4}^{(2)}$	1.0000	0.7198
$x_{i2}^{(2)}$	1.0000	0.9404	$x_{i5}^{(2)}$	1.0000	0.7193
$x_{i3}^{(2)}$	1.0000	0.9037	$x_{i6}^{(2)}$	1.0000	0.9988

提取方法：主成分分析。

表 6.31 第 2 层次主测评分量方差分析

成分	初始特征值			提取平方和载荷		
	合计	方差的%	累计%	合计	方差的%	累计%
1（$F_{i1}^{(2)}$）	4.2015	70.0249	70.0249	4.2015	70.0249	70.0249
2（$F_{i2}^{(2)}$）	1.0186	16.9759	87.0009	1.0186	16.9759	87.0009
3	0.5285	8.8077	95.8085			
4	0.1296	2.1605	97.9691			
5	0.0848	1.4140	99.3831			
6	0.0370	0.6169	100.0000			

提取方法：主成分分析。

表 6.32 第 2 层次主测评分量载荷矩阵

	成分			成分	
	$F_{i1}^{(2)}$	$F_{i2}^{(2)}$		$F_{i1}^{(2)}$	$F_{i2}^{(2)}$
$x_{i1}^{(2)}$	0.9642	0.0912	$x_{i4}^{(2)}$	0.8476	-0.0372
$x_{i2}^{(2)}$	0.9667	-0.0766	$x_{i5}^{(2)}$	0.8475	0.0318
$x_{i3}^{(2)}$	0.9441	-0.1112	$x_{i6}^{(2)}$	0.0962	0.9948

已提取 2 个成分。

6.8 第 2 层主测评分量值及权重值的计算

（1）计算主测评分量值

依据表 6.32 计算 2006 年各测评企业以上 2 个主测评分量数值，见表 6.33。采用同样的方法和步骤，可提取 4 个主测评分量，计算企业 2011 年这 4 个主测评分量数值，见表 6.34。

表 6.33 2006 年惠州市 17 家中小电子设备制造企业技术创新第 2 层主测评分量值

	$F_{i1}^{(2)}$	$F_{i2}^{(2)}$		$F_{i1}^{(2)}$	$F_{i2}^{(2)}$
y_1	-20.8515	2.5246	y_{10}	-15.4321	-4.2085
y_2	25.6989	0.7767	y_{11}	23.9059	1.5871
y_3	-4.2787	4.1390	y_{12}	-16.4697	3.1212
y_4	-1.0538	-3.0009	y_{13}	13.6655	2.1111
y_5	3.2036	-3.0576	y_{14}	-22.2259	3.3785
y_6	18.6400	-3.5514	y_{15}	-10.7796	2.7659
y_7	-12.1810	-2.6878	y_{16}	27.1431	1.9577
y_8	-8.7580	-3.0518	y_{17}	-14.0248	2.7925
y_9	13.7990	-5.5958			

资料来源：依据表 6.32 中主测评分量与第 2 层各原始测评变量间的线性关系计算各主测评分量值而得。

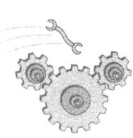

表6.34　2011年惠州市17家中小电子设备制造企业技术创新第2层主测评分量值

	$F_{i1}^{(2)}$	$F_{i2}^{(2)}$	$F_{i3}^{(2)}$	$F_{i4}^{(2)}$		$F_{i1}^{(2)}$	$F_{i2}^{(2)}$	$F_{i3}^{(2)}$	$F_{i4}^{(2)}$
y_1	-3.0520	0.5924	0.2592	0.5046	y_{10}	-0.6858	-0.4792	-1.4961	0.2556
y_2	1.3853	0.3531	0.6285	0.1247	y_{11}	0.0001	0.0578	1.0263	1.6798
y_3	0.3248	-0.0690	1.2400	-1.5350	y_{12}	-0.3028	-1.4110	0.9015	-0.3047
y_4	0.2521	1.1308	-1.1213	-1.4661	y_{13}	0.4617	1.5917	1.5008	-1.1241
y_5	-0.1861	1.3394	-0.4372	-0.2320	y_{14}	0.9810	-2.1392	0.2020	-0.1801
y_6	0.3504	0.3228	-0.7890	0.9953	y_{15}	-0.5061	-0.9322	0.3128	-0.2250
y_7	-0.3621	-0.1509	-1.0742	-1.3936	y_{16}	0.4579	0.8359	1.0412	1.6556
y_8	0.7291	-0.4634	-1.0827	0.2588	y_{17}	-0.8076	-1.0095	0.2825	-0.0621
y_9	0.9602	0.4304	-1.3943	1.0484					

资料来源：依据提取的主测评分量与第2层各原始测评变量间的线性关系计算各主测评分量值而得。

（2）计算主测评分量权重值

根据表6.31主测评分量方差贡献率，运用公式（4.21）计算，2006年企业技术创新第2层次的第一、第二个主分量权重系数分别为0.8049和0.1951，2011年第一、第二、第三、第四个主分量权重系数分别为0.6308、0.1695、0.1121、0.0877。

6.9 技术创新综合能力的测定

依据表6.33数据及第2层主测评分量权重值，应用模糊层次主成分分析测评模型，即（4.15）式，对2006年惠州市17家中小电子设备制造企业技术创新综合能力进行测定，其初始测定值、非负化百分制评价等级、模糊评价等级见表6.35。采用同样的方法和步骤，可计算2011年企业以上指标值，见表6.36。

表6.35　2006年惠州市17家中小电子设备制造企业技术创新综合能力

	初始测定值	百分制评价等级	模糊评价等级	排序		初始测定值	百分制评价等级	模糊评价等级	排序
y_1	-16.2908	7.6724	极弱	16	y_{10}	-13.2424	14.5394	极弱	15
y_2	20.8366	91.3069	非常强	2	y_{11}	19.5515	88.4121	非常强	3
y_3	-2.6364	38.4308	很弱	9	y_{12}	-12.6475	15.8794	极弱	14
y_4	-1.4337	41.1402	较弱	8	y_{13}	11.4112	70.0750	较强	5
y_5	1.9821	48.8346	较弱	7	y_{14}	-17.2305	5.5556	极弱	17
y_6	14.3105	76.6061	很强	4	y_{15}	-8.1369	26.0403	非常弱	11
y_7	-10.3289	21.1025	非常弱	12	y_{16}	22.2294	94.4445	极强	1
y_8	-7.6447	27.1489	非常弱	10	y_{17}	-10.7438	20.1679	非常弱	13
y_9	10.0150	66.9300	较强	6					

资料来源：将表6.33数据及第2层主测评分量权重值应用于中小工业企业技术创新模糊层次主成分分析测评模型而得。

表 6.36　2011 年惠州市 17 家中小电子设备制造企业技术创新综合能力

	初始测定值	百分制评价等级	模糊评价等级	排序		初始测定值	百分制评价等级	模糊评价等级	排序
y_1	-1.7512	5.55	极弱	17	y_{10}	-0.6590	40.65	较弱	16
y_2	1.0149	94.44	极强	1	y_{11}	0.2722	70.58	很强	7
y_3	0.1975	68.18	很强	9	y_{12}	-0.3558	50.39	一般	12
y_4	0.0964	64.93	较强	10	y_{13}	0.6306	82.09	非常强	3
y_5	0.0403	63.12	较强	11	y_{14}	0.2630	70.28	很强	8
y_6	0.2746	70.65	很强	6	y_{15}	-0.4619	46.99	一般	13
y_7	-0.4966	45.87	一般	14	y_{16}	0.6924	84.08	非常强	2
y_8	0.2826	70.91	很强	5	y_{17}	-0.6543	40.80	较弱	15
y_9	0.6142	81.57	非常强	4					

资料来源：将表 6.34 数据及第 2 层主测评分量权重值应用于中小工业企业技术创新模糊层次主成分分析测评模型而得。

6.10　小结

本章针对技术创新模糊层次主成分分析测评模型在惠州市 17 家中小电子设备制造企业技术创新测评的应用展开了一些实证分析。

1）利用统计软件 SPSS 13.0 的因子分析模块，对 2006 年与 2011 年企业技术创新测评变量体系的原始测评变量进行了独立化处理，从第 3 层次的 41 个原始测评变量中提取了 13 个及 19 个主测评分量，从第 2 层次的 6 个原始测评变量中提取了 2 个及 4 个主测评分量。

2）根据 SPSS 13.0 的运行结果，计算了主测评分量值和主测评分量权重值。

3）依据主测评分量值和主测评分量权重值，应用技术创新模糊层次主成分分析测评模型，测定了 2006 年及 2011 年惠州市 17 家中小电子设备制造企业技术创新综合能力，并以百分制评价等级和模糊评价等级两种方式来表述企业的技术创新综合能力。

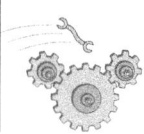

7 测定结果分析

7.1 两种测评模型测定结果的比较分析

将表 5.15、5.16、5.17、5.18、6.25、6.27、6.35、6.36 测定结果整合,可以非常直观地比较模糊层次线性加权综合测评模型与模糊层次主成分分析测评模型对 2006 年惠州市 17 家中小电子设备制造企业技术创新综合能力的百分制评价等级及模糊评价等级测定的结果,见表 7.1 和表 7.2。

从表 7.1 和表 7.2 的比较结果可见:

1) 两种应用模型的测定结果十分接近。两种模型对测评变量权重值的确定方法及对测评变量重叠信息是否处理截然不同:①模糊层次线性加权综合测评模型中,测评变量的权重原始值来源于各有关部门、企业的专家或管理人员,对各测评变量重要程度的赋值,采用层次分析法确定目标权重系数,是主客观相结合权重定值法;而模糊层次主成分分析测评模型中,测评变量的权重值是由原始测评变量所含信息量大小来决定的,并通过统计软件 SPSS 13.0 运作而自然产生,完全排除了主观性的影响,是客观权重定值法。②模糊层次线性加权综合测评模型对测评变量间信息重叠问题未作处理,其综合测定过程利用了第 2 层 6 个原始测评变量和第 3 层 41 个原始测评变量所有的信息;从测评变量相关系数矩阵表(附录 C 和表 6.24)可见,测评变量间存在大量的重叠信息。模糊层次主成分分析测评模型运用 SPSS 13.0 的因子分析模块,对测评变量间的重叠信息进行了独立化处理,并由此提取主测评分量,其综合测定过程只利用了第 3 层 13 个主测评分量和第 2 层 2 个主测评分量的信息。尽管两种模型对测评变量权重值的确定方法和对测评变量的重叠信息是否做出处理完全不同,但它们对 2006 年惠州市 17 家中小电子设备制造企业技术创新综合能力的测定结果十分接近。其中有 8 家的排序完全一致,几乎占了被测评企业的一半,其他 9 家的排序也很接近,见图 7.1。

2) 两种应用模型对 2006 年惠州市 17 家中小电子设备制造企业技术创新综合能力的测定结果与被测评企业的技术创新实际水平基本一致。从抽样调查所了解的实际情况和有关管理人员对被测评企业的评价来看,测评结果虽然不能完全真实地反映被测评企业的技术创新能力,但与其实际水平基本一致。

表 7.1 模糊层次线性加权测评与模糊层次主成分分析测评百分制评价等级比较

测评变量	测评模型	y_1	y_2	y_3	y_4	y_5	y_6	y_7	y_8	y_9
$x_{i1}^{(2)}$	1	5.56	94.44	26.44	26.11	39.39	70.28	5.56	5.56	52.24
	2	5.56	94.44	26.78	28.58	40.23	71.48	7.72	8.80	53.99
$x_{i2}^{(2)}$	1	5.56	84.63	36.46	47.16	55.73	87.49	37.21	38.73	63.82
	2	5.56	83.57	34.02	45.68	52.06	91.44	34.38	36.26	64.74
$x_{i3}^{(2)}$	1	23.83	94.44	46.27	60.09	69.82	72.05	36.22	42.30	86.20
	2	27.81	94.44	48.09	62.56	70.15	72.23	40.20	43.86	83.52
$x_{i4}^{(2)}$	1	5.56	94.44	5.56	5.56	5.56	81.95	5.56	5.56	85.09
	2	5.56	94.44	5.56	5.56	5.56	81.38	5.56	5.56	81.38
$x_{i5}^{(2)}$	1	19.94	70.98	62.24	59.23	72.12	60.28	35.56	56.04	56.94
	2	19.01	64.01	65.44	59.18	67.02	52.04	29.98	47.75	48.72
$x_{i6}^{(2)}$	1	61.31	78.56	91.40	23.35	30.60	37.77	20.94	30.36	15.99
	2	72.76	76.81	94.44	24.98	25.82	29.70	24.70	20.93	7.79
x_i	1	18.63	86.72	43.31	37.69	46.55	69.85	23.93	29.55	60.57
	2	7.67	91.31	38.43	41.14	48.83	76.61	21.10	27.15	66.93
排序	1	17	2	8	9	7	4	14	11	6
	2	16	2	9	8	7	4	12	10	6

测评变量	测评模型	y_{10}	y_{11}	y_{12}	y_{13}	y_{14}	y_{15}	y_{16}	y_{17}
$x_{i1}^{(2)}$	1	10.79	70.68	24.67	66.66	12.28	5.56	78.45	5.56
	2	11.94	72.53	23.48	73.01	12.71	7.72	79.08	7.72
$x_{i2}^{(2)}$	1	28.92	94.44	20.70	76.63	27.05	29.74	88.31	25.37
	2	26.60	94.44	18.69	73.40	25.19	27.66	85.82	24.02
$x_{i3}^{(2)}$	1	27.65	78.39	27.39	88.23	5.56	42.30	84.47	36.22
	2	30.81	79.54	30.64	89.78	5.56	43.86	83.20	40.20
$x_{i4}^{(2)}$	1	5.56	93.75	5.56	5.56	5.56	5.56	93.75	5.56
	2	5.56	90.57	5.56	5.56	5.56	5.56	90.57	5.56
$x_{i5}^{(2)}$	1	29.72	73.96	24.36	80.55	5.56	49.32	94.44	32.37
	2	27.80	66.37	21.05	71.57	5.56	41.18	94.44	26.93
$x_{i6}^{(2)}$	1	5.56	91.25	70.38	91.25	70.38	72.79	94.44	70.38
	2	5.56	84.89	80.42	84.89	80.42	80.70	86.27	80.42
x_i	1	18.69	83.76	28.03	69.16	20.70	32.72	88.32	28.01
	2	14.54	88.41	15.88	70.08	5.56	26.04	94.44	20.17
排序	1	16	3	12	5	15	10	1	13
	2	15	3	14	5	17	11	1	13

注：①表中数据根据表 5.15、6.25、6.35 整合而得。②表中模型 1 表示模糊层次线性加权综合测评模型，模型 2 表示模糊层次主成分分析测评模型。

表7.2 模糊层次线性加权测评与模糊层次主成分分析测评模糊评价等级比较

测评变量	测评模型	y_1	y_2	y_3	y_4	y_5	y_6	y_7	y_8	y_9
$x_{i1}^{(2)}$	1	极弱	极强	非常弱	非常弱	较弱	较强	极弱	极弱	一般
	2	极弱	极强	非常弱	很弱	较弱	较强	极弱	极弱	一般
$x_{i2}^{(2)}$	1	极弱	非常强	很弱	较弱	一般	非常强	很弱	很弱	较强
	2	极弱	非常强	很弱	较弱	一般	非常强	很弱	很弱	较强
$x_{i3}^{(2)}$	1	非常弱	极强	较弱	一般	较强	较强	较弱	较弱	非常强
	2	很弱	极强	较弱	较强	较强	较强	较弱	较弱	非常强
$x_{i4}^{(2)}$	1	极弱	极强	极弱	极弱	极弱	极弱	极弱	极弱	非常强
	2	极弱	极强	极弱	极弱	极弱	极弱	极弱	极弱	很强
$x_{i5}^{(2)}$	1	非常弱	较强	较强	一般	较强	一般	很弱	一般	一般
	2	非常弱	较强	较强	一般	较强	一般	一般	较强	较强
$x_{i6}^{(2)}$	1	较强	很强	非常弱	非常弱	很弱	非常弱	非常弱	很弱	极弱
	2	很强	很强	极强	非常弱	非常弱	非常弱	非常弱	非常弱	极弱
x_i	1	非常弱	非常强	较弱	较弱	较强	较强	较弱	很弱	一般
	2	极弱	非常强	很弱	较弱	较强	较强	较弱	较弱	较强
排序	1	17	2	8	9	7	4	14	11	6
	2	16	2	9	8	7	4	12	10	6

测评变量	测评模型	y_{10}	y_{11}	y_{12}	y_{13}	y_{14}	y_{15}	y_{16}	y_{17}
$x_{i1}^{(2)}$	1	极弱	较强	非常弱	较强	极弱	极弱	很强	极弱
	2	极弱	很弱	非常弱	很弱	极弱	极弱	极强	极弱
$x_{i2}^{(2)}$	1	很弱	极强	很弱	很弱	非常弱	很弱	非常强	非常弱
	2	非常弱	极强	很弱	很弱	非常弱	非常弱	非常强	很弱
$x_{i3}^{(2)}$	1	非常弱	很弱	很弱	非常强	很弱	很弱	很弱	很弱
	2	很弱	很弱	很弱	很弱	很弱	很弱	很弱	较弱
$x_{i4}^{(2)}$	1	极弱	非常弱	极弱	极弱	极弱	极弱	极弱	极弱
	2	极弱	非常弱	极弱	极弱	极弱	极弱	极弱	极弱
$x_{i5}^{(2)}$	1	很弱	很弱	很弱	较弱	很弱	很弱	很弱	极弱
	2	很弱	较强	很弱	较弱	很弱	很弱	较弱	非常弱
$x_{i6}^{(2)}$	1	极弱	非常弱	较弱	非常强	极弱	极弱	极弱	较强
	2	极弱	非常弱	很弱	很弱	极弱	极弱	极弱	很弱
x_i	1	非常弱	较弱	很弱	非常弱	极弱	极弱	很弱	极弱
	2	极弱	较弱	极弱	较弱	极弱	极弱	极强	非常弱
排序	1	16	3	12	5	15	10	1	13
	2	15	3	14	5	17	11	1	13

数据来源：①表中数据根据表5.17、6.27、6.35整合而得。②表中模型1表示模糊层次线性加权综合测评模型，模型2表示模糊层次主成分分析测评模型。

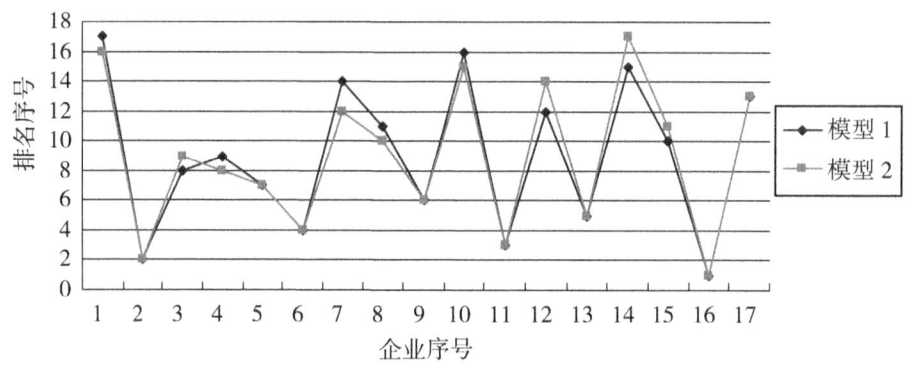

图 7.1 两种模型企业技术创新能力测评结果排序比较测评

从以上测定结果可以验证,本书所构造并选用的技术创新模糊层次线性加权综合测评模型和模糊层次主成分分析测评模型是比较优秀的、实用的。

本书的意旨在于:在前人研究的基础上,力求构造测评企业技术创新能力的优良模型,然后将所创建并选用的"优质"模型应用于中小工业企业技术创新测评中,再对其测定结果进行简要的分析和评述;同时,利用中小工业企业的抽样调查和文献调查数据,对所选用的应用模型的优良性和实用性进行检验。因此,关于某区域或某行业或某单个的中小工业企业技术创新能力强弱的根源问题、提升对策与措施问题等,并未列入本书的研究范围。

7.2　2006 年与 2011 年企业技术创新能力测定结果横向比较分析

将表 5.15、5.16、5.17、5.18 测定结果整合,结果见表 7.3、7.4。

表 7.3　2006 年与 2011 年模糊层次线性加权测评百分制评价等级比较

测评变量	测评年份	y_1	y_2	y_3	y_4	y_5	y_6	y_7	y_8	y_9
$x_{i1}^{(2)}$	2006	5.56	94.44	26.44	26.11	39.39	70.28	5.56	5.56	52.24
	2011	5.56	94.44	20.46	17.82	28.75	43.13	5.56	5.56	33.06
$x_{i2}^{(2)}$	2006	5.56	84.63	36.46	47.16	55.73	87.49	37.21	38.73	63.82
	2011	5.56	79.85	40.07	50.24	53.45	89.09	37.06	38.25	74.64
$x_{i3}^{(2)}$	2006	23.83	94.44	46.27	60.09	69.82	72.05	36.22	42.30	86.20
	2011	17.71	94.44	52.11	59.35	62.80	73.96	45.01	45.92	88.48
$x_{i4}^{(2)}$	2006	5.56	94.44	5.56	5.56	5.56	81.95	5.56	5.56	85.09
	2011	5.56	94.44	26.29	17.37	5.56	73.24	17.37	14.67	74.61

续表7.3

测评变量	测评年份	y_1	y_2	y_3	y_4	y_5	y_6	y_7	y_8	y_9
$x_{i5}^{(2)}$	2006	19.94	70.98	62.24	59.23	72.12	60.28	35.56	56.04	56.94
	2011	26.17	75.45	54.68	77.95	74.40	57.09	31.82	51.57	52.74
$x_{i6}^{(2)}$	2006	61.31	78.56	91.40	23.35	30.60	37.77	20.94	30.36	15.99
	2011	54.40	75.37	85.88	23.89	37.49	39.81	20.79	33.71	19.15
x_i	2006	18.63	86.72	43.31	37.69	46.55	69.85	23.93	29.55	60.57
	2011	5.56	94.44	41.31	36.20	40.22	65.91	17.24	23.34	58.16
排序	2006	17	2	8	9	7	4	14	11	6
	2011	17	1	7	9	8	4	14	10	6

测评变量	测评年份	y_{10}	y_{11}	y_{12}	y_{13}	y_{14}	y_{15}	y_{16}	y_{17}
$x_{i1}^{(2)}$	2006	10.79	70.68	24.67	66.66	12.28	5.56	78.45	5.56
	2011	9.86	51.15	18.16	48.50	10.71	5.56	54.12	5.56
$x_{i2}^{(2)}$	2006	28.92	94.44	20.70	76.63	27.05	29.74	88.31	25.37
	2011	45.57	94.44	36.13	72.39	30.21	27.74	89.03	25.60
$x_{i3}^{(2)}$	2006	27.65	78.39	27.39	88.23	5.56	42.30	84.47	36.22
	2011	38.51	80.15	38.56	87.34	5.56	41.30	84.77	41.30
$x_{i4}^{(2)}$	2006	5.56	93.75	5.56	5.56	5.56	5.56	93.75	5.56
	2011	5.56	82.83	5.56	5.56	5.56	5.56	82.83	5.56
$x_{i5}^{(2)}$	2006	29.72	73.96	24.36	80.55	5.56	49.32	94.44	32.37
	2011	28.02	67.83	19.91	74.71	5.56	35.65	94.44	25.10
$x_{i6}^{(2)}$	2006	5.56	91.25	70.38	91.25	70.38	72.79	94.44	70.38
	2011	5.56	87.07	69.21	87.07	62.99	66.10	94.44	62.99
x_i	2006	18.69	83.76	28.03	69.16	20.70	32.72	88.32	28.01
	2011	13.54	83.29	23.29	64.97	8.82	20.78	89.83	17.65
排序	2006	16	3	12	5	15	10	1	13
	2011	15	3	11	5	16	12	2	13

数据来源：①表中数据根据表5.15、6.16整合而得。②表中测评结果是通过模糊层次线性加权综合测评模型运算而得的。③2006年及2011年测评数据为同年横向比较数据。

表7.4 2006年与2011年模糊层次线性加权测评模糊评价等级比较

测评变量	测评年份	y_1	y_2	y_3	y_4	y_5	y_6	y_7	y_8	y_9
$x_{i1}^{(2)}$	2006	极弱	极强	非常弱	非常弱	较弱	较强	极弱	极弱	一般
	2011	极弱	极强	非常弱	非常弱	很弱	较弱	极弱	极弱	很弱
$x_{i2}^{(2)}$	2006	极弱	非常强	很弱	较弱	一般	非常强	很弱	很弱	较强
	2011	极弱	非常强	较弱	一般	一般	极强	较弱	较弱	很弱
$x_{i3}^{(2)}$	2006	非常弱	极强	较弱	一般	较强	较强	较弱	较强	非常强
	2011	非常弱	极强	一般	较弱	较弱	一般	一般	一般	非常强
$x_{i4}^{(2)}$	2006	极弱	极弱	极弱	极弱	极弱	较弱	极弱	极弱	非常强
	2011	极弱	极弱	很弱	非常弱	非常弱	非常弱	非常弱	非常弱	很强
$x_{i5}^{(2)}$	2006	非常弱	较强	较强	一般	较强	一般	较强	一般	一般
	2011	很弱	很强	一般	非常弱	较弱	较弱	较弱	一般	一般
$x_{i6}^{(2)}$	2006	较强	较强	非常强	较弱	较弱	较弱	较弱	较弱	极弱
	2011	一般	很强	非常强	很弱	较弱	较弱	较弱	较强	非常弱
x_i	2006	非常弱	非常强	较弱	较弱	较弱	较强	较弱	很弱	一般
	2011	极弱	极强	较弱	较弱	较弱	较强	较弱	较弱	较强
排序	2006	17	2	8	9	7	4	14	11	6
	2011	17	1	7	9	8	4	14	10	6

测评变量	测评年份	y_{10}	y_{11}	y_{12}	y_{13}	y_{14}	y_{15}	y_{16}	y_{17}
$x_{i1}^{(2)}$	2006	极弱	较强	非常弱	较弱	极弱	极弱	很强	极弱
	2011	极弱	一般	非常弱	一般	非常弱	较弱	一般	极弱
$x_{i2}^{(2)}$	2006	很弱	极强	较弱	较弱	较弱	非常强	非常强	非常弱
	2011	一般	极强	较弱	很强	很弱	较弱	较强	很弱
$x_{i3}^{(2)}$	2006	非常弱	很强	较弱	非常强	较弱	较弱	较弱	很强
	2011	较弱	非常强	较弱	较强	较弱	较弱	较弱	较弱
$x_{i4}^{(2)}$	2006	极弱	非常强	极弱	极弱	极弱	非常弱	较弱	极弱
	2011	极弱	极弱	极弱	极弱	极弱	极弱	极弱	极弱
$x_{i5}^{(2)}$	2006	很弱	很弱	较弱	很弱	很弱	较弱	较弱	很弱
	2011	很弱	很弱	很弱	很弱	很弱	非常弱	较弱	很弱
$x_{i6}^{(2)}$	2006	极弱	非常强	较弱	非常强	非常弱	较强	非常强	较强
	2011	极弱	很强	较弱	较弱	较弱	较弱	较强	较强
x_i	2006	非常弱	非常强	很弱	较强	非常弱	较弱	很强	较弱
	2011	非常弱	非常强	很弱	较强	非常弱	较弱	极强	非常弱
排序	2006	16	3	12	5	15	10	1	13
	2011	15	3	11	5	16	12	2	13

注：①表中数据根据表5.17、6.18整合而得。②表中测评结果是通过模糊层次线性加权综合测评模型运算而得的。③2006年及2011年测评数据为同年横向比较数据。

从以上测定结果可以看出，惠州市中小电子设备制造企业技术创新综合能力差异较大,且能力不高①,2006 年及 2011 年排名变动极小。

1)从技术创新能力模糊评价等级来看,2011 年惠州市 17 家中小电子设备制造企业技术创新综合能力表现为"极弱"的有 1 家(即企业 1),表现为"非常弱"的有 5 家(即企业 7、企业 10、企业 14、企业 15、企业 17),表现为"很弱"的有 2 家(即企业 8、企业 12),表现为"较弱"的有 3 家(即企业 3、企业 4、企业 5),表现为"较强"的有 3 家(即企业 6、企业 9、企业 13),表现为"非常强"的有 1 家(即企业 11),表现为"极强"的有 2 家(即企业 2、企业 16)。其次数分布图不呈正态分布趋势,相反,而是一个不太规则的 U 形分布,见图 7.2;2006 年 17 家企业技术创新综合能力强弱等级分布雷同,见图 7.3。

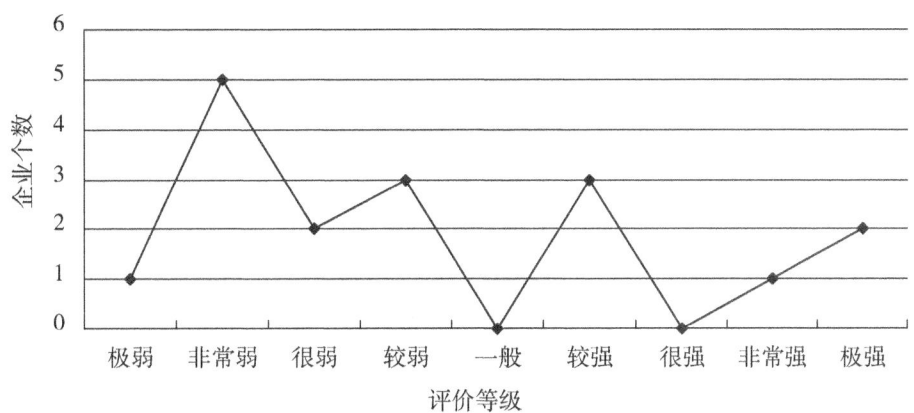

图 7.2 2011 年惠州市 17 家中小电子设备制造企业技术创新能力分布

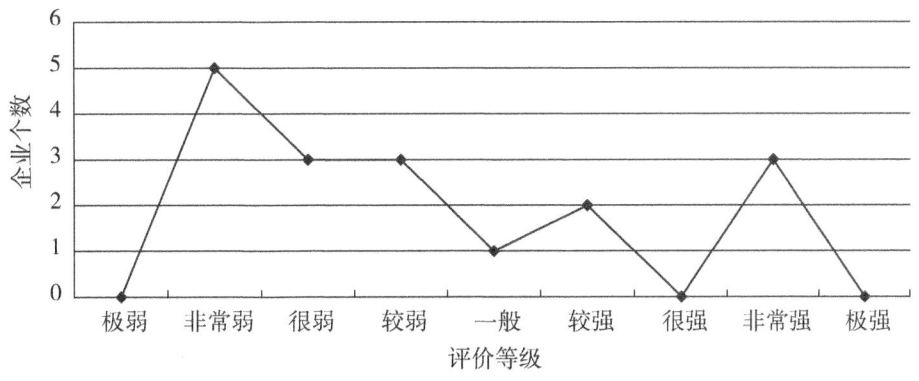

图 7.3 2006 年惠州市 17 家中小电子设备制造企业技术创新能力分布

2)从技术创新能力百分制评价等级来看,2006 年与 2011 年平均评价等级为 46.2465 和 41.4441。在一定程度上说明,惠州市中小电子设备制造企业技术创新综合能力不高;2006 年与 2011 年评价等级变异系数分别为 52.40% 和 68.56%,说

---

① 因为测评的这 17 家中小电子设备制造企业是在惠州市 668 家中小电子设备制造企业中,根据科学的系统随机抽样方法抽中的,具有一定的代表性。

明惠州市各中小电子设备制造企业技术创新综合能力变异程度很大，企业间技术创新能力差异很大，且随着时间的推移，这种差异在逐渐拉大，见图7.4。

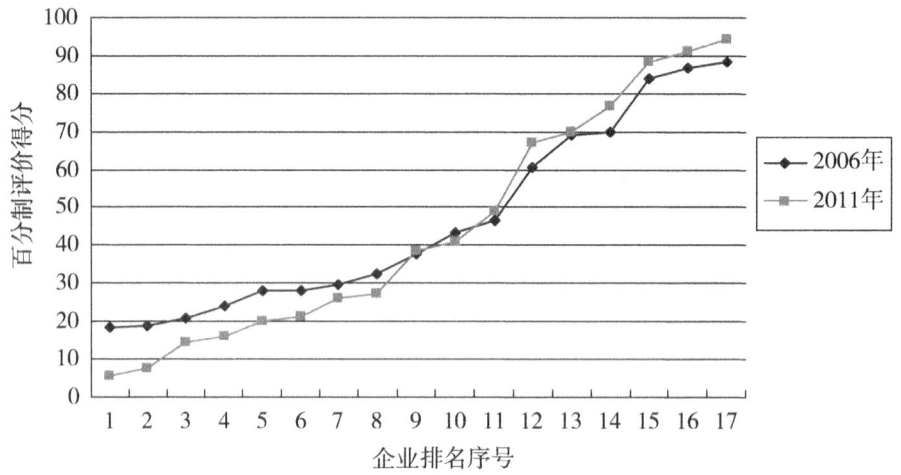

图 7.4 2006 年与 2011 年模糊层次线性加权测评模糊评价等级比较

3）从测评结果排序来看，2006 年及 2011 年惠州市 17 家中小电子设备制造企业技术创新能力只有微小变动，其中有 8 家企业名次完全一致，8 家企业上下只变动 1 名，1 家企业变动 2 名（见图 7.5）。从 2006 年及 2011 年横向测评数据可见，惠州市 17 家中小电子设备制造企业技术创新综合能力相对比较结果基本一致。由此可见，经过 5 年的发展，技术创新能力强的企业仍然保持相对较强的创新势态，而技术创新能力弱的企业其横向比较创新能力仍然相对较弱。

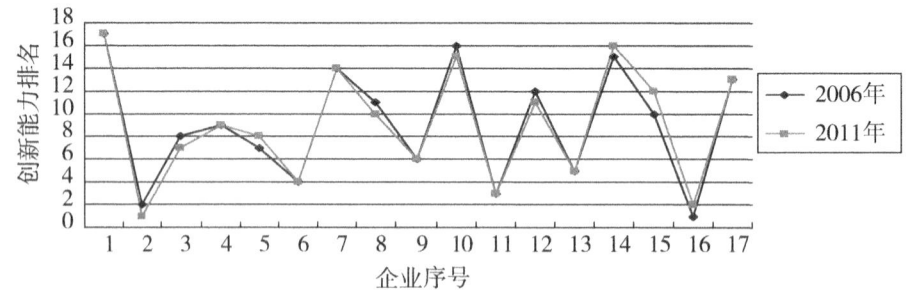

图 7.5 2006 年与 2011 年惠州市 17 家中小电子设备制造企业技术创新能力分布

7.3 2006 年与 2011 年企业技术创新能力测定结果纵向比较分析

将 2006 年与 2011 年惠州市 17 家中小电子设备制造企业的技术创新指标放置同一平面，进行综合测定并整理，见表 7.5、7.6。从测定结果来看，同一企业纵向比较，其技术创新能力随着时间的推移都在增大，其排名均有不同程度的提升，见图 7.6。其中提升幅度最大的企业 10，前进了 10 名。当然，各企业技术创新纵向比较排名提升，主要得益于各企业 2011 年技术创新能力定量测定指标（如人均 R&D 经费、R&D 人员投入比重、新产品销售比重、劳动生产率、当地人均 GDP 等）比 2006 年大幅增大所致。

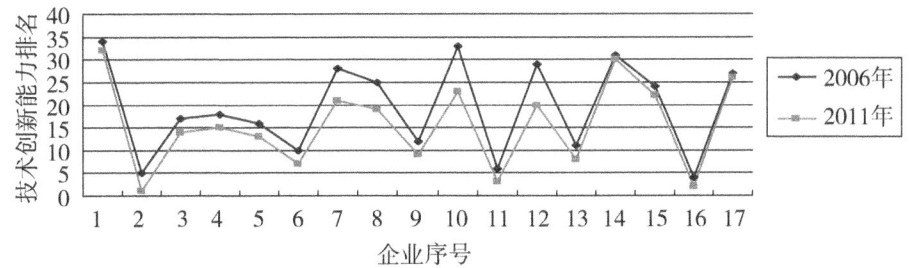

图 7.6 2006 年与 2011 年惠州市 17 家中小电子设备制造企业技术创新能力分布

表 7.5 2006 年与 2011 年模糊层次线性加权测评百分制评价等级比较

测评变量	平面指标	y_1	y_2	y_3	y_4	y_5	y_6	y_7	y_8	y_9
$x_{i1}^{(2)}$	$y_i^{(0)}$	5.56	40.99	17.47	15.54	22.92	28.81	5.56	5.56	25.47
	$y_i^{(1)}$	5.56	94.44	18.14	16.33	25.88	42.62	5.56	5.56	30.77
$x_{i2}^{(2)}$	$y_i^{(0)}$	5.56	76.38	33.59	45.31	49.05	88.11	33.90	32.02	59.93
	$y_i^{(1)}$	5.56	77.97	36.61	48.14	51.98	87.97	36.87	34.47	72.00
$x_{i3}^{(2)}$	$y_i^{(0)}$	28.69	94.44	49.39	62.78	70.95	73.51	41.10	45.74	85.42
	$y_i^{(1)}$	17.75	94.44	52.12	59.13	62.78	73.51	44.72	45.74	88.15
$x_{i4}^{(2)}$	$y_i^{(0)}$	5.56	85.24	5.56	5.56	5.56	73.36	5.56	5.56	74.71
	$y_i^{(1)}$	5.56	94.45	26.36	17.60	5.56	73.36	17.60	14.76	74.71
$x_{i5}^{(2)}$	$y_i^{(0)}$	19.32	60.66	48.15	51.23	60.38	53.54	32.34	49.48	50.65
	$y_i^{(1)}$	28.52	74.43	56.28	80.58	73.87	55.84	33.25	50.71	51.75
$x_{i6}^{(2)}$	$y_i^{(0)}$	38.87	55.68	55.63	17.70	24.45	32.22	15.45	28.37	15.64
	$y_i^{(1)}$	64.19	79.87	94.45	46.98	57.06	59.24	44.73	55.39	44.92
x_i	$y_i^{(0)}$	5.56	69.43	28.21	28.11	35.88	56.83	13.60	19.36	49.32
	$y_i^{(1)}$	8.60	94.44	40.09	39.78	43.05	65.72	21.41	25.54	58.95
排序	$y_i^{(0)}$	34	5	17	18	16	10	28	25	12
	$y_i^{(1)}$	32	1	14	15	13	7	21	19	9
测评变量	平面指标	y_{10}	y_{11}	y_{12}	y_{13}	y_{14}	y_{15}	y_{16}	y_{17}	
$x_{i1}^{(2)}$	$y_i^{(0)}$	7.97	30.79	15.56	31.03	9.68	5.56	34.15	5.56	
	$y_i^{(1)}$	9.45	49.55	16.47	46.85	9.83	5.56	51.75	5.56	

续表 7.5

测评变量	平面指标	y_1	y_2	y_3	y_4	y_5	y_6	y_7	y_8	y_9
$x_{i2}^{(2)}$	$y_i^{(0)}$	25.27	92.91	16.23	67.64	44.76	26.45	85.44	22.35	
	$y_i^{(1)}$	46.91	94.45	35.86	69.19	29.13	26.45	88.34	23.94	
$x_{i3}^{(2)}$	$y_i^{(0)}$	32.16	79.89	32.02	89.64	9.21	45.74	84.53	41.10	
	$y_i^{(1)}$	38.51	79.89	38.37	87.05	5.56	41.10	84.53	41.10	
$x_{i4}^{(2)}$	$y_i^{(0)}$	5.56	82.85	5.56	5.56	5.56	5.56	82.85	5.56	
	$y_i^{(1)}$	5.56	82.85	5.56	5.56	5.56	5.56	82.85	5.56	
$x_{i5}^{(2)}$	$y_i^{(0)}$	25.19	60.18	21.70	69.64	5.56	43.61	75.15	29.20	
	$y_i^{(1)}$	30.42	67.09	23.33	71.77	10.38	36.20	94.44	27.71	
$x_{i6}^{(2)}$	$y_i^{(0)}$	5.56	63.40	43.23	63.40	43.23	45.47	66.74	43.23	
	$y_i^{(1)}$	34.83	87.60	74.17	87.60	69.67	71.92	93.19	69.67	
x_i	$y_i^{(0)}$	7.60	67.29	13.00	54.44	9.33	19.60	71.03	14.61	
	$y_i^{(1)}$	19.73	78.57	24.07	63.30	9.93	21.15	84.89	18.67	
排序	$y_i^{(0)}$	33	6	29	11	31	24	4	27	
	$y_i^{(1)}$	23	3	20	8	30	22	2	26	

数据来源：①表中数据根据表 5.19 整合而得。②表中 $y_i^{(0)}$ 表示 2006 年平面指标，$y_i^{(1)}$ 表示 2011 年平面指标。

表 7.6 2006 年与 2011 年模糊层次线性加权测评模糊评价等级比较

测评变量	平面指标	y_1	y_2	y_3	y_4	y_5	y_6	y_7	y_8	y_9
$x_{i1}^{(2)}$	$y_i^{(0)}$	极弱	较弱	非常弱	非常弱	很弱	很弱	极弱	很弱	
	$y_i^{(1)}$	极弱	极强	非常弱	非常弱	很弱	较弱	极弱	很弱	
$x_{i2}^{(2)}$	$y_i^{(0)}$	极弱	很强	较弱	一般	一般	非常强	较弱	较强	
	$y_i^{(1)}$	极弱	非常强	较弱	一般	很弱	较弱	较弱	很弱	
$x_{i3}^{(2)}$	$y_i^{(0)}$	很弱	极强	一般	较强	很弱	较强	一般	非常强	
	$y_i^{(1)}$	非常弱	极强	一般	一般	极弱	一般	一般	非常强	
$x_{i4}^{(2)}$	$y_i^{(0)}$	极弱	非常强	极弱	极弱	极弱	极弱	极弱	很弱	
	$y_i^{(1)}$	极弱	极强	很弱	非常弱	非常弱	非常弱	非常弱	很弱	
$x_{i5}^{(2)}$	$y_i^{(0)}$	非常弱	较强	一般	一般	较强	一般	很弱	一般	
	$y_i^{(1)}$	很弱	很强	较强	非常强	很弱	较弱	很弱	一般	
$x_{i6}^{(2)}$	$y_i^{(0)}$	较弱	较弱	非常弱	非常弱	非常弱	非常弱	很弱	非常弱	
	$y_i^{(1)}$	较强	非常强	极强	一般	较强	一般	一般	一般	

续表 7.6

测评变量	平面指标	y_1	y_2	y_3	y_4	y_5	y_6	y_7	y_8	y_9
x_i	$y_i^{(0)}$	极弱	很强	很弱	很弱	较弱	较强	非常弱	非常弱	一般
	$y_i^{(1)}$	极弱	极强	较弱	较弱	较弱	较强	非常弱	很弱	较强
排序	$y_i^{(0)}$	34	5	17	18	16	10	28	25	12
	$y_i^{(1)}$	32	1	14	15	13	7	21	19	9

测评变量	平面指标	y_{10}	y_{11}	y_{12}	y_{13}	y_{14}	y_{15}	y_{16}	y_{17}
$x_{i1}^{(2)}$	$y_i^{(0)}$	极弱	很弱	非常弱	很弱	极弱	极弱	较弱	极弱
	$y_i^{(1)}$	极弱	较弱	非常弱	一般	极弱	极弱	一般	极弱
$x_{i2}^{(2)}$	$y_i^{(0)}$	很弱	极强	非常弱	很弱	一般	极弱	非常强	很弱
	$y_i^{(1)}$	一般	极强	较弱	很弱	很弱	极弱	非常强	很弱
$x_{i3}^{(2)}$	$y_i^{(0)}$	很弱	非常强	很弱	极强	很弱	非常弱	非常弱	较弱
	$y_i^{(1)}$	较弱	非常强	较弱	非常强	很弱	很弱	很弱	较弱
$x_{i4}^{(2)}$	$y_i^{(0)}$	极弱	非常弱	极弱	极弱	极弱	极弱	非常弱	极弱
	$y_i^{(1)}$	极弱	非常弱	极弱	极弱	极弱	极弱	极弱	极弱
$x_{i5}^{(2)}$	$y_i^{(0)}$	很弱	较强	非常弱	很弱	很弱	很弱	很强	很弱
	$y_i^{(1)}$	很弱	很强	很弱	很弱	很弱	很弱	极弱	很弱
$x_{i6}^{(2)}$	$y_i^{(0)}$	极弱	较强	较弱	较弱	较弱	一般	很强	较弱
	$y_i^{(1)}$	较弱	非常强	很强	非常弱	很强	很强	极弱	很强
x_i	$y_i^{(0)}$	极弱	很弱	非常弱	一般	极弱	非常弱	很弱	非常弱
	$y_i^{(1)}$	非常弱	非常强	很弱	较强	极弱	非常弱	非常弱	非常弱
排序	$y_i^{(0)}$	33	6	29	11	31	24	4	27
	$y_i^{(1)}$	23	3	20	8	30	22	2	26

注：①表中数据根据表 5.20 整合而得。②表中 $y_i^{(0)}$ 表示 2006 年平面数据，$y_i^{(1)}$ 表示 2011 年平面数据。

8 结论与讨论

8.1 主要结论

技术创新测评是一个尚处于探索阶段、研究成果较为薄弱的新兴研究领域。本书旨在在前人研究的基础上，力求构造企业技术创新测评的优良模型，并将其应用于中小工业企业技术创新测评中。这些优良的技术创新测评模型在目标设计上必须达到：能使测评出来的企业技术创新能力与其真实能力逼近；能使测评出来的不同的企业技术创新能力便于比较和分析；模型操作过程简便易行。围绕以上目标，本书开展了一些针对性较强的相关研究，并得出了以下主要结论。

1）现有的技术创新测评模型存在较多缺陷与不足。如，模糊综合测评常用模型虽有对边界不清的、不确定的属性变量进行了定量化处理，且操作简单的优点，但存在一些致命的弱点，即必须对数值型测评变量值等级化处理，使本来清晰、精确的数据变得"模糊"起来，人为地增加了测评结果与实际结果的误差；以最大隶属原则判定被评对象的评价等级不太科学，使本来"模糊"的评价等级变得更加模糊；以评价等级排序来评判测评对象技术创新能力的强弱，排序性较差，且同一评价等级内被评对象技术创新能力的高低无法排序；对复杂评价系统未测评其各层次的技术创新能力，不利于对技术创新复杂系统进行分析；对测评变量间的相关性未作独立化处理，使测评结果存在信息重叠现象，不能较好地反映测评对象的实际技术创新水平。因此，它只能适用于测评变量间相互独立的、不带数值型测评变量的、测评对象的各等级比重悬殊的、单层次的测评对象。又如，主成分分析测评常用模型虽有消除测评变量信息重叠、排序性很强、自行确定权重值的优点，但它对属性测评变量未作定量化处理或等级化处理过于粗略，不利于对带属性测评变量的测评对象进行分析；对复杂评价系统未测评其各层次的技术创新能力，不利于对技术创新复杂系统进行分析；在对测评变量间的相关性作独立化处理及对原始测评变量降维处理的同时，原始测评变量信息也有所损耗，其综合测评结果也不能较好地反映测评对象的实际水平。因此，它只能适用于测评变量间具有相关关系的、不带属性测评变量的、单层次的测评对象。

对存在诸多缺陷与不足的常用测评模型，需要补充、修正、完善和创新。

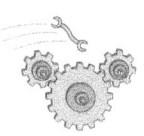

2）依据层次分析理论、模糊综合测评理论及技术创新测评原则等，构造了百分制赋值模糊层次加权综合测评模型，并阐述了其运用的基本逻辑框架和基本方法与步骤。百分制赋值模糊层次综合测评模型是对模糊综合测评常用模型的完善和创新，在很大程度上弥补了常用模型致命的缺点。即，以百分制赋值加权确定评价等级，纠正了常用模型"定级"的不合理性，缩小了测定结果与实际水平的误差，并增强了综合测评结果的排序能力；对研究或考评对象的各层测评变量以百分制赋值进行加权综合测评，有利于对企业创新复杂系统进行更为精确的定量化分析。从数理角度来看，它适用于测评变量相互独立的、不带数值型测评变量的、单层次的或多层次的测评对象。

3）依据百分制赋值模糊层次加权综合测评模型理论和线性加权综合测评常用模型理论，构造了模糊层次线性加权综合测评模型，并阐述了其运用的基本逻辑框架和基本方法与步骤。模糊层次线性加权综合测评模型是百分制赋值模糊层次加权综合测评模型与线性加权综合测评常用模型的集成和创新，它既拥有这两种模型所有的优点，又在很大程度上弥补了这两种模型的缺陷和不足。但对测评变量间的相关性未作独立化处理，测评变量间信息重叠性的问题得不到解决，其测定结果只是实际水平的接近。从数理角度来看，它适用于测评变量间相对独立的、单层次的或多层次的测评对象。

4）依据百分制赋值模糊层次加权综合测评模型理论和主成分分析测评常用模型理论，构造了模糊层次主成分分析测评模型，并阐述了其运用的基本逻辑框架和基本方法与步骤。模糊层次主成分分析测评模型是百分制赋值模糊层次加权综合测评模型与主成分分析测评常用模型的集成和创新，它既具备这两种模型所拥有的优点，又大大地弥补了这两种模型的缺陷和不足。但它在对测评变量间的相关性作独立化处理及对变量降维处理的同时，测评变量的原始信息有所损耗，其测定结果也只是实际水平的接近。从数理角度来看，它适用于测评变量间具有相关关系的、单层次的或多层次的测评对象。

5）从测评模型对测评变量的要求、测评能力、测评结果状况，以及测评模型的优缺点、适用场合等出发，比较和分析了线性加权综合测评常用模型、模糊综合测评常用模型、主成分分析测评常用模型、数据包络分析测评原始模型、百分制赋值模糊层次加权综合测评模型、模糊层次线性加权综合测评模型、模糊层次主成分分析测评模型、模糊层次数据包络分析测评模型等8种技术创新测评模型，选择了优点最多的且能解决复杂系统技术创新测评问题的模糊层次线性加权综合测评模型和模糊层次主成分分析测评模型，作为本书中小工业企业技术创新测评的应用模型。

6）利用根据系统随机抽样发出问卷并回收为有效问卷的惠州市17家中小电子设备制造企业的抽样调查数据和文献调查数据，对技术创新模糊层次线性加权综合测评模型和模糊层次主成分分析测评模型进行了实证检验。应用和实证表明：

两种模型测定结果十分接近,且与测评企业的实际技术创新能力相一致。由此,这两种模型的实用性和优良性得到了证实。

7) 模糊层次线性加权测评模型的测定结果显示:①2006 年及 2011 年,惠州市 17 家中小电子设备制造企业技术创新综合能力平均百分制评价等级分别为 46.25 和 41.44,这在一定程度上表明,惠州市中小电子设备制造企业总体技术创新能力不高。②2006 年及 2011 年,这 17 家企业技术创新能力的百分制评价等级的变异系数达 52.40% 和 68.56%,说明惠州市各中小电子设备制造企业技术创新综合能力变异程度很大,企业间技术创新能力差异很大,且随着时间的推移,这种差异在逐渐拉大。③从横向比较来看,2006 年及 2011 年,惠州市 17 家中小电子设备制造企业技术创新综合能力排名变动极小,说明技术创新能力强的企业仍然保持着相对较强的创新态势,而技术创新能力弱的企业其创新能力仍然相对较弱。④从纵向比较来看,2011 年惠州市 17 家中小电子设备制造企业技术创新综合能力均比 2006 年有所提升,说明经过 5 年的发展,各企业技术创新能力都在增大,同一企业比较其排名均有不同程度的提升。

8.2 有关问题讨论

本书通过对企业技术创新测评一些相关理论的研究,较成功地构造了较为优良的技术创新测评模型,且所构造的模糊层次线性加权综合测评模型和模糊层次主成分分析测评模型有效地应用于测评被抽样出来的惠州市 17 家中小电子设备制造企业的技术创新综合能力。尽管如此,仍有许多相关问题,值得进一步讨论(注意)和深入研究。

1) 对于本书所构建的模糊层次数据包络分析测评模型,其测评结果排序性很弱的问题,本书没有深入开展一些拓展性的研究来增强该模型测定结果的排序性和应用价值。这个问题值得以后深入研究。

2) 对于具有处理复杂系统信息含糊的且具有自我学习和自我纠正功能的技术创新测评非线性模型——BP 神经网络分析测评模型,本书未能作研究。这需要以后进一步研究,使其适用于企业技术创新综合能力的测评。

3) 属性测评变量的初始定值带有一定的主观性,在一定程度上会影响测评结果的准确性。这个问题目前在统计学界、经济学界等尚无良好办法来解决。这也需要以后进一步讨论和研究。

4) 对于模糊层次线性加权综合测评模型和模糊层次主成分分析测评模型测定结果十分接近的现象,本书未从数理上加以探讨和论证。这也值得以后继续探讨和研究。

5) 尽管不同的模型所用的测评变量数据一样,但是,不同的模型对测评变量数据的要求不同,对测评变量权重的定值方法不同,测评过程及测评机理也不同,

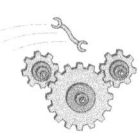

所以，其测评结果也可能有所不同。因此，同时测评多个企业技术创新综合能力，最好应用同一种模型。

6）要根据具体情况来选择和应用技术创新测评模型。从本书研究和应用情况来看，模糊层次线性加权综合测评模型和模糊层次主成分分析测评模型都是优良的技术创新测评模型。只不过模糊层次线性加权综合测评方法更符合实际操作者的习惯和思维，且其测定结果更多地保留了原始测评变量的信息，但其测评变量权重值确定方法的运用有些复杂；模糊层次主成分分析测评方法在测评变量间信息重叠较大的情况下，其测评及数据处理过程更符合数理原理，但通过统计软件提取出来的主测评分量，其经济含义不太好解释。在实际工作中，究竟选择和应用哪个模型来测评企业的技术创新能力，要根据测评的目的、测评对象的特性、测评变量值及其权重值的确定等情况而定。

7）本书构造了4种集多种测评方法（模型）优点于一体的技术创新综合测评模型。诸如此类的综合多种方法（模型）优点的集成方法（模型），在综合评价理论及其应用方面值得深入研究和大力推广。

8）可将模糊层次线性加权综合测评模型和模糊层次主成分分析测评模型尝试性地用于其他主题的多层次复杂系统的能力（绩效）等方面的测评。

参 考 文 献

[1] Acs, Z J, Audretsch D B. Innovation and small firms [M]. Massachusetts: The MIT Press Cambridge, 1990.

[2] Barton D L. Core capability & core rigidities: A paradox in managing new product development [J]. Strategic Management of Technology and Innovation, 1992 (13).

[3] Burgelman R A. Toward an innovative capability audit framework [J]. Strategic Management of Technology and Innovation, 1988 (1).

[4] Chaminade C, Roberts H. Social capital as a mechanism: Connecting knowledge within and across firms, Third European conference on organizational knowledge, learning and capabilities [C]. Athens: 2002.

[5] Charnes A, Cooper W W, Golany B. Measuring efficiency of decision making units [J]. European Journal of Operational Research, 1978 (2).

[6] Dodgson M, Rothwell R. The hand-book of industrial innovation [M]. Edward Elgar, 1994.

[7] (澳) Dodgson M, Rothwell R. 创新聚集——产业创新手册 [M]. 陈劲, 等, 译. 北京: 清华大学出版社, 2000.

[8] Freeman C, Soete L. The economics of industrial innovation [M]. London and Washington, 1974.

[9] Freeman C, Soete L. The economics of industrial innovation [M]. London: The MIT Press, 1982.

[10] Freeman C, Soete L. The economics of industrial innovation [M]. 2nd ed. London and Washington, 1982.

[11] (意) G·多西. 技术进步与经济理论 [M]. 钟学以, 译. 北京: 经济科学出版社, 1992.

[12] Hippel E V. The sources of innovation [M]. Boston: Oxford University Press, 1988.

[13] Jian Cheng G, Ma N. Innovation capability and export performance of Chinese firms [J]. Technovation, 2003, 23 (9).

[14] Jian Cheng Guan, Richard C M Yam, Chiu Kam Mok, et al. A study of the relationship between competitiveness and technologic all innovation capability based on DEA models [J]. European Journal of Operational Research, 2006 (3).

[15] Juan Shan, Dominique R Jolly. Accumulation of technological innovation capability and competitive performance in Chinese firms [M]. Cairo: IAMOT, 2010.

[16] Kline S, Rosenberg N. An overview of innovation: The positive sum strategy in R. Landon and N. Rosenberg (eds.) [M]. Washington: Washington D C National Academy Press, 1986.

[17] Larry E W, Yung W R, Garry P. Sources of technological capability in South Area: Technological capability in the Third World [M]. M Fransmanand K King, 1984.

[18] Mansfield E. The economics of technological change [M]. New York: W W Norton and Company, 1971.

[19] Mansfield E. Industrial innovation in Japan and the United States [J]. Science Journal, 1988 (9).

[20] Mohammad Rahmanidoust, 杨克磊. 基于主成分分析的环渤海技术创新能力综合评价研究 [J]. 价值工程, 2012 (1).

[21] OECD. The measurement of scientific and technical activities (Frascati manual) [M]. Paris: Paris Press, 1992.

[22] Prahalad C K, Hamel G. The core competence of the corporation [J]. Harvard Business Review, 1992 (3).

[23] (美) P·斯通曼. 技术变革的经济分析 [M]. 北京: 机械工业出版社, 1989.

[24] Rothwell R. Sueeessful Industrial innovation: Critical factors for the 1990's [J]. R&D Management. 1992, 22 (3).

[25] Rothwell R. Industrial innovation: Success strategy trends [M]. Edward Elgar, 1994.

[26] Rothwell R. Towards the fifth-generation innovation process [J]. International Marketing Review, 1994 (11).

[27] (英) R·库姆斯, 等. 经济学与技术进步 [M]. 北京: 商务印书馆, 1989.

[28] (美) Saaty T L. 层次分析法原理 [M]. 许树柏, 译. 北京: 煤炭工业出版社, 1988.

[29] Schmookler J. Invention and economic growth [M]. Boston: Harvard University Press, 1966.

[30] Schumpeter J A. Business cycles: A theoretical, historical, and statistical analysis of the capitalist process [M]. New York: Mograw-Hill, 1939.

[31] Solow R. A contribution to the theory of economic growth [J]. Quarterly Journal of Economics, 1956 (2).

[32] Solow R. Technical change and the aggregate production function [J]. Review of Economics, 1957 (8).

[33] Stoneman P. Technological diffusion and computer revolution [M]. Cambridge: Cambridge University Press, 1976.

[34] Stoneman P. The economic analysis of technical change [M]. Oxford: Oxford University Press, 1983.

[35] Wang Chun-hsien, Lu Iuan-yuan, Chen Chie-bein. Evaluating firm technological innovation capability under uncertainty [J]. Technovation, 2008 (28).

[36] www.gov.cn/gzjg/tjpj/cwjs/200408060 35K 2006-11-1 [EB/OL].

[37] Utterback J M. The process of technological innovation within the firm [J]. Academy of Management Journal, 1974, 14 (1).

[38] 毕克新. 中小企业技术创新测试与评价研究 [M]. 北京: 科学出版社, 2006.

[39] 陈德铭, 周三多. 中小企业竞争力研究 [M]. 南京: 南京大学出版社, 2003.

[40] 陈劲. 永续发展——企业技术创新透视 [M]. 北京: 科学出版社, 2001.

[41] 陈良兴, 赵晓庆, 郑林英. 基于专利信息分析的企业技术创新能力评价——以通信企业为例 [J]. 科技与经济, 2012 (2).

[42] 陈云, 谭淳方, 俞立. 科技型中小企业技术创新能力评价指标体系研究 [J]. 科技进步与对策, 2012 (1).

[43] 董景荣. 技术创新过程管理中的中止决策与扩散模式研究 [D]. 重庆大学博士学位论文, 1999.

[44] 杜栋, 庞庆华. 现代综合评价方法与案例精选 [M]. 北京: 清华大学出版社, 2006.

[45] 杜之韩. 判断矩阵一致性检验的新途径 [J]. 系统工程理论与实践, 1998 (6).

[46] 范柏乃. 城市技术创新能力评价指标筛选方法研究 [J]. 科学学研究, 2002 (6).

[47] (荷) 范·杜因. 经济长波与创新 [M]. 上海: 上海译文出版社, 1993.

[48] 冯之浚. 国家创新系统的理论与政策 [M]. 北京: 经济科学出版社, 1999.

[49] 傅家骥. 技术创新——中国企业发展之路 [M]. 北京: 清华大学出版社, 1992.

[50] 傅家骥. 技术创新学 [M]. 北京: 清华大学出版社, 1998.

[51] 傅家骥, 仝允桓, 高建, 等. 技术创新学 [M]. 北京: 清华大学出版社, 1998.

[52] 傅家骥, 仝允桓, 高建, 等. 技术创新学 [M]. 9版. 北京: 清华大学出版

社，2006.

[53] 高建. 中国企业技术创新分析 [M]. 北京：清华大学出版社，1997.

[54] 高建. 科技起飞和中国企业技术创新能力的成长 [J]. 清华大学学报（哲学社会科学版），2000（3）.

[55] 关士续. 区域创新网络在高技术产业发展中的作用：产于硅谷创新的一种诠释 [J]. 自然辩证法通讯，2002（12）.

[56] 郭亚军. 综合评价理论、方法及应用 [M]. 北京：科学出版社，2007.

[57] 国家经贸委，国家发展计划委员会，财政部，国家统计局，等. 中小企业标准暂行规定（2003年）[EB/OL]. http：//www.chinazfxx.com/zcfg/display.asp/html 21K 2007-11-15.

[58] 国务院. 大中小型工业企业划分标准说明（1992年）[EB/OL]. http：//www.sasac.com.

[59] 国务院. 中华人民共和国中小企业促进法（2002年）[EB/OL]. http：//www.chinaue.com.

[60] 和炳全，杜春喜，郑洋. 基于熵值法的企业技术创新能力评价 [C]. 厦门：Proceedings of 2010 International Conference on Bio-inspired Systems and Signal Processing（ICBSSP 2010），2010.

[61] 胡珑瑛. 技术经济学 [M]. 哈尔滨：哈尔滨工业大学出版社，2004.

[62] 胡哲一. 技术创新的概念与定义 [J]. 科学学与科学技术管理，1992（5）.

[63] 金菊良. 计算层次分析法中排序权值的加速遗传算法 [J]. 系统工程理论与实践，2002（11）.

[64] 金余泉，韩东林. 产业转移视角下安徽省制造业技术创新能力评价——基于CPM方法 [J]. 工业技术经济，2011（9）.

[65] 康凯，邢静，张会云，等. 企业技术创新能力评价研究 [J]. 河北省科学院学报，2001（2）.

[66]（美）克里斯托弗·梅耶. 创新增长——硅谷的启示 [M]. 梁淑玲，译. 长春：吉林人民出版社，1999.

[67] 孔峰，贾宇，贾杰. 基于VIKOR法的企业技术创新综合能力评价模型研究 [J]. 技术经济，2008（2）.

[68] 李京文. 迎接知识经济新时代 [M]. 上海：上海远东出版社，1999.

[69] 李新春. 企业家过程与国有企业的准企业家模型 [J]. 经济研究，2000（6）.

[70] 李友俊，高旋. 石油企业技术创新能力评价研究 [J]. 价值工程，2012（2）.

[71] 林汉川. 中国中小企业创新与持续发展 [M]. 上海：上海财经大学出版社，2006.

[72] 刘洪涛. 国家创新系统（NIS）理论与中国的实践［M］. 西安：西安交通大学出版社，1999.

[73] 刘进生. 列和求逆法的保序性及群体权重计算［J］. 系统工程理论方法应用，1993（3）.

[74] 刘乃全，李能辉，王琴. 中小企业：意大利通往繁荣之路［M］. 上海：上海财经大学出版社，2003.

[75] 柳卸林. 技术创新经济学［M］. 北京：中国经济出版社，1993.

[76] 陆建芳，戴炳鑫. 基于Promethee法的省级技术中心技术创新能力评价［J］. 科技管理研究，2010（12）.

[77] 苗旺，赵炳新. 认知视角的中小企业技术创新能力评价研究［J］. 现代管理科学，2011（4）.

[78] 宁连举，李萌. 基于因子分析法构建大中型工业企业技术创新能力评价模型［J］. 科研管理，2011（3）.

[79] 齐建国. 技术创新——国家系统的改革与重组［M］. 北京：社会科学文献出版社，1995.

[80] 清华大学经济学研究所. 全国105家企业技术创新问卷调查报告［R］. 1994.

[81] 任翔. 天津市工业系统技术创新能力说明与分析［J］. 石家庄：河北工业大学，2000（10）.

[82] 汤世国. 技术创新——经济活力之源［M］. 北京：科学技术文献出版社，1994.

[83] 唐娟莉，朱玉春. 西部区域农业技术创新能力评价与分析［J］. 西北农林科技大学学报（社会科学版），2012（1）.

[84] 唐炎钊，邹珊刚. 企业技术创新能力的多层次灰色评价［J］. 科技进步与对策，1999（5）.

[85] 汪志波. 基于AHP-灰色关联度模型的企业技术创新能力评价［J］. 统计与决策，2013（4）.

[86] 王晖，赵正. 河南企业技术创新能力评价分析与提升对策［J］. 河南理工大学学报（社会科学版），2011（10）.

[87] 王建华，赖明勇. 中国工业制造业技术创新相对评价及实证研究［J］. 系统工程，1999（3）.

[88] 王小黎. SVM模型在河南省中小企业技术创新能力评价中的应用［J］. 科技管理研究，2011（9）.

[89] 王雪苓. 技术创新的经济分析——基于信息及其技术视角的宏观分析［M］. 成都：西南财经大学出版社，2005.

[90] 王耀德. 论技术创新的起源和动力［M］. 北京：北京理工大学出版

社，2006.

[91] 魏江，许庆瑞．企业技术创新能力的概念、结构与评价［J］．科学学与科学技术管理，1995（9）．

[92] 吴贵生．技术创新管理［M］．北京：清华大学出版社，2000．

[93] 武春友．技术创新扩散［M］．北京：化学工业出版社，1997．

[94] 熊锐，曹锟生．多目标决策的层次分析法［J］．系统工程理论与实践，1992（11）．

[95] 熊罴，万君康，蔡希贤．工业技术经济学［M］．武汉：华中理工大学出版社，1985．

[96] 许庆瑞．技术创新管理［M］．北京：高等教育出版社，1990．

[97] 许庆瑞．研究、发展与技术创新管理［M］．北京：高等教育出版社，2000．

[98] 许庆瑞，仝允桓，高建，等．全面创新管理理论与实践［M］．北京：科学出版社，2007．

[99] 许志晋，林奕杰，宋凤珍．企业技术创新能力的模糊综合评判［J］．科学学研究，1997（1）．

[100] 薛岩松，卢福强．基于随机层次分析法的纺织企业技术创新能力评价［J］．工业技术经济，2012（1）．

[101] 杨栩．中小企业技术创新系统研究［M］．北京：科学出版社，2007．

[102] 杨章伟，汪和平，朱春生．改进TOPSIS法在大型钢铁企业技术创新评价中的应用［J］．机械制造与研究，2012（2）．

[103] 殷醒民．技术扩散效应论［M］．北京：生活·读书·新知三联书店，2006．

[104] 银路．技术创新管理［M］．北京：机械工业出版社，2004．

[105] 游达明，陈凡兵．产业自主技术创新能力突变评价模型研究［J］．科技管理研究，2008（11）．

[106] 袁红林．小企业成长研究［M］．北京：中国财政经济出版社，2004．

[107] 袁卫，庞皓，曾五一，等．统计学［J］．2版．北京：高等教育出版社，2005．

[108]（美）约瑟夫·熊彼特．经济发展理论［M］．北京：商务印书馆，1990．

[109] 张宝生，王晓红，冯慧敏．技术基础科学领域科技创新群体的考核、评价指标和方法研究［J］．科学学与科学技术管理，2011（4）．

[110] 张俊喜，马钧，张玉利．中国中小企业发展报告 No.1［M］．北京：社会科学文献出版社，2005．

[111] 赵玉林．创新经济学［M］．北京：中国经济出版社，2006．

[112] 周毓萍．企业技术创新能力的神经网络检验分析［J］．科技进步与对策，2000（6）．

[113] 朱霞，朱永跃．基于小波神经网络的企业技术创新能力评价［J］．企业管

理,2012(1).

[114] 朱新轩,赵克,张添勇,等.上海国有大型工业企业技术创新能力综合评价[J].华东科技,1998(3).

[115] 邹鲜红,罗承友.基于Malmquist指数评价我国医药制造业技术创新效率[J].中国药房,2010(4).

附录 A
惠州市中小电子设备制造企业技术创新实地调查问卷

惠州学院、惠州市科技局、惠州市中小企业局、惠州市统计局联合对惠州市中小电子设备制造企业技术创新情况进行重点研究。本次问卷调查资料纯粹为学术研究之用,请贵单位给予支持和帮助,贵单位的宝贵意见对本研究具有相当重要的作用。谢谢!

惠州市中小工业企业技术创新调研小组

一、企业基本情况

企业名称			
企业地址			
生产经营主要产品			
邮编	E-mail		企业负责人姓名
联系人(填表人)姓名、联系电话			
企业是否为上市公司? □是 □否		企业是否有独立的研发机构(包括所属企业集团)? □是 □否	
企业是否属于企业集团成员? □是 □否 若是,属于哪个企业集团?请具体写出:			
企业性质	□国有企业　　　　□集体企业 □股份合作企业　　□联营企业 □有限责任公司　　□股份有限公司 □私营企业　　　　□港、澳、台商投资企业 □外商投资企业　　□其他企业		

注:请在所选答案对应的"□"里打上"√",下同。

二、企业技术创新投入情况

1. 2011 年贵企业开展研究与试验发展活动费用人均支出为_____元。(以职工总人数为准)

2. 2011 年贵企业开展研究与试验发展活动人员占职工总人数的比重为_____%。

3. 2011 年贵企业开展非研究与试验发展的技术创新费用人均支出_____

_____元。(以职工总人数为准。非研究与试验发展的技术创新费用包括：①购买专利、许可、版权、设计、配方、技术诀窍等支出；②技术改造支出；③新产品生产准备费用；④为生产新产品或应用新工艺发生的培训费用；⑤新产品的市场调研和广告费用等。)

三、企业技术创新产出能力情况

1. 2011年贵企业生产设备水平状况如何？
   □极先进　□非常先进　□很先进　□较先进　□一般　□较落后
   □很落后　□非常落后　□极落后

2. 2011年贵企业现代制造技术水平状况如何？
   □极先进　□非常先进　□很先进　□较先进　□一般　□较落后
   □很落后　□非常落后　□极落后

3. 2011年贵企业生产及产品标准化水平状况如何？
   □极高　□非常高　□很高　□较高　□一般　□较低
   □很低　□非常低　□极低

4. 2011年贵企业工人素质状况如何？
   □极高　□非常高　□很高　□较高　□一般　□较低
   □很低　□非常低　□极低

5. 2011年贵企业新产品销售收入占产品销售总收入比重为_____%。

6. 2011年贵企业新产品出口额占产品总出口额比重为_____%。

7. 2010—2011年贵企业平均每年每千人拥有的专利与技术成果项目数为_____。

8. 2011年贵企业由于技术创新对产品质量提高所起的作用情况如何？
   □极大　□非常大　□很大　□较大　□一般　□较小
   □很小　□非常小　□极小　□未起作用

9. 2011年贵企业由于技术创新对产品成本降低所起的作用情况如何？
   □极大　□非常大　□很大　□较大　□一般　□较小
   □很小　□非常小　□极小　□未起作用

10. 2011年贵企业由于技术创新对减少污染与改善工作环境所起的作用情况如何？
    □极大　□非常大　□很大　□较大　□一般　□较小
    □很小　□非常小　□极小　□未起作用

四、企业技术创新管理情况

1. 2011年贵企业家素质状况如何？
   □极高　□非常高　□很高　□较高　□一般　□较低

☐很低 ☐非常低 ☐极低

2. 2011年贵企业获取技术创新信息的能力如何？
☐极强 ☐非常强 ☐很强 ☐较强 ☐一般 ☐较弱
☐很弱 ☐非常弱 ☐极弱

3. 2011年贵企业对技术创新过程的调控情况如何？
☐极好 ☐非常好 ☐很好 ☐较好 ☐一般 ☐较差
☐很差 ☐非常差 ☐极差

4. 2011年贵企业对技术创新费用的配置情况如何？
☐极好 ☐非常好 ☐很好 ☐较好 ☐一般 ☐较差
☐很差 ☐非常差 ☐极差

5. 2011年贵企业对技术创新工作人员的配置情况如何？
☐极好 ☐非常好 ☐很好 ☐较好 ☐一般 ☐较差
☐很差 ☐非常差 ☐极差

6. 2011年贵企业技术创新激励机制如何？
☐极好 ☐非常好 ☐很好 ☐较好 ☐一般 ☐较差
☐很差 ☐非常差 ☐极差

五、企业新产品销售情况

1. 2011年贵企业新产品市场调研的能力如何？
☐极强 ☐非常强 ☐很强 ☐较强 ☐一般 ☐较弱
☐很弱 ☐非常弱 ☐极弱

2. 2011年贵企业开辟新产品销售渠道的能力如何？
☐极强 ☐非常强 ☐很强 ☐较强 ☐一般 ☐较弱
☐很弱 ☐非常弱 ☐极弱

3. 2011年贵企业建立新产品营销管理系统的能力如何？
☐极强 ☐非常强 ☐很强 ☐较强 ☐一般 ☐较弱
☐很弱 ☐非常弱 ☐极弱

4. 2011年贵企业对新产品采用先进（低成本）销售手段（方式）的能力如何？
☐极强 ☐非常强 ☐很强 ☐较强 ☐一般 ☐较弱
☐很弱 ☐非常弱 ☐极弱

5. 2011年贵企业新产品售后服务的能力如何？
☐极强 ☐非常强 ☐很强 ☐较强 ☐一般 ☐较弱
☐很弱 ☐非常弱 ☐极弱

六、企业内部环境与条件情况

1. 2011年贵企业总资产为＿＿＿＿＿＿＿＿万元。

2. 2011 年贵企业总产值为_____万元。

3. 2011 年贵企业主营业收入为_____万元。

4. 2011 年贵企业利税率为_____%。（利税率＝利税总额/销售总收入）

5. 2011 年贵企业劳动生产率为_____元/人。（劳动生产率＝工业增加值/职工总人数）

6. 2011 年贵企业融资的能力如何？
□极强　　□非常强　　□很强　　□较强　　□一般　　□较弱
□很弱　　□非常弱　　□极弱

7. 2011 年贵企业日常事务管理的能力如何？
□极强　　□非常强　　□很强　　□较强　　□一般　　□较弱
□很弱　　□非常弱　　□极弱

8. 2011 年贵企业日常业务管理的能力如何？
□极强　　□非常强　　□很强　　□较强　　□一般　　□较弱
□很弱　　□非常弱　　□极弱

9. 2011 年贵企业人力资源配置的能力如何？
□极强　　□非常强　　□很强　　□较强　　□一般　　□较弱
□很弱　　□非常弱　　□极弱

10. 2011 年贵企业产品销售的能力如何？
□极强　　□非常强　　□很强　　□较强　　□一般　　□较弱
□很弱　　□非常弱　　□极弱

七、企业外部环境与条件情况

1. 2011 年贵企业所在地交通状况如何？
□极好　　□非常好　　□很好　　□较好　　□一般　　□较差
□很差　　□非常差　　□极差

2. 2011 年贵企业所在地通讯状况如何？
□极好　　□非常好　　□很好　　□较好　　□一般　　□较差
□很差　　□非常差　　□极差

3. 2011 年贵企业所在地物流状况如何？
□极好　　□非常好　　□很好　　□较好　　□一般　　□较差
□很差　　□非常差　　□极差

4. 2011 年贵企业所在地信息化水平状况如何？
□极高　　□非常高　　□很高　　□较高　　□一般　　□较低
□很低　　□非常低　　□极低

5. 2011 年宏观政策对贵企业的支持力度怎样？
□极大　　□非常大　　□很大　　□较大　　□一般　　□较小

□很小　　□非常小　　□极小　　□未支持

6. 2011年银行信贷对贵企业的支持力度怎样？

　　□极大　　□非常大　　□很大　　□较大　　□一般　　□较小

　　□很小　　□非常小　　□极小　　□未支持

附录 B
中小工业企业技术创新测评指标权重专家调查问卷

  惠州学院、惠州市科技局、惠州市中小企业局、惠州市统计局联合对惠州市中小工业企业技术创新情况进行了实地问卷调查。现选取部分专家或相关管理人员对调查指标在技术创新活动中的重要性进行主观判断。请您给予支持和帮助，您的宝贵意见对本研究具有相当重要的作用。谢谢！

惠州市中小工业企业技术创新调研小组

  专家或相关管理人员姓名：_____
  专家或相关管理人员所在单位：_____
  填表时间：_____年____月____日

  在主观判断上，您认为以下指标或内容在企业技术创新活动中的重要程度怎样？

	极重要	非常重要	很重要	较重要	一般	不重要	很不重要	非常不重要	极不重要
	9	8	7	6	5	4	3	2	1
1. 技术创新投入能力	□	□	□	□	□	□	□	□	□
（1）R&D 经费强度	□	□	□	□	□	□	□	□	□
（2）R&D 人员投入强度	□	□	□	□	□	□	□	□	□
（3）非 R&D 技术创新经费投入强度	□	□	□	□	□	□	□	□	□
2. 技术创新产出能力	□	□	□	□	□	□	□	□	□
（1）生产设备技术水平	□	□	□	□	□	□	□	□	□
（2）现代制造技术采用水平	□	□	□	□	□	□	□	□	□
（3）生产及产品标准化水平	□	□	□	□	□	□	□	□	□
（4）工人素质状况	□	□	□	□	□	□	□	□	□
（5）新产品销售比重	□	□	□	□	□	□	□	□	□
（6）新产品出口比重	□	□	□	□	□	□	□	□	□
（7）专利与技术成果强度	□	□	□	□	□	□	□	□	□
（8）提高产品质量状况	□	□	□	□	□	□	□	□	□
（9）降低产品成本状况	□	□	□	□	□	□	□	□	□
（10）减少污染与改善工作环境状况	□	□	□	□	□	□	□	□	□
3. 技术创新管理能力	□	□	□	□	□	□	□	□	□
（1）企业家素质状况	□	□	□	□	□	□	□	□	□

续上表

	极重要	非常重要	很重要	较重要	一般	不重要	很不重要	非常不重要	极不重要
	9	8	7	6	5	4	3	2	1
（2）获取技术创新信息能力	□	□	□	□	□	□	□	□	□
（3）对技术创新过程的调控能力	□	□	□	□	□	□	□	□	□
（4）对技术创新费用的配置能力	□	□	□	□	□	□	□	□	□
（5）对技术创新人员的配置能力	□	□	□	□	□	□	□	□	□
（6）技术创新激励机制的优劣状况	□	□	□	□	□	□	□	□	□
4. 新产品营销能力	□	□	□	□	□	□	□	□	□
（1）对新产品市场调研的能力	□	□	□	□	□	□	□	□	□
（2）开辟新产品销售渠道的能力	□	□	□	□	□	□	□	□	□
（3）建立新产品营销管理系统的能力	□	□	□	□	□	□	□	□	□
（4）对新产品采用先进（低成本）销售手段（方式）的能力	□	□	□	□	□	□	□	□	□
（5）对新产品售后服务的能力	□	□	□	□	□	□	□	□	□
5. 企业内部环境与条件	□	□	□	□	□	□	□	□	□
（1）总资产	□	□	□	□	□	□	□	□	□
（2）总产值	□	□	□	□	□	□	□	□	□
（3）主营业务收入	□	□	□	□	□	□	□	□	□
（4）利税率	□	□	□	□	□	□	□	□	□
（5）劳动生产率	□	□	□	□	□	□	□	□	□
（6）融资能力	□	□	□	□	□	□	□	□	□
（7）日常事务管理能力	□	□	□	□	□	□	□	□	□
（8）日常业务管理能力	□	□	□	□	□	□	□	□	□
（9）人力资源配置能力	□	□	□	□	□	□	□	□	□
（10）产品营销能力	□	□	□	□	□	□	□	□	□
6. 企业外部环境与条件	□	□	□	□	□	□	□	□	□
（1）当地人均GDP	□	□	□	□	□	□	□	□	□
（2）当地交通状况	□	□	□	□	□	□	□	□	□
（3）当地通讯状况	□	□	□	□	□	□	□	□	□
（4）当地物流状况	□	□	□	□	□	□	□	□	□
（5）当地信息化水平	□	□	□	□	□	□	□	□	□
（6）宏观政策支持力度	□	□	□	□	□	□	□	□	□
（7）银行信贷支持力度	□	□	□	□	□	□	□	□	□

注：请在所选答案对应的"□"里打上"√"，下同。

附录 C

2006 年惠州市 17 家中小电子设备制造企业技术创新测评变量原始值

	y_1	y_2	y_3	y_4	y_5	y_6	y_7	y_8	y_9	y_{10}	y_{11}	y_{12}	y_{13}	y_{14}	y_{15}	y_{16}	y_{17}
$x_{f1}^{(3)}$	0	7930	443	625	524	7233	0	0	2786	25	5675	536	784	30	0	6897	0
$x_{f2}^{(3)}$	0.00	10.86	5.17	3.59	6.53	6.25	0.00	0.00	6.27	0.74	7.24	3.97	6.38	1.87	0.00	8.66	0.00
$x_{f3}^{(3)}$	0	1233	56	379	619	876	0	0	923	182	1127	205	2545	0	0	954	0
$x_{f4}^{(3)}$	27.78	72.22	50.00	61.11	50.00	72.22	50.00	61.11	61.11	38.89	72.22	27.78	72.22	38.89	50.00	72.22	50.00
$x_{f5}^{(3)}$	5.56	83.33	50.00	50.00	61.11	72.22	61.11	50.00	50.00	50.00	83.33	38.89	61.11	38.89	50.00	72.22	27.78
$x_{f6}^{(3)}$	27.78	72.22	61.11	61.11	61.11	72.22	50.00	61.11	61.11	50.00	72.22	27.78	83.33	61.11	50.00	83.33	50.00
$x_{f7}^{(3)}$	38.89	72.22	50.00	50.00	61.11	61.11	50.00	61.11	61.11	50.00	61.11	50.00	72.22	5000	50.00	61.11	50.00
$x_{f8}^{(3)}$	0.00	20.94	0.00	0.00	0.00	64.59	0.00	0.00	21.67	0.00	20.47	0.00	0.00	0.00	0.00	23.19	0.00
$x_{f9}^{(3)}$	0.00	0.00	0.00	0.00	0.00	70.57	0.00	0.00	22.36	0.00	52.18	0.00	0.00	0.00	0.00	15.23	0.00
$x_{f10}^{(3)}$	0	12	0	6	11	11	3	0	12	1	60	10	12	0	0	69	5.56
$x_{f11}^{(3)}$	0.00	72.22	16.67	27.78	50.00	61.11	16.67	0.00	61.11	5.56	72.22	5.56	72.22	0.00	0.00	72.22	0.00
$x_{f12}^{(3)}$	0.00	61.11	16.67	50.00	61.11	61.11	16.67	0.00	27.78	5.56	72.22	5.56	61.11	0.00	0.00	61.11	0.00
$x_{f13}^{(3)}$	0.00	61.11	0.00	16.67	5.56	38.89	0.00	0.00	50.00	0.00	50.00	0.00	27.78	0.00	0.00	27.78	0.00
$x_{f14}^{(3)}$	38.89	83.33	61.11	61.11	72.22	72.22	50.00	61.11	83.33	50.00	72.22	50.00	72.22	50.00	61.11	83.33	50.00
$x_{f15}^{(3)}$	16.67	72.22	50.00	61.11	61.11	61.11	50.00	50.00	72.22	38.89	72.22	50.00	83.33	27.78	50.00	72.22	50.00
$x_{f16}^{(3)}$	50.00	83.33	50.00	61.11	61.11	61.11	50.00	50.00	83.33	38.89	72.22	38.89	83.33	27.78	50.00	72.22	50.00
$x_{f17}^{(3)}$	50.00	83.33	61.11	72.22	72.22	72.22	50.00	50.00	72.22	50.00	72.22	50.00	72.22	38.89	50.00	72.22	50.00
$x_{f18}^{(3)}$	50.00	83.33	50.00	61.11	72.22	72.22	50.00	50.00	72.22	50.00	72.22	50.00	83.33	38.89	50.00	72.22	50.00
$x_{f19}^{(3)}$	50.00	72.22	50.00	50.00	50.00	50.00	50.00	50.00	50.00	38.89	61.11	27.78	61.11	0.00	50.00	61.11	50.00

附录 C
2006 年惠州市 17 家中小电子设备制造企业技术创新测评变量原始值

续上表

	y_1	y_2	y_3	y_4	y_5	y_6	y_7	y_8	y_9	y_{10}	y_{11}	y_{12}	y_{13}	y_{14}	y_{15}	y_{16}	y_{17}
$x_{120}^{(3)}$	50.00	72.22	50.00	50.00	50.00	72.22	50.00	50.00	61.11	50.00	72.22	50.00	50.00	50.00	50.00	72.22	50.00
$x_{121}^{(3)}$	50.00	72.22	50.00	50.00	50.00	61.11	50.00	50.00	72.22	50.00	72.22	50.00	50.00	50.00	50.00	72.22	50.00
$x_{122}^{(3)}$	50.00	61.11	50.00	50.00	50.00	72.22	50.00	50.00	72.22	50.00	61.11	50.00	50.00	50.00	50.00	72.22	50.00
$x_{123}^{(3)}$	50.00	61.11	50.00	50.00	50.00	61.11	50.00	50.00	61.11	50.00	61.11	50.00	50.00	50.00	50.00	61.11	50.00
$x_{124}^{(3)}$	50.00	72.22	50.00	50.00	50.00	61.11	50.00	50.00	61.11	50.00	61.11	50.00	50.00	50.00	50.00	61.11	50.00
$x_{125}^{(3)}$	84	1216	4165	27065	4476	810	582	514	494	2158	2180	1129	1973	6304	651	12547	722
$x_{126}^{(3)}$	71	2293	16398	4372	5642	830	656	726	542	4039	3254	1637	3276	1220	1101	13998	522
$x_{127}^{(3)}$	46	2708	9899	3862	5492	700	611	709	213	3976	3254	1436	3215	645	1007	10473	501
$x_{128}^{(3)}$	-76.09	10.08	2.65	4.25	13.40	11.57	1.21	7.17	12.22	-3.37	10.36	-35.10	29.38	-33.64	2.58	21.55	-18.00
$x_{129}^{(3)}$	4438	63436	82492	18620	49640	19268	12532	18403	19800	16685	134499	9007	19538	26350	8236	113712	17400
$x_{130}^{(3)}$	5.56	61.11	38.89	38.89	61.11	61.11	27.78	61.11	50.00	27.78	72.22	27.78	72.22	5.56	61.11	72.22	38.89
$x_{131}^{(3)}$	61.11	72.22	61.11	61.11	72.22	72.22	61.11	72.22	61.11	50.00	61.11	50.00	72.22	38.89	61.11	72.22	61.11
$x_{132}^{(3)}$	61.11	83.33	61.11	61.11	72.22	72.22	50.00	72.22	72.22	50.00	72.22	50.00	83.33	38.89	61.11	83.33	50.00
$x_{133}^{(3)}$	61.11	72.22	61.11	61.11	72.22	72.22	50.00	61.11	72.22	38.89	72.22	50.00	83.33	38.89	61.11	83.33	50.00
$x_{134}^{(3)}$	50.00	72.22	75769	18244	18244	18244	18244	18244	18244	18244	38289	38289	38289	38289	38289	38289	38289
$x_{135}^{(3)}$	16908	16908	72.22	61.11	61.11	61.11	61.11	50.00	50.00	50.00	72.22	72.22	72.22	72.22	72.22	72.22	72.22
$x_{136}^{(3)}$	72.22	72.22	72.22	61.11	61.11	61.11	61.11	61.11	50.00	61.11	61.11	72.22	72.22	72.22	72.22	72.22	72.22
$x_{137}^{(3)}$	72.22	72.22	72.22	61.11	61.11	61.11	61.11	61.11	50.00	50.00	72.22	72.22	72.22	72.22	72.22	72.22	72.22
$x_{138}^{(3)}$	72.22	72.22	72.22	61.11	61.11	61.11	61.11	61.11	61.11	61.11	72.22	72.22	72.22	72.22	72.22	72.22	72.22
$x_{139}^{(3)}$	72.22	72.22	72.22	61.11	61.11	61.11	61.11	61.11	38.89	61.11	72.22	72.22	72.22	72.22	72.22	61.11	72.22
$x_{140}^{(3)}$	27.78	50.00	27.78	27.78	27.78	61.11	27.78	61.11	61.11	27.78	50.00	27.78	50.00	27.78	27.78	72.22	27.78
$x_{141}^{(3)}$	0.00	50.00	38.89	27.78	61.11	50.00	16.67	61.11	61.11	27.78	72.22	5.56	72.22	5.56	16.67	72.22	5.56

资料来源：数值型测评变量数据为实地问卷调查的原始数据，属性变量数据为实地问卷调查的原始模糊评价等级的百分制转换值。

附录 D

2006 年惠州市 17 家中小电子设备制造企业技术创新测评变量标准化值

	y_1	y_2	y_3	y_4	y_5	y_6	y_7	y_8	y_9	y_{10}	y_{11}	y_{12}	y_{13}	y_{14}	y_{15}	y_{16}	y_{17}
$x_{i1}^{(3)}$	-0.6695	2.0255	-0.5189	-0.4571	-0.4914	1.7886	-0.6695	-0.6695	0.2774	-0.6610	1.2592	-0.4873	-0.4030	-0.6593	-0.6695	1.6745	-0.6695
$x_{i2}^{(3)}$	-1.1285	1.9567	0.3402	-0.1086	0.7266	0.6471	-1.1285	-1.1285	0.6527	-0.9183	0.9283	-0.0007	0.6840	-0.5973	-1.1285	1.3317	-1.1285
$x_{i3}^{(3)}$	-0.7801	1.0170	-0.6985	-0.2277	0.1221	0.4967	-0.7801	-0.7801	0.5652	-0.5148	0.8625	-0.4813	2.9292	-0.7801	-0.7801	0.6104	-0.7801
$x_{i4}^{(3)}$	-1.7579	1.1576	-0.3001	0.4287	-0.3001	1.1576	-0.3001	0.4287	0.4287	-1.0290	1.1576	-1.7579	1.1576	-1.0290	-0.3001	1.1576	-0.3001
$x_{i5}^{(3)}$	-2.4406	1.5379	-0.1672	-0.1672	0.4012	0.9696	0.4012	-0.1672	-0.1672	-0.1672	1.5379	-0.7355	0.4012	-0.7355	-0.1672	0.9696	-1.3039
$x_{i6}^{(3)}$	-1.9820	0.8258	0.1239	0.1239	0.1239	0.8258	-0.5781	0.1239	0.1239	-0.5781	0.8258	-1.9820	1.5278	0.1239	-0.5781	1.5278	-0.5781
$x_{i7}^{(3)}$	-1.9122	1.8387	-0.6619	-0.6619	0.5884	0.5884	-0.6619	0.5884	0.5884	-0.6619	0.5884	-0.6619	1.8387	-0.6619	-0.6619	0.5884	-0.6619
$x_{i8}^{(3)}$	-0.5179	0.7041	-0.5179	-0.5179	-0.5179	3.2515	-0.5179	-0.5179	0.7467	-0.5179	0.6767	-0.5179	-0.5179	-0.5179	-0.5179	0.8355	-0.5179
$x_{i9}^{(3)}$	-0.4534	-0.4534	-0.4534	-0.4534	-0.4534	2.9393	-0.4534	-0.4534	0.6215	-0.4534	2.0552	-0.4534	-0.4534	-0.4534	-0.4534	0.2788	-0.4534
$x_{i10}^{(3)}$	-0.5968	-0.0086	-0.5968	-0.3027	-0.0577	-0.0577	-0.4498	-0.5968	-0.0086	-0.5478	2.3440	-0.1067	-0.0086	-0.5968	-0.5968	2.7851	-0.5968
$x_{i11}^{(3)}$	-1.0295	1.3160	-0.4882	-0.1274	0.5943	0.9552	-0.4882	-1.0295	0.9552	-0.8490	1.3160	-0.8490	1.3160	-1.0295	-1.0295	1.3160	-0.8490
$x_{i12}^{(3)}$	-1.0203	1.0536	-0.4547	0.6765	1.0536	1.0536	-0.4547	-1.0203	-0.0776	-0.8318	1.4307	-0.8318	1.4307	-1.0203	-1.0203	1.0536	-1.0203
$x_{i13}^{(3)}$	-0.7517	2.0597	-0.7517	0.0150	-0.4961	1.0374	-0.9513	-0.7517	1.5485	-0.7517	1.5485	-0.7517	0.5262	-0.7517	-0.7517	0.5262	-0.7517
$x_{i14}^{(3)}$	-1.7599	1.4745	-0.1427	-0.1427	0.6659	0.6659	-0.9513	-0.1427	1.4745	-0.9513	0.6659	-0.9513	0.6659	-0.9513	-0.1427	1.4745	-0.9513
$x_{i15}^{(3)}$	-2.2257	0.9274	-0.3338	0.2968	0.2968	0.9274	-0.3338	-0.3338	0.9274	-0.9645	0.9274	-0.3338	1.5580	-1.5951	-0.3338	0.9274	-0.3338
$x_{i16}^{(3)}$	-0.4876	0.8940	-0.4876	0.2032	0.2032	0.8940	-0.4876	-0.4876	1.5848	-1.1784	0.8940	-1.1784	1.5848	-1.8692	-0.4876	0.8940	-0.4876
$x_{i17}^{(3)}$	-0.8227	1.7996	0.0514	0.9255	0.9255	0.0514	-0.8227	-0.8227	0.9255	-0.8227	0.9255	-0.8227	0.9255	-1.6968	-0.8227	0.9255	-0.8227
$x_{i18}^{(3)}$	-0.7538	1.6490	-0.7538	0.0471	0.8481	0.8481	-0.7538	-0.7538	0.8481	-0.7538	0.8481	-0.7538	1.6490	-1.5548	-0.7538	0.8481	-0.7538
$x_{i19}^{(3)}$	0.1042	1.5210	0.1042	0.1042	0.1042	0.1042	0.1042	0.1042	0.1042	-0.6042	0.8126	-1.3126	0.8126	-3.0837	0.1042	0.8126	0.1042

附录 D

2006 年惠州市 17 家中小电子设备制造企业技术创新测评变量标准化值

续上表

	y_1	y_2	y_3	y_4	y_5	y_6	y_7	y_8	y_9	y_{10}	y_{11}	y_{12}	y_{13}	y_{14}	y_{15}	y_{16}	y_{17}
$x_{20}^{(3)}$	-0.6054	1.6817	-0.6054	-0.6054	-0.6054	1.6817	-0.6054	-0.6054	0.5381	-0.6054	1.6817	-0.6054	-0.6054	-0.6054	-0.6054	1.6817	-0.6054
$x_{21}^{(3)}$	-0.6054	1.6817	-0.6054	-0.6054	-0.6054	0.5381	-0.6054	-0.6054	1.6817	-0.6054	1.6817	-0.6054	-0.6054	-0.6054	-0.6054	1.6817	-0.6054
$x_{22}^{(3)}$	-0.6054	0.5381	-0.6054	-0.6054	-0.6054	1.6817	-0.6054	-0.6054	1.6817	-0.6054	1.6817	-0.6054	-0.6054	-0.6054	-0.6054	1.6817	-0.6054
$x_{23}^{(3)}$	-0.6262	1.5029	-0.6262	-0.6262	-0.6262	1.5029	-0.6262	-0.6262	1.5029	-0.6262	1.5029	-0.6262	-0.6262	-0.6262	-0.6262	1.5029	-0.6262
$x_{24}^{(3)}$	-0.5821	2.7164	-0.5821	-0.5821	-0.5821	1.0672	-0.5821	-0.5821	1.0672	-0.5821	1.0672	-0.5821	-0.5821	-0.5821	-0.5821	1.0672	-0.5821
$x_{25}^{(3)}$	-0.5752	-0.4066	0.0327	3.4442	0.0791	-0.4671	-0.5010	-0.5112	-0.5141	-0.2663	-0.2630	-0.4195	-0.2938	0.3514	-0.4908	1.2814	-0.4802
$x_{26}^{(3)}$	-0.7463	-0.2715	2.7425	0.1728	0.4442	-0.5841	-0.6212	-0.6063	-0.6456	0.1016	-0.0661	-0.4116	-0.0614	-0.5007	-0.5262	2.2297	-0.6499
$x_{27}^{(3)}$	-0.8862	-0.0501	2.2085	0.3124	0.8243	-0.6808	-0.7087	-0.6779	-0.8337	0.3482	0.1214	-0.4496	0.1092	-0.6980	-0.5843	2.3888	-0.7433
$x_{28}^{(3)}$	-2.8817	0.4853	0.1950	0.2575	0.6150	0.5435	0.1387	0.3716	0.5689	-0.0402	0.4962	-1.2801	1.2394	-1.2230	0.1922	0.9335	-0.6119
$x_{29}^{(3)}$	-0.8467	0.6735	1.1646	-0.4813	0.3180	-0.4646	-0.6382	-0.4869	-0.4509	-0.5311	2.5047	-0.7290	-0.4576	-0.2821	-0.7489	1.9691	-0.5127
$x_{30}^{(3)}$	-1.8545	0.6879	-0.3290	-0.3290	0.6879	0.6879	-0.8375	0.6879	0.1795	-0.8375	1.1964	-0.8375	1.1964	-1.8545	0.6879	1.1964	-0.3290
$x_{31}^{(3)}$	-0.0711	1.1381	-0.0711	-0.0711	1.1381	1.1381	-0.0711	-0.0711	-0.0711	-0.2804	-0.0711	-1.2804	1.1381	-2.4897	-0.0711	1.1381	-0.0711
$x_{32}^{(3)}$	-0.2536	0.6085	-0.2536	0.6085	0.6085	0.6085	-1.1156	0.6085	0.6085	-1.1156	0.6085	-1.1156	1.4706	-1.9777	-0.2536	1.4706	-1.1156
$x_{33}^{(3)}$	-0.2889	1.3481	-0.2889	0.5296	0.5296	0.5296	-1.1074	0.5296	0.5296	-1.1074	0.5296	-1.1074	1.3481	-1.9259	-0.2889	1.3481	-1.1074
$x_{34}^{(3)}$	-0.7538	0.8481	0.0471	0.0471	0.8481	0.0471	0.0471	0.0471	0.8481	-1.5548	0.8481	-0.7538	1.6490	-2.3557	0.0471	0.8481	-0.7538
$x_{35}^{(3)}$	-0.8225	-0.8225	2.9550	-0.7368	-0.7368	-0.7368	-0.7368	-0.7368	-0.7368	-0.7368	0.5496	0.5496	0.5496	0.5496	0.5496	0.5496	0.5496
$x_{36}^{(3)}$	0.7397	0.7397	0.7397	-0.7368	-0.7368	-0.5178	-0.5178	-1.7753	-1.7753	-1.7753	0.7397	0.7397	0.7397	0.7397	0.7397	0.7397	0.7397
$x_{37}^{(3)}$	0.8117	0.8117	0.8117	-1.1595	-1.1595	-1.1595	-1.1595	-1.1595	-1.1595	-1.1595	0.8117	0.8117	0.8117	0.8117	0.8117	0.8117	0.8117
$x_{38}^{(3)}$	0.7379	0.7379	0.7379	-0.6559	-0.6559	-0.6559	-0.6559	-0.6559	-2.0498	-2.0498	0.7379	0.7379	0.7379	0.7379	0.7379	0.7379	0.7379
$x_{39}^{(3)}$	0.8117	0.8117	0.8117	-1.1595	-1.1595	-1.1595	-1.1595	-1.1595	-1.1595	-1.1595	0.8117	0.8117	0.8117	0.8117	0.8117	0.8117	0.8117
$x_{40}^{(3)}$	-0.7538	0.8481	-0.7538	-0.7538	-0.7538	1.6490	-0.7538	1.6490	0.0471	-0.7538	0.8481	-0.7538	0.8481	-0.7538	-0.7538	1.6490	-0.7538
$x_{41}^{(3)}$	-1.4376	0.4585	0.0372	-0.3842	0.8799	0.4585	-0.8055	0.8799	0.8799	-0.3842	1.3013	-1.2269	1.3013	-1.2269	-0.8055	1.3013	-1.2269

资料来源：运用(5.1)式将附录 C 中原始数据标准化而得。

附录 E

2011 年惠州市 17 家中小电子设备制造企业技术创新测评变量原始值

	y_1	y_2	y_3	y_4	y_5	y_6	y_7	y_8	y_9	y_{10}	y_{11}	y_{12}	y_{13}	y_{14}	y_{15}	y_{16}	y_{17}
$x_{i1}^{(3)}$	0	48432	874	867	1212	19526	0	0	4936	49	16945	899	1813	59	0	18619	0
$x_{i2}^{(3)}$	0.00	10.51	5.21	3.61	6.87	5.23	0.00	0.00	6.51	1.06	7.62	3.98	6.71	1.91	0.00	9.23	0.00
$x_{i3}^{(3)}$	0	6296	110	508	1008	2317	0	0	1635	359	3200	344	5887	10	0	2575	0
$x_{i4}^{(3)}$	27.78	72.22	50.00	61.11	50.00	72.22	50.00	61.11	72.22	50.00	72.22	50.00	72.22	50.00	50.00	72.22	50.00
$x_{i5}^{(3)}$	5.56	83.33	50.00	50.00	61.11	72.22	61.11	61.11	61.11	50.00	83.33	50.00	61.11	50.00	50.00	9.23	27.78
$x_{i6}^{(3)}$	27.78	72.22	61.11	61.11	61.11	72.22	50.00	61.11	72.22	50.00	72.22	50.00	83.33	61.11	50.00	83.33	50.00
$x_{i7}^{(3)}$	38.89	72.22	61.11	61.11	61.11	72.22	50.00	0.00	72.22	50.00	72.22	50.00	72.22	50.00	50.00	72.22	50.00
$x_{i8}^{(3)}$	0.00	20.03	0.00	0.00	0.00	60.27	0.00	0.00	20.57	0.00	22.36	0.00	0.00	0.00	0.00	25.60	0.00
$x_{i9}^{(3)}$	0.00	1.30	0.00	0.00	0.00	61.98	0.00	0.00	21.94	5.00	47.21	11.00	0.00	0.00	0.00	13.11	0.00
$x_{i10}^{(3)}$	0.00	13.00	0.00	5.00	12.00	14.00	3.00	0.00	13.00	50.00	63.00	27.78	13.00	0.00	0.00	69.00	16.67
$x_{i11}^{(3)}$	0.00	72.22	27.78	38.89	50.00	61.11	27.78	0.00	61.11	50.00	72.22	27.78	72.22	0.00	0.00	72.22	0.00
$x_{i12}^{(3)}$	0.00	61.11	27.78	50.00	61.11	61.11	27.78	0.00	50.00	50.00	72.22	0.00	72.22	0.00	0.00	61.11	0.00
$x_{i13}^{(3)}$	0.00	61.11	0.00	27.78	27.78	50.00	0.00	61.11	61.11	50.00	61.11	50.00	38.89	0.00	0.00	50.00	50.00
$x_{i14}^{(3)}$	38.89	83.33	61.11	61.11	61.11	72.22	50.00	50.00	83.33	38.89	72.22	50.00	72.22	50.00	50.00	83.33	50.00
$x_{i15}^{(3)}$	27.78	72.22	50.00	61.11	72.22	72.22	50.00	50.00	72.22	50.00	72.22	50.00	83.33	27.78	50.00	72.22	50.00
$x_{i16}^{(3)}$	38.89	72.22	50.00	61.11	61.11	72.22	61.11	50.00	83.33	50.00	72.22	50.00	72.22	27.78	50.00	72.22	50.00
$x_{i17}^{(3)}$	38.89	83.33	61.11	61.11	61.11	72.22	50.00	50.00	72.22	50.00	72.22	50.00	83.33	27.78	50.00	72.22	50.00
$x_{i18}^{(3)}$	38.89	83.33	50.00	61.11	61.11	72.22	50.00	50.00	72.22	50.00	72.22	50.00	83.33	38.89	50.00	72.22	50.00
$x_{i19}^{(3)}$	38.89	72.22	61.11	50.00	50.00	50.00	50.00	50.00	61.11	50.00	61.11	38.89	61.11	0.00	50.00	61.11	50.00

附录 E

2011年惠州市17家中小电子设备制造企业技术创新测评变量原始值

续上表

	y_1	y_2	y_3	y_4	y_5	y_6	y_7	y_8	y_9	y_{10}	y_{11}	y_{12}	y_{13}	y_{14}	y_{15}	y_{16}	y_{17}
$x_{20}^{(3)}$	50.00	72.22	50.00	50.00	50.00	72.22	50.00	50.00	61.11	50.00	72.22	50.00	50.00	50.00	50.00	72.22	50.00
$x_{21}^{(3)}$	50.00	72.22	50.00	50.00	50.00	61.11	50.00	50.00	72.22	50.00	72.22	50.00	50.00	50.00	50.00	72.22	50.00
$x_{22}^{(3)}$	50.00	72.22	61.11	50.00	50.00	72.22	50.00	61.11	61.11	50.00	72.22	50.00	50.00	50.00	50.00	72.22	50.00
$x_{23}^{(3)}$	50.00	61.11	50.00	61.11	50.00	61.11	61.11	50.00	61.11	50.00	61.11	50.00	50.00	50.00	50.00	61.11	50.00
$x_{24}^{(3)}$	50.00	72.22	61.11	50.00	50.00	61.11	50.00	50.00	61.11	50.00	61.11	50.00	50.00	50.00	50.00	61.11	50.00
$x_{25}^{(3)}$	375	7462	7379	53422	14048	2300	1149	1189	1028	4260	4303	1893	4108	7099	1285	29022	1425
$x_{26}^{(3)}$	563	10423	275501	50217	17707	2478	1366	1679	1254	7972	6423	2745	6820	2822	2173	37788	1030
$x_{27}^{(3)}$	482	10119	16602	43260	17236	1890	1272	1640	493	7848	6423	2408	6693	1492	1988	28272	989
$x_{28}^{(3)}$	-13.20	11.70	2.35	3.69	14.84	10.24	1.23	7.29	11.34	0.67	12.73	-58.87	23.56	-21.56	3.25	22.41	-35.53
$x_{29}^{(3)}$	7862	253839	130904	36215	155792	63532	26091	42567	45799	29558	265477	18752	45193	39544	16256	306972	34345
$x_{30}^{(3)}$	5.56	72.22	50.00	50.00	61.11	61.11	27.78	61.11	50.00	38.89	72.22	50.00	72.22	16.67	61.11	72.22	38.89
$x_{31}^{(3)}$	61.11	72.22	61.11	61.11	72.22	72.22	50.00	61.11	72.22	50.00	61.11	50.00	83.33	38.89	50.00	83.33	61.11
$x_{32}^{(3)}$	61.11	83.33	61.11	72.22	83.33	72.22	50.00	72.22	72.22	50.00	72.22	50.00	83.33	38.89	50.00	83.33	50.00
$x_{33}^{(3)}$	61.11	72.22	61.11	72.22	72.22	61.11	61.11	72.22	72.22	38.89	72.22	50.00	83.33	27.78	61.11	72.22	50.00
$x_{34}^{(3)}$	50.00	72.22	61.11	33329	33329	33329	33329	33329	33329	33329	34636	34636	34636	34636	34636	34636	34636
$x_{35}^{(3)}$	38359	38359	209064	33329	33329	33329	33329	33329	33329	33329	34636	34636	34636	34636	34636	34636	34636
$x_{36}^{(3)}$	83.33	83.33	83.33	72.22	72.22	72.22	72.22	61.11	61.11	61.11	83.33	83.33	83.33	83.33	83.33	83.33	83.33
$x_{37}^{(3)}$	83.33	83.33	83.33	72.22	72.22	72.22	72.22	72.22	72.22	72.22	83.33	83.33	83.33	83.33	83.33	83.33	83.33
$x_{38}^{(3)}$	72.22	72.22	72.22	72.22	72.22	72.22	72.22	72.22	72.22	72.22	83.33	83.33	83.33	83.33	83.33	83.33	83.33
$x_{39}^{(3)}$	83.33	83.33	83.33	72.22	72.22	72.22	72.22	61.11	61.11	61.11	83.33	83.33	83.33	83.33	83.33	61.11	83.33
$x_{40}^{(3)}$	27.78	50.00	27.78	27.78	38.89	61.11	27.78	61.11	38.89	27.78	50.00	27.78	50.00	27.78	27.78	61.11	27.78
$x_{41}^{(3)}$	5.56	50.00	27.78	27.78	61.11	38.89	16.67	50.00	61.11	27.78	61.11	27.78	61.11	5.56	16.67	72.22	5.56

资料来源：数值型测评变量数据为实地问卷调查的原始数据，属性变量数据为实地问卷调查的原始模糊评价的等级的百分制转换值。

附录 F
2011 年惠州市 17 家中小电子设备制造企业技术创新测评变量标准化值

	y_1	y_2	y_3	y_4	y_5	y_6	y_7	y_8	y_9	y_{10}	y_{11}	y_{12}	y_{13}	y_{14}	y_{15}	y_{16}	y_{17}
$x_{i1}^{(3)}$	-0.5246	3.2568	-0.4564	-0.4570	-0.4300	0.9999	-0.5246	-0.5246	-0.1393	-0.5208	0.7984	-0.4545	-0.3831	-0.5200	-0.5246	0.9291	-0.5246
$x_{i2}^{(3)}$	-1.1365	1.8299	0.3340	-0.1175	0.8026	0.3397	-1.1365	-1.1365	0.7010	-0.8373	1.0143	-0.0131	0.7574	-0.5974	-1.1365	1.4687	-1.1365
$x_{i3}^{(3)}$	-0.7015	2.3948	-0.6474	-0.4517	-0.2058	0.4380	-0.7015	-0.7015	0.1026	-0.5248	0.8724	-0.5324	2.1935	-0.6966	-0.7015	0.5650	-0.7015
$x_{i4}^{(3)}$	-2.3327	1.1156	-0.6085	0.2536	-0.6085	1.1156	-0.6085	0.2536	1.1156	-0.6085	1.1156	-0.6085	1.1156	-0.6085	-0.6085	1.1156	-0.6085
$x_{i5}^{(3)}$	-2.6645	1.4534	-0.3114	-0.3114	0.2768	0.8651	0.2768	0.2768	0.2768	-0.3114	1.4534	-0.3114	0.2768	-0.3114	-0.3114	0.8651	-1.4880
$x_{i6}^{(3)}$	-2.3534	0.7845	0.0000	0.0000	0.0000	0.7845	-0.7845	0.0000	0.7845	-0.7845	0.7845	-0.7845	1.5689	0.0000	-0.7845	1.5689	-0.7845
$x_{i7}^{(3)}$	-1.8963	1.1260	0.1185	0.1185	0.1185	1.1260	-0.8889	0.1185	1.1260	-0.8889	1.1260	-0.8889	1.1260	-0.8889	-0.8889	1.1260	-0.8889
$x_{i8}^{(3)}$	-0.5335	0.6871	-0.5335	-0.5335	-0.5335	3.1391	-0.5335	-0.5335	-0.7200	-0.5335	0.8290	-0.5335	-0.5335	-0.5335	-0.5335	1.0265	-0.5335
$x_{i9}^{(3)}$	-0.4626	-0.3924	-0.4626	-0.4626	-0.4626	2.8867	-0.4626	-0.4626	0.7230	-0.4626	2.0885	-0.4626	-0.4626	-0.4626	-0.4626	0.2458	-0.4626
$x_{i10}^{(3)}$	-0.6267	0.0000	-0.6267	-0.3857	-0.0482	0.0482	-0.4821	-0.6267	0.0000	-0.3857	2.4105	-0.0964	0.0000	-0.6267	-0.6267	2.6998	-0.6267
$x_{i11}^{(3)}$	-1.3633	1.2118	-0.3729	0.0233	0.4195	0.8157	-0.3729	-1.3633	0.8157	0.4195	1.2118	-0.3729	1.2118	-1.3633	-1.3633	1.2118	-0.7690
$x_{i12}^{(3)}$	-1.3034	1.2234	-0.3316	0.4459	0.8346	0.8346	-0.3316	-1.3034	0.4459	0.4459	1.2234	-0.3316	1.2234	-1.3034	-1.3034	0.8346	-1.3034
$x_{i13}^{(3)}$	-0.9599	1.3713	-0.9599	0.0997	0.0997	0.9474	-0.9599	-0.9599	1.3713	0.9474	1.3713	-0.9599	0.5236	-0.9599	-0.9599	0.9474	-0.9599
$x_{i14}^{(3)}$	-1.6490	1.5548	-0.0471	-0.0471	-0.0471	0.7538	-0.8481	-0.0471	1.5548	-0.8481	0.7538	-0.8481	0.7538	-0.8481	-0.8481	1.5548	-0.8481
$x_{i15}^{(3)}$	-1.8400	1.0698	-0.3851	0.3423	0.3423	1.0698	-0.3851	-0.3851	1.0698	-1.1126	1.0698	-0.3851	1.0698	-1.8400	-0.3851	1.0698	-0.3851
$x_{i16}^{(3)}$	-1.3214	0.8525	-0.5968	0.1279	0.1279	0.8525	0.1279	-0.5968	1.5771	-0.5968	0.8525	-0.5968	1.5771	-2.0460	-0.5968	0.8525	-0.5968
$x_{i17}^{(3)}$	-1.3570	1.7189	0.1809	0.1809	0.9499	0.1809	-0.5880	-0.5880	0.9499	-0.5880	0.9499	-0.5880	0.9499	-2.1260	-0.5880	0.9499	-0.5880
$x_{i18}^{(3)}$	-1.4177	1.6921	-0.6403	0.1372	0.1372	0.9147	-0.6403	-0.6403	0.9147	-0.6403	0.9147	-0.6403	1.6921	-1.4177	-0.6403	0.9147	-0.6403
$x_{i19}^{(3)}$	-0.7368	1.4104	0.6947	-0.0211	-0.0211	-0.0211	-0.0211	-0.0211	0.6947	-0.0211	0.6947	-0.7368	0.6947	-3.2417	-0.0211	0.6947	-0.0211

附录 F

2011年惠州市17家中小电子设备制造企业技术创新测评变量标准化值

续上表

	y_1	y_2	y_3	y_4	y_5	y_6	y_7	y_8	y_9	y_{10}	y_{11}	y_{12}	y_{13}	y_{14}	y_{15}	y_{16}	y_{17}
$x_{20}^{(3)}$	-0.6054	1.6817	-0.6054	-0.6054	-0.6054	1.6817	-0.6054	-0.6054	0.5381	-0.6054	1.6817	-0.6054	-0.6054	-0.6054	-0.6054	1.6817	-0.6054
$x_{21}^{(3)}$	-0.6054	1.6817	-0.6054	-0.6054	-0.6054	0.5381	-0.6054	-0.6054	1.6817	-0.6054	1.6817	-0.6054	-0.6054	-0.6054	-0.6054	1.6817	-0.6054
$x_{22}^{(3)}$	-0.7676	1.4073	0.3198	-0.7676	-0.7676	1.4073	-0.7676	0.3198	1.4073	-0.7676	1.4073	-0.7676	-0.7676	-0.7676	-0.7676	1.4073	-0.7676
$x_{23}^{(3)}$	-0.8117	1.1595	-0.8117	1.1595	-0.8117	1.1595	1.1595	-0.8117	1.1595	-0.8117	1.1595	-0.8117	-0.8117	-0.8117	-0.8117	1.1595	-0.8117
$x_{24}^{(3)}$	-0.6659	2.5685	0.9513	-0.6659	-0.6659	0.9513	-0.6659	-0.6659	0.9513	-0.6659	0.9513	-0.6659	-0.6659	-0.6659	-0.6659	0.9513	-0.6659
$x_{25}^{(3)}$	-0.5872	-0.0646	-0.0708	3.3247	0.4211	-0.4453	-0.5302	-0.5272	-0.5390	-0.3008	-0.2976	-0.4752	-0.3120	-0.0913	-0.5201	1.5253	-0.5098
$x_{26}^{(3)}$	-0.6929	-0.0152	1.1585	2.7198	0.4854	-0.5613	-0.6377	-0.6162	-0.6454	-0.1837	-0.2902	-0.5429	-0.2628	-0.5377	-0.5823	1.8655	-0.6608
$x_{27}^{(3)}$	-0.7058	0.1148	0.6667	2.9366	0.7208	-0.5859	-0.6335	-0.6072	-0.7049	-0.0786	-0.1999	-0.5417	-0.1769	-0.6198	-0.5776	1.6605	-0.6626
$x_{28}^{(3)}$	-0.6090	0.5599	0.1210	1.8391	0.7073	0.4914	0.0634	0.3529	0.5430	0.0421	0.6082	-2.7528	1.1166	-1.0015	0.1632	1.0627	-1.6572
$x_{29}^{(3)}$	-0.8382	1.6925	0.4277	-0.5465	0.6837	-0.2655	-0.6507	-0.4812	-0.4479	-0.6150	1.8122	-0.7262	-0.4542	-0.5123	-0.7519	2.2392	-0.5658
$x_{30}^{(3)}$	-2.2747	1.0879	-0.0330	-0.0330	0.5275	0.5275	-1.1538	0.5275	-0.0330	-0.5934	1.0879	-0.0330	1.0879	-1.7143	0.5275	1.0879	-0.5934
$x_{31}^{(3)}$	0.0000	1.1547	0.0000	0.0000	1.1547	1.1547	0.0000	0.0000	0.0000	-1.1547	0.0000	-1.1547	1.1547	-2.3094	1.1547	1.1547	0.0000
$x_{32}^{(3)}$	-0.1489	0.6949	-0.1489	0.6949	0.6949	0.6949	-0.9927	-0.1489	0.6949	-0.9927	0.6949	-0.9927	1.5387	-1.8366	-0.9927	1.5387	-0.9927
$x_{33}^{(3)}$	-0.2674	1.2477	0.2674	0.4902	1.2477	0.4902	-1.0249	0.4902	0.4902	-1.0249	0.4902	-1.0249	1.2477	-1.7824	-1.0249	1.2477	-1.0249
$x_{34}^{(3)}$	-0.8160	0.7253	-0.0453	0.7253	0.7253	-0.0453	-0.0453	0.7253	0.7253	-1.5866	0.7253	-0.8160	1.4959	-2.3573	-0.0453	0.7253	-0.8160
$x_{35}^{(3)}$	-0.1520	-0.1520	3.8779	-0.2707	-0.2707	-0.2707	-0.2707	-0.2707	-0.2707	-0.2707	-0.2399	-0.2399	-0.2399	-0.2399	-0.2399	-0.2399	-0.2399
$x_{36}^{(3)}$	0.7397	0.7397	0.7397	-0.5178	-0.5178	-0.5178	-0.5178	-1.7753	-1.7753	-1.7753	0.7397	0.7397	0.7397	0.7397	0.7397	0.7397	0.7397
$x_{37}^{(3)}$	0.8117	0.8117	0.8117	-1.1595	-1.1595	-1.1595	-1.1595	-1.1595	-1.1595	-1.1595	0.8117	0.8117	0.8117	0.8117	0.8117	0.8117	0.8117
$x_{38}^{(3)}$	-0.4287	-0.4287	-0.4287	-0.4287	-0.4287	-1.1595	-0.4287	-1.1595	-1.8865	-1.8865	1.0290	1.0290	1.0290	1.0290	1.0290	1.0290	1.0290
$x_{39}^{(3)}$	0.8117	0.8117	0.8117	-1.1595	-1.1595	-1.1595	-1.1595	-1.1595	-1.1595	-1.1595	0.8117	0.8117	0.8117	0.8117	0.8117	0.8117	0.8117
$x_{40}^{(3)}$	-0.8165	0.8165	-0.8165	-0.8165	0.0000	1.6330	-0.8155	1.6330	0.0000	-0.8165	0.8165	-0.8165	0.8165	-0.8165	-0.8165	1.6330	-0.8165
$x_{41}^{(3)}$	-1.3711	0.6126	-0.3792	-0.3792	1.1085	0.1167	-0.8751	0.6126	1.1085	-0.3792	1.1085	-0.3792	1.1085	-1.3711	-0.8751	1.6044	-1.3711

资料来源：运用(5.1)式将附录 E 中原始数据标准化而得。

附录 G

2006 年惠州市 17 家中小电子设备制造企业技术创新测评变量相关系数矩阵表

	$x_{i1}^{(3)}$	$x_{i2}^{(3)}$	$x_{i3}^{(3)}$	$x_{i4}^{(3)}$	$x_{i5}^{(3)}$	$x_{i6}^{(3)}$	$x_{i7}^{(3)}$	$x_{i8}^{(3)}$	$x_{i9}^{(3)}$	$x_{i10}^{(3)}$	$x_{i11}^{(3)}$	$x_{i12}^{(3)}$	$x_{i13}^{(3)}$	$x_{i14}^{(3)}$
$x_{i1}^{(3)}$	1.0000	0.7950	0.5087	0.7049	0.7240	0.6035	0.6059	0.8336	0.6720	0.6674	0.7878	0.6912	0.8486	0.7375
$x_{i2}^{(3)}$	0.7950	1.0000	0.7196	0.6508	0.7198	0.6693	0.7477	0.5354	0.3876	0.6043	0.8975	0.8395	0.8109	0.8540
$x_{i3}^{(3)}$	0.5087	0.7196	1.0000	0.6927	0.5707	0.7061	0.8243	0.3554	0.3065	0.4466	0.8556	0.8171	0.7132	0.6920
$x_{i4}^{(3)}$	0.7049	0.6508	0.6927	1.0000	0.8011	0.9029	0.8141	0.5794	0.5087	0.5353	0.8142	0.7826	0.7616	0.8385
$x_{i5}^{(3)}$	0.7240	0.7198	0.5707	0.8011	1.0000	0.7701	0.7707	0.5295	0.4799	0.5765	0.7657	0.7698	0.6836	0.7789
$x_{i6}^{(3)}$	0.6035	0.6693	0.7061	0.9029	0.7701	1.0000	0.8002	0.4583	0.3828	0.5323	0.7766	0.7629	0.6259	0.7992
$x_{i7}^{(3)}$	0.6059	0.7477	0.8243	0.8141	0.7707	0.8002	1.0000	0.4192	0.2835	0.3884	0.8127	0.7410	0.7296	0.8474
$x_{i8}^{(3)}$	0.8336	0.5354	0.3554	0.5794	0.5295	0.4583	0.4192	1.0000	0.8840	0.3957	0.6106	0.5185	0.5909	0.5605
$x_{i9}^{(3)}$	0.6720	0.3876	0.3065	0.5087	0.4799	0.3828	0.2835	0.8840	1.0000	0.4821	0.5333	0.4907	0.5341	0.4122
$x_{i10}^{(3)}$	0.6674	0.6043	0.4466	0.5353	0.5765	0.5323	0.3884	0.3957	0.4821	1.0000	0.6687	0.6253	0.5684	0.5684
$x_{i11}^{(3)}$	0.7878	0.8975	0.8556	0.8142	0.7657	0.7766	0.8127	0.6106	0.5333	0.6687	1.0000	0.9334	0.8782	0.8834
$x_{i12}^{(3)}$	0.6912	0.8395	0.8171	0.7826	0.7698	0.7629	0.7410	0.5185	0.4907	0.6253	0.9334	1.0000	0.7451	0.7696
$x_{i13}^{(3)}$	0.8486	0.8109	0.7132	0.7616	0.6836	0.6259	0.7296	0.5909	0.5341	0.5684	0.8782	0.7451	1.0000	0.8160
$x_{i14}^{(3)}$	0.7375	0.8540	0.6920	0.8385	0.7789	0.7992	0.8474	0.5605	0.4122	0.5224	0.8721	0.8270	0.8160	1.0000
$x_{i15}^{(3)}$	0.6259	0.7568	0.7962	0.8702	0.7919	0.7633	0.8493	0.5103	0.4468	0.5224	0.8721	0.8270	0.7507	0.8736
$x_{i16}^{(3)}$	0.6320	0.7111	0.8163	0.8200	0.5759	0.6703	0.7367	0.5465	0.4771	0.4992	0.8999	0.8063	0.8243	0.8338
$x_{i17}^{(3)}$	0.6405	0.8678	0.7295	0.7331	0.6612	0.6452	0.7192	0.3701	0.2605	0.5146	0.8842	0.8694	0.7950	0.8471
$x_{i18}^{(3)}$	0.7052	0.8502	0.8863	0.7812	0.6912	0.6966	0.8468	0.5278	0.4086	0.5132	0.9547	0.9099	0.8437	0.8572
$x_{i19}^{(3)}$	0.4952	0.4633	0.5058	0.6625	0.4840	0.4214	0.5161	0.2783	0.1937	0.3786	0.6092	0.5804	0.5472	0.5707
$x_{i20}^{(3)}$	0.9844	0.7419	0.4673	0.6925	0.7049	0.5814	0.5572	0.8350	0.7334	0.7231	0.7691	0.6508	0.8499	0.7173

附录 G

2006 年惠州市 17 家中小电子设备制造企业技术创新测评变量相关系数矩阵表

续上表

	$x_{i1}^{(3)}$	$x_{i2}^{(3)}$	$x_{i3}^{(3)}$	$x_{i4}^{(3)}$	$x_{i5}^{(3)}$	$x_{i6}^{(3)}$	$x_{i7}^{(3)}$	$x_{i8}^{(3)}$	$x_{i9}^{(3)}$	$x_{i10}^{(3)}$	$x_{i11}^{(3)}$	$x_{i12}^{(3)}$	$x_{i13}^{(3)}$	$x_{i14}^{(3)}$
$x_{i21}^{(3)}$	0.8764	0.7423	0.4722	0.6404	0.6237	0.5312	0.5572	0.6559	0.5677	0.7266	0.7691	0.5699	0.8865	0.7751
$x_{i22}^{(3)}$	0.8594	0.6487	0.4350	0.6404	0.5830	0.5312	0.4678	0.8380	0.8102	0.7231	0.7434	0.5699	0.8134	0.7173
$x_{i23}^{(3)}$	0.9349	0.7341	0.4726	0.6732	0.6451	0.5495	0.5579	0.8270	0.7241	0.6726	0.7796	0.6007	0.8943	0.7659
$x_{i24}^{(3)}$	0.9329	0.7703	0.4709	0.6408	0.6582	0.5107	0.6216	0.7132	0.5141	0.5201	0.7395	0.5739	0.9050	0.7452
$x_{i25}^{(3)}$	0.0227	0.1528	0.0014	0.1833	0.0793	0.2440	-0.0954	-0.0930	-0.1162	0.2098	0.0981	0.2881	0.0098	0.1133
$x_{i26}^{(3)}$	0.1721	0.4083	0.0804	0.1881	0.2571	0.3766	0.0666	-0.0257	-0.0756	0.4036	0.2316	0.2678	-0.0268	0.2998
$x_{i27}^{(3)}$	0.2328	0.4852	0.1812	0.2551	0.3564	0.4423	0.1677	-0.0190	-0.0720	0.4901	0.3312	0.3929	0.0403	0.3744
$x_{i28}^{(3)}$	0.4128	0.5392	0.5851	0.8282	0.8222	0.8194	0.7705	0.3261	0.2740	0.3785	0.6668	0.6570	0.4949	0.7909
$x_{i29}^{(3)}$	0.5975	0.6464	0.3077	0.5009	0.6106	0.5657	0.3648	0.2599	0.3540	0.8243	0.5769	0.5633	0.4644	0.5393
$x_{i30}^{(3)}$	0.5606	0.5993	0.6477	0.8448	0.7544	0.7349	0.8017	0.4193	0.4003	0.5531	0.7238	0.7039	0.5820	0.8238
$x_{i31}^{(3)}$	0.5337	0.5638	0.5844	0.6935	0.5028	0.5399	0.6114	0.4404	0.2775	0.3401	0.6994	0.7066	0.5034	0.6615
$x_{i32}^{(3)}$	0.5432	0.6507	0.7140	0.7831	0.5368	0.6763	0.6974	0.4078	0.3326	0.5258	0.7725	0.7714	0.6237	0.7893
$x_{i33}^{(3)}$	0.6194	0.7179	0.7299	0.8027	0.5884	0.6844	0.7562	0.4232	0.2926	0.4988	0.8008	0.7863	0.6976	0.8249
$x_{i34}^{(3)}$	0.4538	0.6433	0.7232	0.7447	0.6059	0.5912	0.7216	0.2780	0.2387	0.4617	0.7831	0.7495	0.6134	0.7762
$x_{i35}^{(3)}$	-0.1234	0.0812	-0.0354	-0.0591	-0.0364	0.1045	-0.1228	-0.2071	-0.0944	0.1247	-0.0988	-0.1033	-0.2131	-0.0467
$x_{i36}^{(3)}$	0.1521	0.2084	0.1453	-0.0505	-0.0473	0.0130	-0.0694	-0.0880	-0.0792	0.2495	0.0717	0.1203	0.0083	-0.0785
$x_{i37}^{(3)}$	0.1087	0.1549	0.1378	-0.1004	-0.1359	-0.0204	-0.0453	-0.1736	-0.1594	0.2490	-0.0013	-0.0492	0.0185	-0.0762
$x_{i38}^{(3)}$	0.1103	0.1327	0.0931	-0.0187	-0.0670	0.0252	-0.0256	-0.1427	-0.1273	0.2245	-0.0102	0.0445	-0.0563	-0.0994
$x_{i39}^{(3)}$	0.1087	0.1549	0.1378	-0.1004	-0.1359	-0.0204	-0.0453	-0.1736	-0.1594	0.2490	-0.0013	-0.0492	0.0185	-0.0762
$x_{i40}^{(3)}$	0.7219	0.5177	0.5588	0.7812	0.6059	0.6966	0.7216	0.6598	0.5613	0.5525	0.6296	0.5513	0.6134	0.6548
$x_{i41}^{(3)}$	0.5590	0.7007	0.7177	0.8180	0.7400	0.8177	0.8328	0.4198	0.4199	0.6031	0.8151	0.7652	0.6489	0.8574

续上表

	$x_{i15}^{(3)}$	$x_{i16}^{(3)}$	$x_{i17}^{(3)}$	$x_{i18}^{(3)}$	$x_{i19}^{(3)}$	$x_{i20}^{(3)}$	$x_{i21}^{(3)}$	$x_{i22}^{(3)}$	$x_{i23}^{(3)}$	$x_{i24}^{(3)}$	$x_{i25}^{(3)}$	$x_{i26}^{(3)}$	$x_{i27}^{(3)}$	$x_{i28}^{(3)}$
$x_{i1}^{(3)}$	0.6259	0.6320	0.6405	0.7052	0.4952	0.9844	0.8764	0.8594	0.9349	0.9329	0.0227	0.1721	0.2328	0.4128
$x_{i2}^{(3)}$	0.7568	0.7111	0.8678	0.8502	0.4633	0.7419	0.7423	0.6487	0.7341	0.7703	0.1528	0.4083	0.4852	0.5392
$x_{i3}^{(3)}$	0.7962	0.8163	0.7295	0.8863	0.5058	0.4673	0.4722	0.4350	0.4726	0.4709	0.0014	0.0804	0.1812	0.5851
$x_{i4}^{(3)}$	0.8702	0.8200	0.7331	0.7812	0.6625	0.6925	0.6404	0.6404	0.6732	0.6408	0.1833	0.1881	0.2551	0.8282
$x_{i5}^{(3)}$	0.7919	0.5759	0.6612	0.6912	0.4840	0.7049	0.6237	0.5830	0.6451	0.6582	0.0793	0.2571	0.3564	0.8222
$x_{i6}^{(3)}$	0.7633	0.6703	0.6452	0.6966	0.4214	0.5814	0.5312	0.5312	0.5495	0.5107	0.2440	0.3766	0.4423	0.8194
$x_{i7}^{(3)}$	0.8493	0.7367	0.7192	0.8468	0.5161	0.5572	0.5572	0.4678	0.5579	0.6216	-0.0954	0.0666	0.1677	0.7705
$x_{i8}^{(3)}$	0.5103	0.5465	0.3701	0.5278	0.2783	0.8350	0.6559	0.8380	0.8270	0.7132	-0.0930	-0.0257	-0.0190	0.3261
$x_{i9}^{(3)}$	0.4468	0.4771	0.2605	0.4086	0.1937	0.7334	0.5677	0.8102	0.7241	0.5141	-0.1162	-0.0756	-0.0720	0.2740
$x_{i10}^{(3)}$	0.5224	0.4992	0.5146	0.5132	0.3786	0.7231	0.7266	0.7231	0.6726	0.5201	0.2098	0.4036	0.4901	0.3785
$x_{i11}^{(3)}$	0.8721	0.8999	0.8842	0.9547	0.6092	0.7691	0.7691	0.7434	0.7796	0.7395	0.0981	0.2316	0.3312	0.6668
$x_{i12}^{(3)}$	0.8270	0.8063	0.8694	0.9099	0.5804	0.6508	0.5699	0.5699	0.6007	0.5739	0.2881	0.2678	0.3929	0.6570
$x_{i13}^{(3)}$	0.7507	0.8243	0.7950	0.8437	0.5472	0.8499	0.8865	0.8134	0.8943	0.9050	0.0098	-0.0268	0.0403	0.4949
$x_{i14}^{(3)}$	0.8736	0.8338	0.8471	0.8572	0.5707	0.7173	0.7751	0.7173	0.7659	0.7452	0.1133	0.2998	0.3744	0.7909
$x_{i15}^{(3)}$	1.0000	0.8616	0.8106	0.8690	0.6233	0.5965	0.5965	0.5965	0.6170	0.5735	0.1258	0.1930	0.2783	0.8583
$x_{i16}^{(3)}$	0.8616	1.0000	0.8569	0.9235	0.7574	0.6244	0.6738	0.6738	0.6867	0.6241	0.0592	0.1046	0.1735	0.6468
$x_{i17}^{(3)}$	0.8106	0.8569	1.0000	0.9163	0.7296	0.5953	0.6578	0.5329	0.6158	0.6625	0.2984	0.3273	0.4327	0.6358
$x_{i18}^{(3)}$	0.8690	0.9235	0.9163	1.0000	0.7040	0.6600	0.6600	0.6028	0.6709	0.6896	0.0613	0.1217	0.2417	0.6492
$x_{i19}^{(3)}$	0.6233	0.7574	0.7296	0.7040	1.0000	0.4721	0.4721	0.3708	0.4464	0.5026	-0.0250	0.2007	0.2750	0.5200
$x_{i20}^{(3)}$	0.5965	0.6244	0.5953	0.6600	0.4721	1.0000	0.9183	0.9183	0.9668	0.9222	-0.0161	0.1408	0.1947	0.3921

附录 G

2006年惠州市17家中小电子设备制造企业技术创新测评变量相关系数矩阵表

续上表

	$x_{i15}^{(3)}$	$x_{i16}^{(3)}$	$x_{i17}^{(3)}$	$x_{i18}^{(3)}$	$x_{i19}^{(3)}$	$x_{i20}^{(3)}$	$x_{i21}^{(3)}$	$x_{i22}^{(3)}$	$x_{i23}^{(3)}$	$x_{i24}^{(3)}$	$x_{i25}^{(3)}$	$x_{i26}^{(3)}$	$x_{i27}^{(3)}$	$x_{i28}^{(3)}$
$x_{i21}^{(3)}$	0.5965	0.6738	0.6578	0.6600	0.4721	0.9183	1.0000	0.9183	0.9668	0.9222	-0.0194	0.1364	0.1838	0.3939
$x_{i22}^{(3)}$	0.5965	0.6738	0.5329	0.6028	0.3708	0.9183	0.9183	1.0000	0.9668	0.8043	-0.0237	0.1141	0.1387	0.3981
$x_{i23}^{(3)}$	0.6170	0.6867	0.6158	0.6709	0.4464	0.9668	0.9668	0.9668	1.0000	0.9295	-0.0492	0.0882	0.1258	0.4029
$x_{i24}^{(3)}$	0.5735	0.6241	0.6625	0.6896	0.5026	0.9222	0.9222	0.8043	0.9295	1.0000	-0.0800	0.0403	0.0923	0.3621
$x_{i25}^{(3)}$	0.1258	0.0592	0.2984	0.0613	-0.0250	-0.0161	-0.0194	-0.0237	-0.0492	-0.0800	1.0000	0.3699	0.4177	0.1635
$x_{i26}^{(3)}$	0.1930	0.1046	0.3273	0.1217	0.2007	0.1408	0.1364	0.1141	0.0882	0.0403	0.3699	1.0000	0.9757	0.3300
$x_{i27}^{(3)}$	0.2783	0.1735	0.4327	0.2417	0.2750	0.1947	0.1838	0.1387	0.1258	0.0923	0.4177	0.9757	1.0000	0.4085
$x_{i28}^{(3)}$	0.8583	0.6468	0.6358	0.6492	0.5200	0.3921	0.3939	0.3981	0.4029	0.3621	0.1635	0.3300	0.4085	1.0000
$x_{i29}^{(3)}$	0.4163	0.3584	0.5357	0.4105	0.3817	0.6371	0.6381	0.5568	0.5631	0.5056	0.1623	0.6452	0.6869	0.3919
$x_{i30}^{(3)}$	0.8653	0.7516	0.6847	0.7546	0.7006	0.5515	0.5152	0.5152	0.5254	0.4779	-0.0024	0.2303	0.3257	0.8418
$x_{i31}^{(3)}$	0.6897	0.7985	0.7306	0.7905	0.8646	0.4728	0.3864	0.3864	0.4354	0.4546	0.0133	0.2319	0.3090	0.5731
$x_{i32}^{(3)}$	0.7595	0.8736	0.8145	0.8326	0.7533	0.5147	0.5147	0.5147	0.5196	0.4652	0.2317	0.2889	0.3751	0.6424
$x_{i33}^{(3)}$	0.7685	0.8751	0.8654	0.8749	0.7930	0.5747	0.5747	0.5162	0.5702	0.5807	0.1992	0.2604	0.3535	0.6348
$x_{i34}^{(3)}$	0.8375	0.8889	0.8288	0.8396	0.8281	0.4310	0.4883	0.4310	0.4577	0.4419	0.0272	0.2340	0.3076	0.7059
$x_{i35}^{(3)}$	-0.0045	-0.1670	-0.1050	-0.2166	-0.1254	-0.1184	-0.1184	-0.1123	-0.1593	-0.2081	-0.0125	0.6394	0.5262	0.0374
$x_{i36}^{(3)}$	-0.0350	-0.0511	0.0283	0.0259	0.0295	0.1163	0.0264	-0.0634	-0.0098	0.0686	0.0022	0.2271	0.2028	-0.2637
$x_{i37}^{(3)}$	-0.1005	-0.0901	-0.0443	-0.0406	-0.0026	0.0995	0.0995	-0.0414	0.0154	0.0956	-0.1557	0.2142	0.1745	-0.3025
$x_{i38}^{(3)}$	-0.0679	-0.0991	-0.0403	-0.0369	0.0417	0.0762	-0.0234	-0.1231	-0.0655	0.0253	-0.0421	0.1988	0.1657	-0.2599
$x_{i39}^{(3)}$	-0.1005	-0.0901	-0.0443	-0.0406	-0.0026	0.0995	0.0995	-0.0414	0.0154	0.0956	-0.1557	0.2142	0.1745	-0.3025
$x_{i40}^{(3)}$	0.6165	0.6123	0.4350	0.5991	0.4735	0.7172	0.6027	0.6600	0.6708	0.6071	-0.0767	0.0838	0.1310	0.5285
$x_{i41}^{(3)}$	0.8020	0.7833	0.7461	0.7891	0.5835	0.5660	0.5961	0.5961	0.5854	0.5008	0.0493	0.3464	0.4333	0.8085

续上表

	$x_{i29}^{(3)}$	$x_{i30}^{(3)}$	$x_{i31}^{(3)}$	$x_{i32}^{(3)}$	$x_{i33}^{(3)}$	$x_{i34}^{(3)}$	$x_{i35}^{(3)}$	$x_{i36}^{(3)}$	$x_{i37}^{(3)}$	$x_{i38}^{(3)}$	$x_{i39}^{(3)}$	$x_{i40}^{(3)}$	$x_{i41}^{(3)}$
$x_{i1}^{(3)}$	0.5975	0.5606	0.5337	0.5432	0.6194	0.4538	-0.1234	0.1521	0.1087	0.1103	0.1087	0.7219	0.5590
$x_{i2}^{(3)}$	0.6464	0.5993	0.5638	0.6507	0.7179	0.6433	0.0812	0.2084	0.1549	0.1327	0.1549	0.5177	0.7007
$x_{i3}^{(3)}$	0.3077	0.6477	0.5844	0.7140	0.7299	0.7232	-0.0354	0.1453	0.1378	0.0931	0.1378	0.5588	0.7177
$x_{i4}^{(3)}$	0.5009	0.8448	0.6935	0.7831	0.8027	0.7447	-0.0591	-0.0505	-0.1004	-0.0187	-0.1004	0.7812	0.8180
$x_{i5}^{(3)}$	0.6106	0.7544	0.5028	0.5368	0.5884	0.6059	-0.0364	-0.0473	-0.1359	-0.0670	-0.1359	0.6059	0.7400
$x_{i6}^{(3)}$	0.5657	0.7349	0.5399	0.6763	0.6844	0.5912	0.1045	0.0130	-0.0204	0.0252	-0.0204	0.6966	0.8177
$x_{i7}^{(3)}$	0.3648	0.8017	0.6114	0.6974	0.7562	0.7216	-0.1228	-0.0694	-0.0453	-0.0256	-0.0453	0.7216	0.8328
$x_{i8}^{(3)}$	0.2599	0.4193	0.4404	0.4078	0.4232	0.2780	-0.2071	-0.0880	-0.1736	-0.1427	-0.1736	0.6598	0.4198
$x_{i9}^{(3)}$	0.3540	0.4003	0.2775	0.3326	0.2926	0.2387	-0.0944	-0.0792	-0.1594	-0.1273	-0.1594	0.5613	0.4199
$x_{i10}^{(3)}$	0.8243	0.5531	0.3401	0.5258	0.4988	0.4617	0.1247	0.2495	0.2490	0.2245	0.2490	0.5525	0.6031
$x_{i11}^{(3)}$	0.5769	0.7238	0.6994	0.7725	0.8008	0.7831	-0.0988	0.0717	-0.0013	-0.0102	-0.0013	0.6296	0.8151
$x_{i12}^{(3)}$	0.5633	0.7039	0.7066	0.7714	0.7863	0.7495	-0.1033	0.1203	-0.0492	0.0445	-0.0492	0.5513	0.7652
$x_{i13}^{(3)}$	0.4644	0.5820	0.5034	0.6237	0.6976	0.6134	-0.2131	0.0083	0.0185	-0.0563	0.0185	0.6134	0.6489
$x_{i14}^{(3)}$	0.5393	0.8238	0.6615	0.7893	0.8249	0.7762	-0.0467	-0.0785	-0.0762	-0.0994	-0.0762	0.6548	0.8574
$x_{i15}^{(3)}$	0.4163	0.8653	0.6897	0.7595	0.7685	0.8375	-0.0045	-0.0350	-0.1005	-0.0679	-0.1005	0.6165	0.8020
$x_{i16}^{(3)}$	0.3584	0.7516	0.7985	0.8736	0.8751	0.8889	-0.1670	-0.0511	-0.0901	-0.0991	-0.0901	0.6123	0.7833
$x_{i17}^{(3)}$	0.5357	0.6847	0.7306	0.8145	0.8654	0.8288	-0.1050	0.0283	-0.0443	-0.0403	-0.0443	0.4350	0.7461
$x_{i18}^{(3)}$	0.4105	0.7546	0.7905	0.8326	0.8749	0.8396	-0.2166	0.0259	-0.0406	-0.0369	-0.0406	0.5991	0.7891
$x_{i19}^{(3)}$	0.3817	0.7006	0.8646	0.7533	0.7930	0.8281	-0.1254	0.0295	-0.0026	0.0417	-0.0026	0.4735	0.5835
$x_{i20}^{(3)}$	0.6371	0.5515	0.4728	0.5147	0.5747	0.4310	-0.1184	0.1163	0.0995	0.0762	0.0995	0.7172	0.5660

附录 G

2006 年惠州市 17 家中小电子设备制造企业技术创新测评变量相关系数矩阵表

续上表

	$x_{i29}^{(3)}$	$x_{i30}^{(3)}$	$x_{i31}^{(3)}$	$x_{i32}^{(3)}$	$x_{i33}^{(3)}$	$x_{i34}^{(3)}$	$x_{i35}^{(3)}$	$x_{i36}^{(3)}$	$x_{i37}^{(3)}$	$x_{i38}^{(3)}$	$x_{i39}^{(3)}$	$x_{i40}^{(3)}$	$x_{i41}^{(3)}$
$x_{i21}^{(3)}$	0.6381	0.5152	0.3864	0.5147	0.5747	0.4883	-0.1184	0.0264	0.0995	-0.0234	0.0995	0.6027	0.5961
$x_{i22}^{(3)}$	0.5568	0.5152	0.3864	0.5147	0.5162	0.4310	-0.1123	-0.0634	-0.0414	-0.1231	-0.0414	0.6600	0.5961
$x_{i23}^{(3)}$	0.5631	0.5254	0.4354	0.5196	0.5702	0.4577	-0.1593	-0.0098	0.0154	-0.0655	0.0154	0.6708	0.5854
$x_{i24}^{(3)}$	0.5056	0.4779	0.4546	0.4652	0.5807	0.4419	-0.2081	0.0686	0.0956	0.0253	0.0956	0.6071	0.5008
$x_{i25}^{(3)}$	0.1623	-0.0024	0.0133	0.2317	0.1992	0.0272	-0.0125	0.0022	-0.1557	-0.0421	-0.1557	-0.0767	0.0493
$x_{i26}^{(3)}$	0.6452	0.2303	0.2319	0.2889	0.2604	0.2340	0.6394	0.2271	0.2142	0.1988	0.2142	0.0838	0.3464
$x_{i27}^{(3)}$	0.6869	0.3257	0.3090	0.3751	0.3535	0.3076	0.5262	0.2028	0.1745	0.1657	0.1745	0.1310	0.4333
$x_{i28}^{(3)}$	0.3919	0.8418	0.5731	0.6424	0.6348	0.7059	0.0374	-0.2637	-0.3025	-0.2599	-0.3025	0.5285	0.8085
$x_{i29}^{(3)}$	1.0000	0.4915	0.2919	0.4101	0.4238	0.4053	0.4098	0.3304	0.3369	0.3238	0.3369	0.4026	0.5883
$x_{i30}^{(3)}$	0.4915	1.0000	0.7438	0.8155	0.8094	0.8310	0.0313	-0.0212	-0.0295	0.0365	-0.0295	0.7037	0.8499
$x_{i31}^{(3)}$	0.2919	0.7438	1.0000	0.8279	0.8442	0.8511	-0.1594	0.0559	-0.0876	0.0558	-0.0876	0.5484	0.6397
$x_{i32}^{(3)}$	0.4101	0.8155	0.8279	1.0000	0.9806	0.8758	-0.1338	-0.0717	-0.1000	-0.0265	-0.1000	0.7032	0.8500
$x_{i33}^{(3)}$	0.4238	0.8094	0.8442	0.9806	1.0000	0.8749	-0.1691	-0.0303	-0.0534	0.0126	-0.0534	0.7110	0.8305
$x_{i34}^{(3)}$	0.4053	0.8310	0.8511	0.8758	0.8749	1.0000	-0.0275	0.0259	-0.0406	0.0328	-0.0406	0.5189	0.7891
$x_{i35}^{(3)}$	0.4098	0.0313	-0.1594	-0.1338	-0.1691	-0.0275	1.0000	0.5791	0.6354	0.5777	0.6354	-0.1479	-0.0330
$x_{i36}^{(3)}$	0.3304	-0.0212	0.0559	-0.0717	-0.0303	0.0259	0.5791	1.0000	0.9114	0.9537	0.9114	-0.1000	-0.2279
$x_{i37}^{(3)}$	0.3369	-0.0295	-0.0876	-0.1000	-0.0534	-0.0406	0.6354	0.9114	1.0000	0.9091	1.0000	-0.0406	-0.1878
$x_{i38}^{(3)}$	0.3238	0.0365	0.0558	-0.0265	0.0126	0.0328	0.5777	0.9537	0.9091	1.0000	0.9091	0.0328	-0.1760
$x_{i39}^{(3)}$	0.3369	-0.0295	-0.0876	-0.1000	-0.0534	-0.0406	0.6354	0.9114	1.0000	0.9091	1.0000	-0.0406	-0.1878
$x_{i40}^{(3)}$	0.4026	0.7037	0.5484	0.7032	0.7110	0.5189	-0.1479	-0.1000	-0.0406	0.0328	-0.0406	1.0000	0.7469
$x_{i41}^{(3)}$	0.5883	0.8499	0.6397	0.8500	0.8305	0.7891	-0.0330	-0.2279	-0.1878	-0.1760	-0.1878	0.7469	1.0000

资料来源：将附录 C 中各测评变量的原始数据应用于模糊层次主成分分析测评模型，并运用统计软件 SPSS 13.0 计算而得。

附录 H

2006 年与 2011 年惠州市 17 家中小电子设备制造企业技术创新能力初始测定值

	$y_1^{(0)}$	$y_1^{(1)}$	$y_2^{(0)}$	$y_2^{(1)}$	$y_3^{(0)}$	$y_3^{(1)}$	$y_4^{(0)}$	$y_4^{(1)}$	$y_5^{(0)}$	$y_5^{(1)}$	$y_6^{(0)}$	$y_6^{(1)}$	$y_7^{(0)}$	$y_7^{(1)}$	$y_8^{(0)}$	$y_8^{(1)}$	$y_9^{(0)}$
$x_{i1}^{(3)}$	−0.4591	−0.4591	0.3789	4.6591	−0.4123	−0.3668	−0.3675	−0.3931	−0.4038	−0.3311	0.3052	1.6043	−0.4591	−0.4591	−0.4591	−0.4591	−0.1647
$x_{i2}^{(3)}$	−1.1500	−1.1500	1.9727	1.8721	0.3366	0.3481	−0.1120	−0.1177	0.7277	0.8254	0.6471	0.3539	−1.1500	−1.1500	−1.1500	−1.1500	0.6529
$x_{i3}^{(3)}$	−0.6282	−0.6282	0.1615	3.4045	−0.5924	−0.5578	−0.3029	−0.3855	−0.2318	0.0174	−0.0671	0.8558	−0.6282	−0.6282	−0.6282	−0.6282	−0.0370
$x_{i4}^{(3)}$	−2.0310	−2.0310	1.1439	1.1439	−0.4435	−0.4435	0.3502	−0.4435	−0.4435	−0.4435	1.1439	1.1439	−0.4435	−0.4435	0.3502	0.3502	0.3502
$x_{i5}^{(3)}$	−2.5835	−2.5835	1.5156	1.5156	−0.2411	−0.2411	−0.2411	−0.2411	0.3445	0.3445	0.9300	0.9300	0.3445	0.3445	−0.2411	−0.2411	−0.2411
$x_{i6}^{(3)}$	−2.1825	−2.1825	0.8157	0.8157	0.0661	0.0661	0.0661	0.0661	0.0661	0.0661	0.8157	0.8157	−0.6834	−0.6834	0.0661	0.0661	0.0661
$x_{i7}^{(3)}$	−0.1941	−0.1941	−0.1548	−0.1548	−0.1810	−0.1679	−0.1679	−0.1810	−0.1679	−0.1679	−0.1679	−0.1548	−0.1810	−0.1810	−0.1679	−0.1679	−0.1679
$x_{i8}^{(3)}$	−0.5335	−0.5335	0.7339	0.6789	−0.5335	−0.5335	−0.5335	−0.5335	−0.5335	−0.5335	−0.5335	3.1145	−0.5335	−0.5335	−0.5335	−0.5335	0.7781
$x_{i9}^{(3)}$	−0.4640	−0.4640	−0.4640	−0.3969	−0.4640	−0.4640	−0.4640	−0.4640	−0.4640	−0.4640	3.1754	2.7324	−0.4640	−0.4640	−0.4640	−0.4640	0.6892
$x_{i10}^{(3)}$	−0.6212	−0.6212	−0.0290	0.0203	−0.6212	−0.6212	−0.3745	−0.3251	−0.0784	−0.0290	−0.0784	0.0697	−0.4732	−0.6212	−0.6212	−0.6212	−0.0290
$x_{i11}^{(3)}$	−1.1980	−1.1980	1.2762	1.2762	−0.6269	−0.6269	0.1344	−0.2462	0.5150	0.5150	0.8956	0.8956	−0.6269	−0.6269	−1.1980	−1.1980	0.8956
$x_{i12}^{(3)}$	−1.1681	−1.1681	0.9526	1.3381	−0.5896	−0.2041	0.5670	0.5670	0.9526	0.9526	0.9526	0.9526	−0.5896	−0.2041	−1.1681	−1.1681	−0.2041
$x_{i13}^{(3)}$	−0.8600	−0.8600	1.6724	1.6724	−0.8600	−0.8600	0.2912	−0.1692	−0.6296	0.2912	0.7516	1.2120	−0.8600	−0.8600	−0.8600	−0.8600	1.2120
$x_{i14}^{(3)}$	−1.7285	−1.7285	1.5365	1.5365	−0.0960	−0.0960	−0.0960	−0.0960	0.7202	0.7202	0.7202	0.7202	−0.9123	−0.9123	−0.0960	−0.0960	1.5365
$x_{i15}^{(3)}$	−2.4152	−1.7309	1.0063	1.0063	−0.3623	−0.3623	−0.3623	0.3220	0.3220	0.3220	1.0063	1.0063	−0.3623	−0.3623	−0.3623	−0.3623	1.0063
$x_{i16}^{(3)}$	−0.5486	−1.2660	0.8862	0.8862	−0.5486	−0.5486	0.1688	0.1688	0.1688	0.1688	0.8862	0.8862	−0.5486	0.1688	−0.5486	−0.5486	1.6036
$x_{i17}^{(3)}$	−0.7053	−1.5322	1.7754	1.7754	0.1216	0.1216	0.1216	0.1216	0.9485	0.9485	0.1216	0.1216	−0.7053	−0.7053	−0.7053	−0.7053	0.9485
$x_{i18}^{(3)}$	−0.7061	−1.5064	1.6947	1.6947	−0.7061	−0.7061	0.0941	0.0941	0.8944	0.0941	0.8944	0.8944	−0.7061	−0.7061	−0.7061	−0.7061	0.8944
$x_{i19}^{(3)}$	0.0425	−0.6791	1.4855	1.4855	0.0425	0.7640	0.0425	0.0425	0.0425	0.0425	0.0425	0.0425	0.0425	0.0425	0.0425	0.0425	0.0425

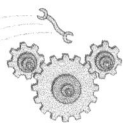

附录 H

2006 年与 2011 年惠州市 17 家中小电子设备制造企业技术创新能力初始测定值

续上表

	$y_1^{(0)}$	$y_1^{(1)}$	$y_2^{(0)}$	$y_2^{(1)}$	$y_3^{(0)}$	$y_3^{(1)}$	$y_4^{(0)}$	$y_4^{(1)}$	$y_5^{(0)}$	$y_5^{(1)}$	$y_6^{(0)}$	$y_6^{(1)}$	$y_7^{(0)}$	$y_7^{(1)}$	$y_8^{(0)}$	$y_8^{(1)}$	$y_9^{(0)}$
$x_{120}^{(3)}$	-0.6148	-0.6148	1.7078	1.7078	-0.6148	-0.6148	-0.6143	-0.6148	-0.6148	-0.6148	1.7078	1.7078	-0.6148	-0.6148	-0.6148	-0.6148	0.5465
$x_{121}^{(3)}$	-0.6148	-0.6148	1.7078	1.7078	-0.6148	-0.6148	-0.6143	-0.6148	-0.6148	-0.6148	0.5465	0.5465	-0.6148	-0.6148	-0.6148	-0.6148	1.7078
$x_{122}^{(3)}$	-0.6954	-0.6954	0.4305	0.4305	-0.6954	0.4305	-0.6954	-0.6954	-0.6954	-0.6954	1.5565	1.5565	-0.6954	-0.6954	-0.6954	0.4305	1.5565
$x_{123}^{(3)}$	-0.7276	-0.7276	1.3339	1.3339	-0.7276	-0.7276	-0.7275	-0.7276	-0.7276	-0.7276	1.3339	1.3339	-0.7276	1.3339	-0.7276	-0.7276	1.3339
$x_{124}^{(3)}$	-0.6333	-0.6333	2.6793	2.6793	-0.6333	-0.6333	-0.6333	-0.6333	-0.6333	-0.6333	1.0230	1.0230	-0.6333	-0.6333	-0.6333	-0.6333	1.0230
$x_{125}^{(3)}$	-0.5625	-0.5355	-0.4574	-0.4574	-0.1835	0.1149	1.9429	4.3903	-0.1547	0.7342	-0.4951	-0.3567	-0.5163	-0.4636	-0.5226	-0.4599	-0.5244
$x_{126}^{(3)}$	-0.6261	-0.5823	-0.4283	-0.4283	0.8274	1.8158	-0.2432	3.8381	-0.1302	0.9439	-0.5585	-0.4118	-0.5740	-0.5108	-0.5678	-0.4830	-0.5842
$x_{127}^{(3)}$	-0.6424	-0.5939	-0.3462	-0.3462	0.4540	1.1998	-0.2178	4.1660	-0.0364	1.2703	-0.5696	-0.4372	-0.5795	-0.5060	-0.5686	-0.4650	-0.6238
$x_{128}^{(3)}$	-3.2229	-0.5134	0.4896	0.4896	0.1695	0.1565	0.2384	0.2143	0.6326	0.6947	0.5538	0.4965	0.1074	0.1083	0.3642	0.3694	0.5818
$x_{129}^{(3)}$	-0.7596	-0.7154	0.0015	0.0015	0.2474	0.8720	-0.5766	-0.3496	-0.1764	1.1931	-0.5683	0.0028	-0.6552	-0.4803	-0.5794	-0.2677	-0.5614
$x_{130}^{(3)}$	-2.0706	-2.0706	0.6164	0.6164	-0.4584	0.0790	-0.4584	0.0790	0.6164	0.6164	0.6164	0.6164	-0.9958	-0.9958	0.6164	0.6164	0.0790
$x_{131}^{(3)}$	-0.0353	-0.0353	1.1633	1.1633	-0.0353	-0.0353	-0.0353	-0.0353	1.1633	1.1633	-0.0353	-0.0353	-0.0353	-0.0353	-0.0353	-0.0353	-0.0353
$x_{132}^{(3)}$	-0.2035	-0.2035	0.6614	0.6614	-0.2035	-0.2035	-0.2035	0.6614	0.6614	0.6614	0.6614	0.6614	-1.0684	-1.0684	0.6614	-0.2035	0.6614
$x_{133}^{(3)}$	-0.2818	-0.2818	1.3151	1.3151	-0.2818	-0.2818	0.5166	0.5166	0.5166	1.3151	0.5166	0.5166	-1.0802	-1.0802	0.5166	0.5166	0.5166
$x_{134}^{(3)}$	-0.7966	-0.7966	0.7966	0.7966	0.0000	0.0000	0.0000	0.7966	0.7966	0.7966	0.7966	0.7966	0.0000	0.0000	0.0000	0.7966	0.7966
$x_{135}^{(3)}$	-0.6292	0.0340	-0.6292	0.0340	1.1905	5.3115	-0.5879	-0.1215	-0.5879	-0.1215	-0.5879	-0.1215	-0.5879	-0.1215	-0.5879	-0.1215	-0.5879
$x_{136}^{(3)}$	0.0946	1.1662	0.0946	1.1662	0.0946	1.1662	-0.9771	0.0946	-0.9771	0.0946	-0.9771	0.0946	-0.9771	0.0946	-2.0487	-0.9771	-2.0487
$x_{137}^{(3)}$	-0.1239	1.2803	-0.1239	1.2803	-0.1239	1.2803	-1.5281	-0.1239	-1.5281	-0.1239	-1.5281	-0.1239	-1.5281	-0.1239	-1.5281	-1.2315	-1.5281
$x_{138}^{(3)}$	0.1457	1.2803	0.1457	0.1457	0.1457	0.1457	-1.0924	-0.1239	-1.0924	0.1457	-1.0924	0.1457	-1.0924	0.1457	-1.0924	0.1457	-2.3305
$x_{139}^{(3)}$	-0.1239	1.2803	-0.1239	-0.1239	-0.1239	-0.1239	-1.5281	-0.1239	-1.5281	-0.1239	-1.5281	-0.1239	-1.5281	-0.1239	-1.5281	-0.1239	-1.5281
$x_{140}^{(3)}$	-0.7968	-0.7968	0.8450	0.8450	-0.7968	-0.7968	-0.7968	-0.7968	-0.7968	0.0241	1.6659	1.6659	-0.7968	-0.7968	1.6659	1.6659	0.0241
$x_{141}^{(3)}$	-1.5387	-1.3081	0.5354	0.5354	0.0746	-0.3863	-0.3863	-0.3863	0.9963	0.9963	0.5354	0.0746	-0.8472	-0.8472	0.9963	0.5354	0.9963

续上表

	$y_9^{(1)}$	$y_{10}^{(0)}$	$y_{10}^{(1)}$	$y_{11}^{(0)}$	$y_{11}^{(1)}$	$y_{12}^{(0)}$	$y_{12}^{(1)}$	$y_{13}^{(0)}$	$y_{13}^{(1)}$	$y_{14}^{(0)}$	$y_{14}^{(1)}$	$y_{15}^{(0)}$	$y_{15}^{(1)}$	$y_{16}^{(0)}$	$y_{16}^{(1)}$	$y_{17}^{(0)}$	$y_{17}^{(1)}$
$x_{i1}^{(3)}$	0.0625	-0.4565	-0.4540	0.1406	1.3316	-0.4025	-0.3641	-0.3763	-0.2675	-0.4560	-0.4529	-0.4591	-0.4591	0.2697	1.5085	-0.4591	-0.4591
$x_{i2}^{(3)}$	0.7219	-0.9372	-0.8452	0.9318	1.0411	-0.0085	-0.0056	0.6845	0.7794	-0.6123	-0.6008	-1.1500	-1.1500	1.3401	1.5040	-1.1500	-1.1500
$x_{i3}^{(3)}$	0.4190	-0.5117	-0.3983	0.0936	1.4214	-0.4969	-0.4079	1.0019	3.1425	-0.6282	-0.6218	-0.6282	-0.6282	-0.0172	1.0211	-0.6282	-0.6282
$x_{i4}^{(3)}$	1.1439	-1.2373	-0.4435	1.1439	1.1439	-2.0310	-0.4435	1.1439	1.1439	-1.2373	-0.4435	-0.4435	-0.4435	1.1439	1.1439	-0.4435	-0.4435
$x_{i5}^{(3)}$	0.3445	-0.2411	-0.2411	1.5156	1.5156	-0.8267	-0.2411	0.3445	0.3445	-0.8267	-0.2411	-0.2411	-0.2411	0.9300	0.9300	-1.4123	-1.4123
$x_{i6}^{(3)}$	0.8157	-0.6834	-0.6834	0.8157	1.5156	-2.1825	-0.6834	1.5653	1.5653	0.0661	0.0661	-0.6834	-0.6834	1.5653	1.5653	-0.6834	-0.6834
$x_{i7}^{(3)}$	-0.1548	-0.1810	-0.1810	-0.1679	0.8157	-0.1810	-0.1810	-0.1548	-0.1548	5.6591	-0.1810	-0.1810	-0.1810	-0.1679	-0.1548	-0.1810	-0.1810
$x_{i8}^{(3)}$	0.7115	-0.5335	-0.5335	0.7055	0.8199	-0.5335	-0.5335	-0.5335	-0.5335	-0.5335	-0.5335	-0.5335	-0.5335	0.8701	1.0160	-0.5335	-0.5335
$x_{i9}^{(3)}$	0.6675	-0.4640	-0.4640	2.2270	1.9707	-0.4640	-0.4640	-0.4640	-0.4640	-0.4640	-0.4640	-0.4640	-0.4640	0.3215	0.2121	-0.4640	-0.4640
$x_{i10}^{(3)}$	0.0203	-0.5719	-0.3745	2.3398	2.4878	-0.1277	-0.0784	-0.0290	0.0203	-0.6212	-0.6212	-0.6212	-0.6212	2.7839	2.7839	-0.6212	-0.6212
$x_{i11}^{(3)}$	0.8956	-1.0075	0.5150	1.2762	1.2762	-1.0075	-0.2462	1.2762	1.2762	-1.1980	-1.1980	-1.1980	-1.1980	1.2762	1.2762	-1.0075	-1.0075
$x_{i12}^{(3)}$	0.5670	-0.9752	0.5670	1.3381	1.3381	-0.9752	-0.2041	1.3381	1.3381	-1.1681	-1.1681	-1.1681	-1.1681	0.9526	0.9526	-1.1681	-1.1681
$x_{i13}^{(3)}$	1.6724	-0.8600	1.2120	1.2120	1.6724	-0.8600	-0.8600	0.2912	0.7516	-0.8600	-0.8600	-0.8600	-0.8600	0.2912	1.2120	-0.8600	-0.8600
$x_{i14}^{(3)}$	1.5365	-0.9123	-0.9123	0.7202	0.7202	-0.9123	-0.9123	0.7202	0.7202	-0.9123	-0.9123	-0.0960	-0.9123	1.5365	1.5365	-0.9123	-0.9123
$x_{i15}^{(3)}$	1.0063	-1.0466	-1.0466	1.0063	1.0063	-0.3623	-0.3623	1.6906	1.0063	-1.7309	-1.7309	-0.3623	-0.3623	1.0063	1.0063	-0.3623	-0.3623
$x_{i16}^{(3)}$	1.6036	-1.2660	-0.5486	0.8862	0.8862	-1.2660	-0.5486	1.6036	1.6036	-1.9834	-1.9834	-0.5486	-0.5486	0.8862	0.8862	-0.5486	-0.5486
$x_{i17}^{(3)}$	0.9485	-0.7053	-0.7053	0.9485	0.9485	-0.7053	-0.7053	0.9485	0.9485	-1.5322	-2.3590	-0.7053	-0.7053	0.9485	0.9485	-0.7053	-0.7053
$x_{i18}^{(3)}$	0.8944	-0.7061	-0.7061	0.8944	0.8944	-0.7061	-0.7061	1.6947	1.6947	-1.5064	-1.5064	-0.7061	-0.7061	0.8944	0.8944	-0.7061	-0.7061
$x_{i19}^{(3)}$	0.7640	-0.6791	0.0425	0.7640	0.7640	-1.4006	-0.6791	0.7640	0.7640	-3.2047	-3.2047	0.0425	0.0425	0.7640	0.7640	0.0425	0.0425

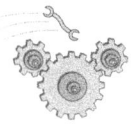

附录 H

2006 年与 2011 年惠州市 17 家中小电子设备制造企业技术创新能力初始测定值

续上表

	$y_9^{(1)}$	$y_{10}^{(0)}$	$y_{10}^{(1)}$	$y_{11}^{(0)}$	$y_{11}^{(1)}$	$y_{12}^{(0)}$	$y_{12}^{(1)}$	$y_{13}^{(0)}$	$y_{13}^{(1)}$	$y_{14}^{(0)}$	$y_{14}^{(1)}$	$y_{15}^{(0)}$	$y_{15}^{(1)}$	$y_{16}^{(0)}$	$y_{16}^{(1)}$	$y_{17}^{(0)}$	$y_{17}^{(1)}$
$x_{20}^{(3)}$	0.5465	-0.6148	-0.6148	1.7078	1.7078	-0.6148	-0.6148	-0.6148	-0.6148	-0.6148	-0.6148	-0.6148	-0.6148	1.7078	1.7078	-0.6148	-0.6148
$x_{21}^{(3)}$	1.7078	-0.6148	-0.6148	1.7078	1.7078	-0.6148	-0.6148	-0.6148	-0.6148	-0.6148	-0.6148	-0.6148	-0.6148	1.7078	1.7078	-0.6148	-0.6148
$x_{22}^{(3)}$	1.5565	-0.6954	-0.6954	1.5565	1.5565	-0.6954	-0.6954	-0.6954	-0.6954	-0.6954	-0.6954	-0.6954	-0.6954	1.5565	1.5565	-0.6954	-0.6954
$x_{23}^{(3)}$	1.3339	-0.7276	-0.7276	1.3339	1.3339	-0.7276	-0.7276	-0.7276	-0.7276	-0.7276	-0.7276	-0.7276	-0.7276	1.3339	1.3339	-0.7276	-0.7276
$x_{24}^{(3)}$	1.0230	-0.6333	-0.6333	1.0230	1.0230	-0.6333	-0.6333	-0.6333	-0.6333	-0.6333	-0.6333	-0.6333	-0.6333	1.0230	1.0230	-0.6333	-0.6333
$x_{25}^{(3)}$	-0.4748	-0.3699	-0.1747	-0.3679	-0.1707	-0.4655	-0.3945	-0.3871	-0.1888	0.0151	0.0889	-0.5099	-0.4510	0.5948	2.1246	-0.5033	-0.4380
$x_{26}^{(3)}$	-0.5208	-0.2729	0.0773	-0.3427	-0.0606	-0.4867	-0.3881	-0.3408	-0.0253	-0.5238	-0.3812	-0.5344	-0.4390	0.6137	2.7316	-0.5860	-0.5407
$x_{27}^{(3)}$	-0.5926	-0.2051	0.2257	-0.2854	0.0672	-0.4877	-0.3796	-0.2898	0.0972	-0.5757	-0.4815	-0.5355	-0.4263	0.5178	2.4983	-0.5918	-0.5375
$x_{28}^{(3)}$	-0.5439	-0.0899	0.0842	0.5016	0.6038	-1.4569	-2.4810	1.3211	1.0703	-1.3940	-0.8736	0.1665	0.1953	0.9837	1.0208	-0.7202	-1.4755
$x_{29}^{(3)}$	-0.2260	-0.6016	-0.4355	0.9183	2.6081	-0.7007	-0.5749	-0.5648	-0.2338	-0.4769	-0.3067	-0.7106	-0.6071	0.6502	3.1435	-0.5924	-0.3738
$x_{30}^{(3)}$	0.0790	-0.9958	-0.4584	1.1538	1.1538	-0.9958	0.0790	1.1538	1.1538	-2.0706	-1.5332	0.6164	0.6164	1.1538	1.1538	-0.4584	-0.4584
$x_{31}^{(3)}$	-0.0353	-1.2338	-1.2338	-0.0353	-0.0353	-1.2338	-1.2338	1.1633	1.1633	-2.4324	-2.4324	-0.0353	-1.2338	1.1633	1.1633	-0.0353	-0.0353
$x_{32}^{(3)}$	0.6614	-1.0684	-1.0684	0.6614	0.6614	-1.0684	-1.0684	1.5262	1.5262	-1.9332	-1.9332	-0.2035	-1.0684	1.5262	1.5262	-1.0684	-1.0684
$x_{33}^{(3)}$	0.5166	-1.0802	-1.0802	0.5166	0.5166	-1.0802	-1.0802	1.3151	1.3151	-1.8787	-1.8787	-0.2818	-1.0802	1.3151	1.3151	-1.0802	-1.0802
$x_{34}^{(3)}$	0.7966	-1.5933	-1.5933	0.7966	0.7966	-0.7966	-0.7966	1.5933	1.5933	-2.3899	-2.3899	0.0000	0.0000	0.7966	0.7966	-0.7966	-0.7966
$x_{35}^{(3)}$	-0.1215	-0.5879	-0.1215	0.0318	-0.0811	0.0318	-0.0811	0.0318	-0.0811	0.0318	-0.0811	0.0318	-0.0811	0.0318	-0.0811	0.0318	-0.0811
$x_{36}^{(3)}$	-0.9771	-2.0487	-0.9771	0.0946	0.0946	0.0946	0.1662	0.0946	0.1662	0.0946	0.1662	0.0946	0.1662	0.0946	0.1662	0.0946	0.1662
$x_{37}^{(3)}$	-0.1239	-1.5281	-1.0924	-0.1239	0.1239	-0.1239	0.1239	0.1239	0.1239	0.1239	0.1239	0.1239	0.1239	0.1239	0.1239	0.1239	0.1239
$x_{38}^{(3)}$	-1.0924	-2.3305	-1.0924	0.1457	0.1457	0.1457	0.1457	0.1457	0.1457	0.1457	0.1457	0.1457	0.1457	0.1457	0.1457	0.1457	0.1457
$x_{39}^{(3)}$	-0.1239	-1.5281	-1.0924	-0.1239	-0.1239	-0.1239	-0.1239	-0.1239	-0.1239	-0.1239	-0.1239	-0.1239	-0.1239	-0.1239	-0.1239	-0.1239	-0.1239
$x_{40}^{(3)}$	0.0241	-0.7968	-0.7968	0.8450	0.8450	-0.7968	-0.7968	0.8450	0.8450	-0.7968	-0.7968	-0.7968	-0.7968	1.6659	1.6659	-0.7968	-0.7968
$x_{41}^{(3)}$	0.9963	-0.3863	-0.3863	1.4572	0.9963	-1.3081	-0.3863	1.4572	0.9963	-1.3081	-1.3081	-0.8472	-0.8472	1.4572	1.4572	-1.3081	-1.3081

资料来源：运用(5.1)式将附录 C 与附录 E 中各测评变量的原始数据标准化而得。

后　　记

本成果是在笔者博士论文的研究基础形成的，它凝结了导师张岳恒教授对我的一片苦心和辛勤指导。导师在繁忙的教学和行政管理事务中抽出时间，"挑灯熬夜"，字字句句、严谨批改的学术作风和精神，让我十分感动，也由此激励着我勇往直前，严谨求学。同时，张教授宽厚的胸怀、正直的为人、乐观的态度、积极向上的精神、儒雅式的幽默，感染并影响着我，使我受益匪浅。

在实地问卷调查期间，得到了以下单位和个人的大力支持和帮助：广东省惠州市统计局黄博珍局长（原）、严伟仁副局长、陈桂花科长、叶玉琴科长、黄斌科长等，惠州市中小企业局谭子健局长（原）、谢文杰科长、林支伟科长等，惠州市科技局邹平生局长、陈恬副局长（原）、刘福陀科长、莫飞雄副科长等，惠州市统战部胡彦副部长（原），惠州市城区三栋镇颜明光镇长，惠州市各县、区中小企业局有关人员，惠州市各乡镇企业办有关人员等。

参加实地问卷调查的主要人员有：惠州学院邬强、罗许练、刘华、邓淑容、陶蓉等老师，惠州学院 2005 级市场营销（1）班岑捷妮、李剑锋、黄春红、吴俊侨等同学，2004 级市场营销（3）班龚湛波、莫英速、刘佳、李振文、唐佳蓉、郑佳妮等同学，2006 级国际经济与贸易（1）班王婷、陈叶青、陈晓明、莫玉荧、卿虹利、许东洪、叶志崇、邓剑科、王国才、谭冠三、张兴华等同学，2006 级国际经济与贸易（2）班黄炳、黄冠军等同学，2005 级国际经济与贸易班李志生等同学，2007 级市场营销（1）班徐礼威同学，2009 级市场营销（2）班曾权辉同学，2009 级国际经济与贸易（2）班马学欣同学，2010 级审计（2）班杨韬同学。

谨向指导、支持和帮助过我的各位领导、老师、同学、同事和有关部门人员，以及给我有益启迪的众多参考文献的作者表示衷心的感谢！

本书的出版得到广东省哲学社会科学"十一五"规划后期资助项目资金资助。

2014 年 8 月于惠州